LA TRAICIÓN

LA TRAICIÓN
ROBERTO MADRAZO

Conversación con
Manuel S. Garrido

 Planeta

Fotografía de portada: Archivo de Roberto Madrazo

© 2007, Fundación Carlos Madrazo Becerra
Derechos reservados
© 2007, Editorial Planeta Mexicana, S.A. de C.V.
Avenida Presidente Masarik 111, 2o. piso
Colonia Chapultepec Morales
C.P. 11570 México, D. F.

Primera edición: mayo de 2007
ISBN: 978-970-37-0609-9

Impreso en los talleres de Litográfica Ingramex, S.A. de C.V.
Centeno núm. 162, colonia Granjas Esmeralda, México, D.F.
Impreso y hecho en México - *Printed and made in Mexico*

www.editorialplaneta.com.mx
www.planeta.com.mx
info@planeta.com.mx

PRESENTACIÓN

El objeto de esta larga conversación consiste en ofrecer al lector una obra documental que indaga en la vida y vicisitudes de Roberto Madrazo Pintado, uno de los personajes más interesantes y controvertidos de la historia social y política de nuestro país en los últimos años. Una figura que ha vivido y conocido desde su infancia a los grandes actores del México de las últimas décadas, que ha ejercido una diversidad de responsabilidades partidarias en todos sus niveles, cargos de representación popular en ambas cámaras del Congreso de la Unión y gobernador constitucional del estado de Tabasco en el periodo 1994-2000.

La idea de emprender una obra de largo aliento como esta debe su origen a un fenómeno generalizado en las sociedades de nuestro tiempo, donde el peso de los medios de comunicación determina con tal fuerza el comportamiento social y político que prácticamente hoy es una realidad la "sociedad sin oposición" de Herbert Marcuse.

En el caso particular que nos ocupa, debo señalar que en ese mismo sentido —dentro del universo tan rico y tan complejo que conocí en mi calidad de consultor en el equipo del entonces candidato presidencial del PRI para la elección del 2 de julio de 2006— me llamó mucho la atención un fenómeno singular, que me tomo la libertad de describir de la siguiente manera: *De pronto, la persona del propio candidato Rober-*

to Madrazo había dejado de ser "real" para convertirse en una "percepción mediática". Al grado que nosotros, más que trabajar con los atributos del personaje real, debíamos lidiar contra el personaje ficticio creado por el poder de los medios.

Debo comentar también que cuando me invitaron como consultor tuve muchas dudas al respecto, pues no me interesaba tomar contacto con un hombre tan cuestionado. En verdad no lo conocía, pero lo que sabía de él procedía de la información disponible en la televisión y los principales diarios del país. Finalmente acepté por el reconocimiento que me inspira un empresario y amigo en común, a quien sí conozco bien.

Al cabo de pocas semanas de ir entrando a fondo en su vida, conforme se desarrollaba el trabajo, advertí que la imagen que me proyectaba el personaje real no coincidía con su imagen en los medios masivos. Tenía enfrente a un hombre educado, de modales finos y abierto a la crítica, algo que pude comprobar directamente a raíz de mi participación, que llegó a ser incómoda como agente externo, puesto que no subordinaba mis planteamientos y comentarios a ninguna expectativa política. Fue lo que vi a lo largo de poco más de un año de trabajo y también lo que más me llamó la atención.

Desde entonces supe que un día abordaría el tema. Entre otras razones, porque me llevaba hasta los sucesos en Chile, cuando en el año 1973 la exacerbación de la lucha política y mediática metió a una sociedad entera en el juego de la descalificación o satanización del adversario. Fue a tal grado eficaz el juego de convertir al "otro" en la encarnación del Mal, que los militares al mando del general Augusto Pinochet decidieron emprender, sin más, la eliminación física del "Demonio". Esto mismo alcanzó la dimensión de una verdadera locura en la Argentina de aquellos años, cuando se acuñó la tesis de los "dos demonios", en alusión a la izquierda vista desde la derecha, y a la derecha vista desde la izquierda.

Tres décadas después, en plena campaña presidencial en México, veía de nuevo en acción indicios inquietantes del mismo fenómeno destructivo del adversario en los medios de comunicación.

Sobre el tema he impartido cursos y seminarios en la Universidad Nacional Autónoma de México (UNAM) y otras universidades, donde hemos examinado la obra de autores tan importantes como John Milton, José Bergamín, José Saramago, Thomas Mann y Jorge Luis Borges. En ellas, estos grandes escritores nos hacen ver, cada quien a su modo, no sólo lo necesario que es el encuentro entre los adversarios, sino además, lo indispensable que es el diálogo con el mismísimo Demonio, dada la importancia capital del Maligno —dice Milton— en la creación divina del mundo para el hombre. Vamos, no hay mundo si Dios Todopoderoso no hace contacto con el Diablo. El mismo Saramago pone a los dos a dialogar a gusto en la niebla. ¡Hay que ver cómo aprende Jesús de las lecciones del Diablo! Y para qué hablar de Borges, quien en "Los teólogos" deja ver que el Bueno y el Malo, el aborrecedor y el aborrecido, ante los ojos de Dios son siempre una y la misma persona. En fin. Son motivos de carácter filosófico que me llevaron también a pensar que tenía buenas razones para acercarme un día a Roberto Madrazo proponiéndole que dialogara con los lectores a través de una entrevista como esta.

Debo comentar que casi con los mismos términos se lo expuse dos o tres semanas después de la elección del 2 de julio de 2006. Obviamente no era el momento más indicado para el propósito: una conversación de fondo en busca del personaje real. Mi idea era abordarlo desde su infancia, cuando su padre le pregunta qué quiere ser cuando grande, y él responde: "Presidente de México". Hasta allá quería ir y desde ahí rastrear en su memoria.

Entonces lo busqué. No me fue fácil encontrarlo. Lo intenté muchas veces, hasta que en una de esas me devolvió la llamada y me invitó a conversar en su casa. Amable como siempre, la respuesta fue un rotundo "no". Me dijo que no iba con él exponer su intimidad. No quería pasar por el dolor de algunos momentos ni hurgar en el recuerdo. Al final, no sé si por cortesía o por qué, me comentó que iba a salir de vacaciones, pero que me buscaría en cinco semanas. Que lo iba a pensar. En efecto, me llamó y sin más me dijo: "Estoy dispuesto, ¿cuándo empezamos?".

A partir de entonces el reto fue la definición del enfoque, porque me interesaba tratar el asunto de la manera más objetiva posible, ya que mi condición de consultor en la campaña y mi inevitable cercanía con el personaje, de alguna manera podían poner en riesgo la objetividad que se requería. Esa búsqueda me llevó a coincidir con el cineasta chileno Patricio Guzmán y su descripción tan precisa del género documental: una operación pragmática y directa alrededor de un problema de la realidad: "tres gatos juntos frente a un problema". Entonces recurrí a lo mejor de mi equipo en campaña: un grupo de jóvenes egresados universitarios de la UNAM, de la Universidad Iberoamericana, del Instituto Tecnológico y de Estudios Superiores de Monterrey (ITESM) y del Instituto Tecnológico Autónomo de México (ITAM), con quienes armé un cuestionario de más de 700 preguntas. Las ordenamos y clasificamos hasta conformar un cuerpo muy sólido, no sólo de preguntas, sino también de inquietudes de la gente acerca de Roberto Madrazo, de su vida, de sus padres, de su vida política, de sus amigos, enemigos, obsesiones, virtudes, debilidades, en fin. Un amplio abanico que nos permitiera contar con un material de primera mano que le sirviera al lector para formarse un juicio propio.

Estoy convencido de que el ejercicio que llamo documental trasciende el esquema simple pregunta-respuesta, para ofrecer desde la experiencia política y vital de Roberto Madrazo un retrato del país, del sistema político, del poder, de las instituciones, de la política y los políticos a lo largo de un periodo crucial en la historia de México en las últimas décadas.

La obra que se ofrece al público busca cumplir así con una función precisa y necesaria: "contrainformar" para ir en busca de lo que es real, a partir del poder que tienen las personas sobre su propia vida y sus motivaciones, en un mundo manipulado por el poder que tienen las grandes corporaciones de comunicación sobre la vida y las motivaciones de las personas. Tal ha sido la preocupación de fondo del autor.

Para terminar, cumplo con agradecer profundamente la disposición y generosidad con que Roberto Madrazo Pintado accedió y se comprometió con nuestras inquietudes. Le agradezco también al equipo de jóvenes profesionistas universitarios que aportaron todo su talento y formación a la culminación de este trabajo. Por último, al Grupo Editorial Planeta le reconozco el entusiasmo con que acogió este libro.

MANUEL S. GARRIDO,
México, abril de 2007

MIS RAZONES

Cuando Manuel me propuso llevar a cabo la conversación que hoy se hace pública, habían pasado no más de dos semanas de la elección presidencial de julio de 2006. Y tal como lo expone él en su Presentación, le dije que no era el momento más oportuno. Sin embargo, lo invité a conversar porque quería agradecerle de forma personal su interés en abordar un proyecto como el que tenía en mente.

Le expresé con pocas palabras que no era lo que yo deseaba hacer en ese momento. Que me iba a tomar un descanso, que emprendería un viaje por algunos países asiáticos con Isabel, mi esposa, y mis hijos Federico y Daniela. Pero Manuel insistió con muy buenos argumentos. Sonaba interesante desde su perspectiva. Sin embargo, no estaba en mi intención ni en mis objetivos en ese momento. Y le prometí pensarlo.

Durante el viaje sucedió que volvía yo, caminando por esos lugares donde tanto hay que aprender, a ciertos episodios y momentos de todo tipo en la campaña electoral, sobre todo aquellos en los que se expresaba la militancia del partido, la gente de base, esos hombres, mujeres y jóvenes de tantos lugares de la república entregados a una batalla que hicieron suya con lo mejor que tenían en su alma y en su corazón: esperanza, anhelos de un futuro mejor, de progreso, empleo y seguridad para sus familias.

Y fue esto último, esas imágenes, sentimientos y emociones, lo que me llevó a pensar que a esa gente, a esos miles de priistas de la base del partido, y a los millones que votaron por Roberto Madrazo contra todo y a pesar de todo, les debía una palabra, a algunos una explicación; a otros, un gesto, algo que sirviera de consuelo, y a todos, una inmensa gratitud.

Entonces regresó a mi cabeza la propuesta de Manuel y me dije: ¿Por qué no? Lo consulté con Isabel, con Federico, con Daniela, lo platicamos más de una vez tomando un café entre un museo y otro. Y al final tomé la decisión. Era una oportunidad para decirle al priismo y a esos millones de gentes que creyeron en nuestro proyecto, cómo dimos la campaña, cómo luchamos, cuáles fueron los grandes y los pequeños obstáculos, los adversarios externos y los enemigos internos, el acoso del poder desde mucho tiempo antes para cerrarnos el paso, los entretelones de la traición; por supuesto, también nuestros errores como partido y como equipo, y, desde luego, las debilidades e indecisiones del propio Roberto Madrazo.

Era un mundo que abordar. Tanto que explicar. Y mucho que decir. Sobre todo porque quería yo cerrar, no sólo ese capítulo, sino un tramo todavía más largo donde habían tenido su origen mis más profundas convicciones, allá donde la memoria guarda el recuerdo, el legado y la reciedumbre de Carlos Alberto Madrazo, el cariño, la hermosura y la inteligencia de mi madre, la unidad con mis hermanos.

Y fue así como, sin darle más vueltas al asunto, pasé del "¿por qué no?" al "estoy listo, ¿cuándo empezamos?".

Han sido largos meses de trabajo en los que me comprometí a fondo con el proyecto. Y a ello se debe que prácticamente haya desaparecido de la circulación durante este tiempo. Hoy, cuando esta conversación sale a la luz pública, quiero dedicarla a esos hombres, mujeres y jóvenes de todo el país que conmigo recorrieron de nuevo sus sueños y anhelos de un México de progreso, democracia y justicia para sus hijos.

ROBERTO MADRAZO PINTADO

I. Don Carlos Alberto Madrazo

EL ACOSO DEL PODER

Quisiera comenzar esta conversación con la figura de tu padre. A juicio de Roberto Madrazo, ¿cuál sería la enseñanza más clara que define la imagen política de Carlos Alberto Madrazo?

La rectitud de sus convicciones. Madrazo estuvo preso. Por sus ideas fue a dar a la cárcel y jamás claudicó. Pienso que si hubiera sido un arribista, un "chambista", alguien más del sistema, hubiera tenido cargos más importantes, pero hubiera claudicado. Mi padre era implacable en lo que creía, y lo defendía siempre con argumentos y con pasión. La imagen más clara que tengo de él es la de un hombre que no se doblegaba ante el poder. Su biografía política registra que casi no llega a ser gobernador de Tabasco porque se enfrentó en un punto de vista sobre el desarrollo del sureste mexicano con el presidente Adolfo Ruiz Cortines. Hay que tener presente que el sistema político era muy cerrado y no toleraba este tipo de conductas.

¿Podríamos decir que en esta imagen que describes radica buena parte de la motivación que te acerca a la política y, más tarde, cuando inicias la campaña como precandidato a la Presidencia de la República?

El ideario de Carlos Alberto Madrazo ha estado presente en mí desde que aspiré a ser dirigente de la juventud del Sector Popular del partido en 1974. Ya entonces había un candidato oficial a la dirección juvenil y lo enfrenté, digamos, desde la oposición. Te diría más: lo que a mí me mueve a estar en la política es cómo quería Carlos Madrazo que fuera la política, eso es lo que a mí me hace estar en la política.

¿Y cómo quería Carlos Madrazo que fuera la política?
Para él la política no tenía un fin en sí misma. Se trataba, en primer lugar, de una vocación. Más aún, una vocación de servicio. Madrazo no estaba peleado con el poder, que es el corazón de la política, pero lo entendía de acuerdo con las circunstancias y apremios de su tiempo: para transformar al poder mismo, que entonces en México era muy cerrado, muy excluyente y antidemocrático. Era él un idealista, hecho de valores y convicciones.

¿Había ya en el niño o en el joven Roberto la idea de querer ser como su padre?
No lo sé, pero algo que admiraba en él como político es que hablaba de todos los temas. Nunca vi a mi padre callado. Era tal su cultura, tan amplia, tan conocedor, que era un deleite escucharlo, siempre aprendías algo nuevo con él. Yo supongo que eso le pasaba a todos los que conversaban con Madrazo. Sabía de todo y hablaba, comentaba, reflexionaba. Yo era un niño y a menudo me preguntaba: "¿Cómo le hace?" Había en eso mucha admiración y mucho respeto.

Me tocó acompañarlo algunas veces cuando salía de jira como gobernador de Tabasco. Salíamos en una camioneta Jeep de aquellas de los sesenta, era un pésimo chofer mi padre, pero le encantaba manejar y, la verdad, manejaba muy mal. Recuerdo una vez, cuando llegamos al pueblito de Benito Juárez, antes Villa de San Carlos en Macuspana, la gente estaba molesta porque no veía solución a sus problemas, estaba enardecida. Y de pronto veo que Madrazo está sobre la camioneta arengando, y luego conforme va hablando la multitud se fue callando, hasta que se hizo un silencio casi absoluto. Él mismo se fue calmando y terminó diciendo que iban a sembrar dos árboles, dos laureles, y que iban a ser los laureles de la confianza, porque él se comprometía con ellos. Entonces les habla del laurel de la confianza y siembra con la gente dos laureles, y les dice que cuando le deje de cumplir a su pueblo esos laureles se iban a secar, se iban a morir. Era impresionante cómo sabía Madrazo llegarle a la gente.

Pasó el tiempo y a la sombra de esos mismos laureles me despidieron a mí en el año 2000, con una gran fiesta cuando dejé la gubernatura de Tabasco. Los laureles no se murieron, no se secaron, siguen ahí.

¿Qué otros recuerdos tienes de Carlos Alberto Madrazo como papá y como político? ¿Lo trataste mucho, poco, estaba cerca de ti o tú de él, permitía él que te le acercaras?

Cuando él murió yo estaba muy joven, tenía unos quince años. Al político, en buena medida lo voy descubriendo después, a través de la plática de los amigos de mi papá, de la lectura de sus discursos, de enterarme de hechos que yo desconocía. Como papá te puedo decir que era encantador, un hombre entregado, amoroso, también muy severo, te aplicaba la disciplina sin conceder, te enseñaba muchas cosas, pero no conocía yo al político. Al político lo conocí realmente cuando ya había muerto, y una de las cosas que descubrí después de su muerte, por ejemplo, es que no le agradaba publicar lo que escribía. Madrazo escribía mucho, era de una productividad impresionante, vivía escribiendo, leyendo, pero dejó pocos testimonios escritos. Por eso nos dimos a la tarea de recopilar los discursos que estaban dispersos. De sus discursos como presidente del partido hay poco en el acervo de la memoria histórica del Partido Revolucionario Institucional (PRI). Incluso sus amigos, aquellos que lo trataron cuando estaba en plenitud política, tienen versiones encontradas sobre su personalidad. Sin embargo, me parece que el que más lo llegó a conocer fue Manuel Gurría, porque Manuel desde muy joven vivió de cerca las luces y las sombras de la vida política de Carlos Alberto Madrazo. Y cuenta Manuel, y lo dice de un modo anecdótico, con mucha gracia por lo demás, que Madrazo era un hombre que hablaba más rápido de lo que pensaba, de repente hablaba más de lo que debía haber dicho, porque era muy expresivo.

Sobre doña Graciela, tu madre, ¿qué recuerdas de su personalidad?

Mi madre era mucha ternura, mucho cariño, mucho consuelo, mucho consejo, una mujer muy serena. Conocía muy bien a mi padre. Se entendían con la mirada, eran de esos matrimonios que llegan a entenderse con los ojos. Pero yo traté menos a mi mamá, en ese sentido traté más a mi abuela materna y a mi padre, que era el eje en la relación familiar. Mi madre era cariñosísima y muy hermosa. Yo la recuerdo como una mujer alegre, con la broma en la mesa, con la picardía para bromear, muy amena, conversaba mucho.

Ella disfrutaba el trabajo con la gente. Mi madre, igual que mi papá, venía de familia muy modesta, no eran ellos de familias acomodadas. Mi abuelo Noé, el padre de mi mamá, se ganaba la vida como telegrafista. Lo recuerdo bien, a mi abuelo Noé, con sus mangas esas de telegrafista. Mi abuela Chonita, la mamá de mi padre, tenía una casa de estudiantes, les rentaba cuartos a los estudiantes en Villahermosa, jóvenes que estudiaban en la universidad. Yo creo que todo eso hizo que fueran personas muy sencillas, sin grandes pretensiones, de hábitos austeros. Con decirte que en mi padre era fuerte la disciplina del ahorro, y juntaba para ahorrar en centenarios, esas monedas conmemorativas.

¿Le parecía a doña Graciela que la política era una gran profesión, le gustaba la política, compartía la pasión política con tu padre?

No. Ella decía que la política era una actividad muy ingrata, con muchos sinsabores, que destruía a la gente y los prestigios. Era una mujer sabia, que enfrentaba con mucha prudencia la política, a distancia. Nunca se enamoró de la política. Se enamoró de su tarea social. Mi madre fue la fundadora de las escuelas auditivas en Tabasco, de los desayunos escolares, de muchos programas para niños. Le decían "mamá Gachi". También los muchachos universitarios le decían así de cariño, y también los niños en Tabasco. Era una persona socialmente muy comprometida, pero eso sí, siempre con distancia hacia la política. Yo creo que fue así porque sufrió las consecuencias de cuando mi padre estuvo preso por razones políticas, por sus convicciones.

Todo esto está en las cartas de amor que mi madre le escribía a mi padre cuando estaba en prisión. Mi madre le cuenta a mi padre cosas dramáticas en esas cartas: "Nadie nos quiere ver", "no hay quien nos preste dinero para la casa", "no tengo cómo alimentar a los niños". Yo conservo esas cartas. La familia vivía entonces en la colonia Del Valle, en la calle de Patricio Sanz, 910. Una casa que recuerdo muy bien. Y también a los vecinos: Jorge Lagarde, la familia Gómez Tagle en la esquina de Patricio Sanz con Avenida Colonia Del Valle, los Regueiro, de la tienda de abarrotes, don Chucho el peluquero, quien nos llamaba "los moretones" aludiendo a nuestros apellidos Madrazo Pintado, la familia Monroy, Jorge Payró, el ingeniero hermano de Cuco Sánchez, la tienda de los dulces Larín…

¿Qué es lo que más te impresiona de Carlos Alberto Madrazo?

Su carrera, sus ideales, su ímpetu, la energía que ponía en todo, su seguridad en sí mismo, el no darse por vencido. Esto último se ha convertido prácticamente en un valor para mí. Fíjate que cuando lo encarcelaron mi padre tenía, cuando mucho, 30 años. Era apenas un muchacho. Eso me impresiona mucho, porque a esa edad eres muy vulnerable, estás empezando a vivir y entonces cualquiera se doblega y ahí termina todo. Pero con él fue al revés, salió de la cárcel con unas ganas terribles, con más valor y más fortalecido. Era un hombre que se crecía ante la adversidad.

¿Podrías definir a tu padre con una sola frase?

Fue un hombre de riesgos. Yo siempre digo que Madrazo vio la política como un deporte extremo. A tal grado, que no medía las consecuencias personales.

¿No hay en eso algo, o mucho, de irresponsabilidad, de inconsciencia o de romanticismo?

En él era un exceso de responsabilidad. Mira, cuando se lee la entrevista que le hace Jimmy Fortson en la revista *Él*, su última entrevista a unos días del avionazo que le costó la vida, se puede uno dar cuenta de que estaba de lleno en medio del conflicto y sin embargo era muy claridoso en lo que decía. Te digo, sin medir las consecuencias que podían caer sobre él. Madrazo, cuando estaba convencido de algo, no cuidaba los aspectos de carácter personal. Eso es lo que hizo de él un hombre de convicciones. Pero sobre todo hizo de Carlos Madrazo un hombre, en todo el sentido de la palabra.

En el México de entonces, supongo que no era fácil enfrentarse al poder sin medir las consecuencias personales...

Quizá para Madrazo se trataba de un asunto de principios, no de si era fácil o difícil. Yo recuerdo haberle oído decir algo como esto: "Entre lo fácil y lo difícil uno tiene que saber que lo fácil no conduce nunca a nada". Por eso, creo yo, desafió tantos intereses creados en la política. Todo esto lo fui viendo, lo fui descubriendo, lo fui recuperando en la memoria después de muerto mi padre. Madrazo siempre estuvo enfrentándose al poder. Y cuando lo detentó, lo hizo para transformarlo. Creía en el poder para transformar al poder mismo. Te cuento un hecho real: cuando mi padre llegó al gobierno de Tabasco, sus adversarios pensaron que se acababa su vida política, y ocurrió todo lo contrario, porque Carlos Madrazo tuvo el cuidado o la inteligencia, o las dos cosas, de incorporar a su gobierno a quienes habían sido sus adversarios políticos más duros y los invitó a ocupar puestos importantes en el gobierno. Madrazo era duro de pelar, pero muy incluyente, tolerante.

Era un hombre de convicciones. Y no lo detenían ni el riesgo personal ni nada. Fíjate que cuando Javier Rojo Gómez, regente de Distrito Federal en aquellos años, llamó a mi padre para colaborar con él como jefe del Departamento de Reglamentos, él de plano no aceptó el cargo por la corrupción que imperaba en esa área. Entonces fue designado jefe de Colonias, pero al día siguiente, cuando le entregaron una propuesta para fraccionar una colonia y junto con el expediente un sobre con 70 mil pesos, Madrazo devolvió de inmediato los papeles junto con el dinero y presentó su renuncia. Pero Rojo Gómez lo quería con él, así que le ofreció entonces la jefatura de Estudios Económicos, pero también desde ahí mi padre se enfrentó a los intereses de los agiotistas y prestamistas que abusaban de los comerciantes. Y entonces creó el Banco del Pequeño Comercio. Y así te podría enumerar muchas acciones donde mi padre mostró que para él la política era una cuestión de servicio y convicciones, como te decía hace un rato.

Dices que estas cosas las comenzaste a descubrir una vez que Madrazo había muerto. ¿Nunca supiste que él había estado preso?

No, yo no lo sabía. Un día, hurgando en la biblioteca, me encuentro con que hay una declaración de Manolo Gurría, bellísima por cierto, de cuando él murió y entraron a reportear en la casa. En esa biblioteca estaba yo hurgando y me encuentro el álbum. ¡No puede ser! ¡En la cárcel Carlos Madrazo! Me quedé helado y de un golpe cerré el álbum. Tardé semanas en preguntarle a mi abuela si era cierto que mi padre había estado preso.

¿Y no quisiste abrir el álbum?

No. No quise. O no pude.

¿Lo sabía Carlos, tu hermano, o tampoco?

Supongo que sí, por la edad, pero yo no. Ni supe los motivos, pero tenía que ver con la sucesión presidencial de aquel entonces. Tan es así, que encarcelaron a tres diputados, uno de cada uno de los sectores del partido: uno del Sector Obrero, uno del Sector Popular, que era mi padre, y uno del sector campesino. Era la lucha por la sucesión presidencial entre Javier Rojo Gómez, jefe del Departamento del Distrito Federal, y Miguel Alemán, secretario de Gobernación.

Cuando encarcelaron a mi padre corría el segundo tercio del gobierno del presidente Manuel Ávila Camacho. Y todavía se dejaban ver las diferencias y pugnas por el poder entre civiles y militares, una pugna que venía de atrás. Unos por continuar el camino trazado por Lázaro Cárdenas y otros por estrechar los vínculos con Estados Unidos y los intereses empresariales de ese país. También en la Cámara de Diputados se daban esas posiciones y, bueno, en ese contexto comenzó la lucha por la candidatura a la Presidencia de la República y la contienda electoral de 1945, entre los simpatizantes de Miguel Alemán y Javier Rojo Gómez. Mi padre era partidario de este último. La lucha era tremenda, sin exagerar, al rojo vivo. Y, como te decía, Madrazo fue siempre sumamente apasionado. Despedía energía, su presencia era una pila: si la tocabas te daba toques.

Tabasqueño, al fin y al cabo, apasionado…

Un hombre apasionado, pero extremadamente sensible ante el dolor humano. Creo que uno de los problemas políticos más serios de Carlos Madrazo fue siempre esa pasión, se desbordaba, cometía el error que cometemos los tabasqueños. No podemos usar las palabras para ocultar nuestros pensamientos, usamos las palabras para decir lo que estamos pensando, y eso a veces no es lo mejor. En el centro de la república eso no se da. Y en el norte son abiertos y lo que tú quieras. Nosotros somos como cuando volteas un guante al revés. Tú estás con un tabasqueño y estás leyendo en la frente, así como pasan los letreros electrónicos en la televisión, estás leyendo ahí lo que está pensando.

¿Qué pasó realmente con Madrazo, por qué lo encarcelan?

Madrazo les daba miedo a muchos por su forma de pensar y su forma de ser. Yo he leído mucho aquellos episodios, y te puedo decir que, en ese contexto, él era una voz nueva, un nuevo pensamiento en un momento crucial para el país. Un peligro para muchos.

En esos años, hacia el IV Informe de Gobierno de Ávila Camacho, el presidente de la Cámara de Diputados, Hermilio Ahumada, pronunció un discurso de respuesta al informe presidencial donde se permitió calificar de tragedia a la democracia mexicana. El diputado formaba parte del bloque de legisladores que apoyaban las aspiraciones presidenciales de Miguel Alemán Valdés y exigió una radical reforma a los procedimientos políticos seguidos hasta esa fecha, basados, según dijo, en la farsa y la mentira.

Te puedes imaginar el desconcierto de los asistentes y, desde luego, del propio presidente Manuel Ávila Camacho, quien abandonó el recinto mientras el diputado Ahumada clausuraba la sesión en medio de gritos y protestas de los diputados que demandaban la continuación de la asamblea, y otros la renuncia de Ahumada como presidente del Congreso.

En ese clima, mi padre sube a la tribuna y pronuncia un discurso tan encendido y convincente que, ante la falta de control en el recinto, le abre la oportunidad de ser electo, en esa misma sesión, presidente de la Cámara de Diputados. Claro, sus detractores reaccionaron de inmediato, con el argumento de que su ascenso alteraría el orden establecido y los mecanismos tradicionales de la sucesión presidencial. Y no faltó tampoco quien acusó a Madrazo de "asaltar" la presidencia de la Cámara a través de un "golpe a mansalva", mientras otros exigían, haciendo coro, la destitución de mi padre.

Eran esos tiempos de una lucha frontal. Y por aquí empezó el asunto contra Carlos Madrazo. Algunas semanas después se armó todo un montaje y mi padre fue detenido junto con dos diputados más, el diputado Téllez, del Sector Obrero, y el diputado Sacramento Jofre, del sector campesino, acusados los tres de haber hecho manejo ilegal de las tarjetas de braceros. Los cargos fueron haber delegado sus funciones a otras personas o instituciones, y que en alguna forma habrían exigido un pago a cambio, o bien habían comerciado abiertamente con las tarjetas. En pocas palabras, los acusaron de fraude, de corrupción. En ese tiempo el gobierno federal otorgaba tarjetas de braceros para ir a trabajar a Estados Unidos. Madrazo se separó del encargo popular y se sometió voluntariamente a la jurisdicción del juez. Los documentos consignan que Madrazo, en su primera presentación ante la autoridad, preguntó quién o quiénes eran sus acusadores, a lo que los cuatro agentes del Ministerio Público encargados del asunto respondieron con una sola palabra: "NADIE".

Entonces lo sacan de circulación en plena sucesión presidencial, en vísperas del destape de Miguel Alemán.

Exacto. Y nunca lo desaforan, no le quitan el fuero, pero está casi nueve meses en la cárcel. Y lo curioso es esto: termina la campaña presidencial y Madrazo recupera su libertad sin haber sido desaforado jamás.

¿Recuerdas las circunstancias en que Carlos Alberto Madrazo fue dejado en libertad, la fecha?, ¿existe alguna imagen de aquel entonces, en los medios, algo así?

¡Cómo no lo voy a tener en la memoria! ¡Imagínate! Lo he leído montones de veces. El 3 de octubre de 1945, cuando las acusaciones se habían desvanecido y, sobre todo, cuando la sucesión presidencial prácticamente se había decidido en favor de Miguel Alemán, los tres diputados detenidos fueron puestos en libertad bajo fianza. Y entonces miles de personas se reunieron frente al penal de Lecumberri a recibirlos. Una crónica periodística de la época consignó que la muchedumbre los levantó en hombros y los condujo así por varias calles, acompañados de bandas de música y mariachis, mientras la gente les arrojaba flores, serpentinas y confeti. Pasaron casi nueve meses en prisión, y a pesar de la absolución pública y de su probada inocencia, Carlos Madrazo no regresó ya a la Cámara de Diputados.

Supongo que fue un alivio para todos, para la familia...

Para todos. Pero sólo hasta cierto punto, porque no paró todo ahí. Siguieron años muy duros. Cuando Madrazo salió de Lecumberri ya no regresó a la vida política activa. Y en esas circunstancias, fue Javier Icaza, que había sido maestro de mi padre en la universidad, quien lo invitó a colaborar como director de la Escuela Nacional de Archivistas y Bibliotecarios en la ciudad de México. Y mira lo que son las cosas, o lo que es la vida, ahí conoce mi padre al abogado Adolfo López Mateos, con quien llegaría a establecer una muy estrecha amistad. Todo ese periodo fue de ostracismo político para mi padre, aunque también de importantes enseñanzas gracias a sus encuentros con Lázaro Cárdenas y Vicente Lombardo Toledano.

¿Cuánto tiempo pasó Carlos Madrazo al margen de la vida política activa?

Varios años, una década, más o menos. Porque vino a reaparecer a la vida pública hacia finales del sexenio de Miguel Alemán, cuando fue designado representante del gobierno de Tabasco en la ciudad de México. Se podría decir que desde esa posición regresó a la política, cuando en 1958, acompañando al entonces candidato a la Presidencia de la República Adolfo López Mateos, en una jira por Villahermosa, Madrazo pronuncia un encendido discurso de bienvenida, que a la postre fue el que probablemente le abrió las puertas para ser el candidato a gobernador para el periodo 1959-1964.

Vuelvo un poco atrás. ¿Nadie te dijo nunca que él había estado preso? ¿Él mismo nunca te habló de ello?

Yo tengo el expediente que me regaló el abogado Juan Velázquez, porque quien lo defendió fue el abogado Víctor Velázquez, papá de Juan. Yo tengo el expediente, las fotos, todo.

Para mí fue una sorpresa encontrarme ahí, en la biblioteca, como te digo, que había estado preso. ¡Tu ídolo había estado preso! Fue un golpe brutal. Y cerré el álbum. Para entonces, él ya había muerto.

¿Con qué otros personajes sería comparable Carlos Madrazo?

En el ánimo democratizador de la vida del partido, me parece que con figuras como la de Jesús Reyes Heroles. También con la de Luis Donaldo Colosio, sin duda. En muchos temas nacionales, como el de la reforma del poder, y hasta en los discursos es muy semejante. Pero son muchos quienes en su momento hablaron y lucharon por un proceso de apertura del partido, hacia adentro y hacia afuera. Sin embargo, es difícil comparar a Carlos Alberto Madrazo, porque él era un hombre singular en este sentido: no buscaba el cargo público, aunque su sueño era ser jefe del Departamento del Distrito Federal, y nunca lo alcanzó. Madrazo era un idealista.

¿No aspiraba a ser presidente de la república?

Yo no sé si estaba hecho para eso, no sabría decirte si estaba hecho para eso. Creo que no, al menos en ese momento, porque en ese entonces mi padre se ubicaba en el terreno precursor de las ideas liberales, en la siembra de ideas semilla para una nueva forma de hacer política. Entonces, cuando viene el "destape" de 1970, antes que a sí mismo, veía como puntero a Ortiz Mena. La lucha de quienes estaban con mi padre era llevar a don Antonio Ortiz Mena, entonces secretario de Hacienda, a la Presidencia de la República en 1970, obviamente contendiendo con Luis Echeverría, secretario de Gobernación. En eso estaba Carlos Madrazo cuando ocurrió el accidente donde perdió la vida.

Mi padre había sido presidente del PRI entre 1964 y 1965, durante casi un año. Y desde ahí planteó integrar una militancia inteligente y razonada. Son sus palabras. Él decía: "No rebaños que van y vienen según las circunstancias". He leído mil veces esas palabras, me las sé de memoria: "Podremos engañarnos un tiempo, pero un día la realidad nos cobrará nuestra imprevisión… El partido no es el gobierno, ni debe ir a la zaga del gobierno, sino a la vanguardia". Pero bueno, vuelvo a tu pregunta: Madrazo no aspiraba al cargo público. Lo suyo era servir.

Todo eso ocurría durante el gobierno del presidente Gustavo Díaz Ordaz. Te pregunto: ¿cómo se llevaban Carlos Madrazo y el presidente?

¡Qué pregunta! Los dos eran muy similares y muy gruesos. De hecho habían compartido, como diputados, la XXXIX Legislatura, a principios de los cuarenta, aquella legislatura donde mi padre fue detenido y encarcelado, como te decía. Esa legislatura donde el diputado Hermilio Ahumada calificó de trágica o de tragedia la democracia mexicana ante el presidente Ávila Camacho, que se retiró airadamente del recinto. Bueno, fue precisamente el diputado Gustavo Díaz Ordaz quien se encargó de pronunciar entonces un nuevo discurso de respuesta al IV Informe de Gobierno del presidente Ávila Camacho, dado que el discurso del diputado Ahumada había desatado el caos en el Congreso.

Todo esto para decirte que mi padre y Díaz Ordaz traían ya una historia de más de veinte años antes de llegar a los años sesenta, de fines de los sesenta, cuando emerge la sucesión de 1970 que despertara la tentación y los anhelos reeleccionistas del presidente.

Por esos años, ya distanciado Madrazo del presidente Díaz Ordaz, el encono fue terrible, y las reuniones políticas de Carlos Madrazo —comidas, cenas, conferencias con los jóvenes— eran terribles en contra de Díaz Ordaz. Los caracteres eran muy similares entre los dos. Muy similares y muy gruesos.

La política era entonces el juego de pelota caliente que te he comentado. La Cámara de Diputados, por ejemplo, había aprobado en 1964, con la promoción del diputado Alfonso Martínez Domínguez, una modificación a la Constitución

General de la República para permitir la reelección de los diputados, desde luego con el apoyo disimulado del presidente Gustavo Díaz Ordaz.

Así que imagínate. Una vez más se encontraban mi padre, que era presidente nacional del PRI, y Gustavo Díaz Ordaz, presidente de la república. Y bueno, el tema de la reelección estaba vivo en los medios, y los periodistas aprovechaban cualquier circunstancia para encender los ánimos. Entonces, en una de esas, hallaron el momento y le preguntaron directamente a mi padre, presidente del Comité Ejecutivo Nacional (CEN) del PRI, sobre la idea reeleccionista, y claro, mi padre respondió con una sólida posición institucional. Dijo que el tema sería tratado en la Asamblea Nacional del partido.

Pero la cosa no paró ahí. Porque en la última entrevista que tuvieron mi padre y Díaz Ordaz, al abordar el tema de la reelección, el presidente le dijo que le parecía una buena "excusa" eso de tratarlo en la Asamblea Nacional, a lo que mi padre respondió que no era excusa, sino la forma en que debía tratarse un tema tan delicado y grave, más aún cuando se percibía no sólo repulsa popular, sino además que la mayoría de los senadores no la apoyaban…

Sí que se arriesgaba don Carlos. ¡Y con Díaz Ordaz!

Se arriesgaba demasiado. Pero ese día Carlos Madrazo fue todavía más lejos, le manifestó su extrañeza al presidente Díaz Ordaz por la campaña de prensa apoyando la reelección, patrocinada con recursos del gobierno y encabezada por el director de Relaciones Públicas de la Presidencia de la República. Todo esto, imagínate, causó un disgusto enorme en el presidente de la república, y desde luego un distanciamiento total con mi padre. Se encabronó, pues, el presidente. Y a partir de entonces no hubo ninguna otra entrevista entre ambos.

Hoy sabemos que no pasó el intento reeleccionista del presidente Díaz Ordaz. Pero, ¿qué sucedió al interior del PRI, entre los legisla-

dores, en el gobierno? ¿Sabes algo de las escaramuzas internas sobre este asunto?

A mediados de los sesenta se había llevado a cabo la IV Asamblea Nacional del PRI, con dos mil delegados que se pronunciaron contra la reelección. Esa, puede decirse, fue una victoria de mi padre, pero contrarió también a muchas personas, sobre todo al presidente Díaz Ordaz, y aun cuando fue una decisión colectiva del partido, obviamente debilitó a Madrazo ante el presidente de la república.

En esa misma Asamblea se decidió también que en las elecciones municipales la selección de candidatos se realizara mediante un sistema democrático de abajo hacia arriba, lo que permitió que en 1500 ayuntamientos se llevara a cabo consulta con las bases priistas. Fue un gran avance ese ejercicio democrático, pero, como te digo, terminó por debilitar la posición de Madrazo como dirigente nacional del PRI, y su salida de la dirigencia nacional fue cuestión de tiempo.

Deja entonces Carlos Alberto Madrazo la presidencia nacional del PRI, pero, a la vez, Gustavo Díaz Ordaz pierde prácticamente su reelección como presidente de la república. Se me ocurre pensar que quedaba ahí una factura pendiente de cobro, ¿o no?

Probablemente.

¡Qué tiempos y qué paradoja! Lo digo porque recuerdo que alguien escribió "los dorados años sesenta" para describir esos tiempos.

¿Dorados? No emplearía yo esa palabra. Fueron años muy difíciles, sobre todo los de fines de los sesenta. Fue un México muy convulsionado en lo social y en lo político. El mundo también estuvo muy convulsionado. En América Latina, en África, en Asia. La Iglesia católica en plena apertura y renovación. En México hubo incluso una fuerte polarización entre quienes leían la historia desde un aliento populista y hasta revolucionario y quienes pretendían un giro radical de modernización política y económica. Me atrevo a pensar que a esto respondían, al menos desde adentro del sistema, Luis

Echeverría y Antonio Ortiz Mena, populista uno, renovador o modernizador el otro.

¿Dónde ubicarías a Carlos Madrazo en esa geometría?

Carlos Madrazo era claramente liberal y progresista, fundó en su juventud la Confederación de Jóvenes de México (CJM), era un modernizador, no iba con el sistema. Él representaba un pensamiento nuevo frente a toda clase de caudillismos y cacicazgos. Un hombre ilustrado. Por eso, en esos años cruciales que culminaron en 1968, Carlos Madrazo tomó claramente partido contra Luis Echeverría y contra todo lo que representaba Luis Echeverría.

Dicen quienes conocen la historia que Carlos Alberto Madrazo selló su destino cuando asumió la presidencia del PRI, el 7 de diciembre de 1964, pocos días después de que protestara como presidente de la república Gustavo Díaz Ordaz. ¿Dirías tú que así fue, tan determinante, el paso de tu padre por la dirigencia nacional del PRI?

Creo que sí. Y de hecho mi padre lo tenía previsto. No desconocía la complejidad del encargo, lo supo desde el momento mismo en que aceptó la presidencia del CEN del PRI, unos días después de la toma de posesión de Gustavo Díaz Ordaz como presidente de la república. Sus palabras de entonces fueron más que claras. Dijo que no sabía si en ese encargo iba a durar un minuto, una hora o una vida.

Hay que tener en cuenta que quien hablaba así era una voz reformadora en México, una voz que sonó con toda su fuerza en el sexenio más retrógrado y autoritario del siglo XX. Entonces, quizá tienes razón. Tal vez ahí comenzaron los cinco años que serían, a la postre, cruciales para México y definitivos para Carlos Alberto Madrazo.

Cuando te planteo el tema, reconozco que yo mismo estoy muy influido por un texto que escribió Nikito Nipongo poco después del avionazo donde perdieron la vida tus padres. Él escribió que las amenazas de muerte a Carlos Madrazo se hicieron más siniestras en esos cinco años, a partir de 1964, y luego trazó un cuadro completo que va desde enero de 1965 hasta prácticamente el día anterior a su muerte, en junio de 1969. ¿Tú compartes la visión del periodista sobre el accidente?

Raúl Prieto, *Nikito Nipongo*, es muy preciso en esa semblanza. Y es cierto, Carlos Madrazo se ganó a pulso la enemistad del presidente Díaz Ordaz. ¡Cómo no le iban a molestar las palabras de Madrazo, si mi padre estaba empeñado en acabar, como él decía, con el Dedo Supremo! "Se acabaron las decisiones por medio del Dedo Supremo." Ese era el grito de combate de Carlos Alberto Madrazo desde la presidencia nacional del PRI. Y entonces, no sólo estalló el presidente de la república, estallaron también Luis Echeverría, los caciques locales y los gacetilleros de la prensa que se lanzaron contra mi padre. Once meses duró en la presidencia del PRI Carlos Alberto Madrazo.

Se dice que Carlos Alberto Madrazo tuvo vinculación con el movimiento del 68. ¿Qué tan cierta es esta aseveración?

Madrazo simpatizaba con el movimiento. Cuando surgió en París, Madrazo dio una conferencia en México, muy vibrante por cierto, sobre lo que había pasado allá, y ahí dijo, palabras más, palabras menos, algo como lo siguiente: "Preparémonos para lo que viene para México". Cuando te digo que simpatizaba, es porque en esos años, en plena ebullición juvenil, mi padre redactó un documento que denominó "Carta de consulta". Y lo escribió después de un extenso recorrido por el país y después de haber dialogado con la juventud estudiantil y sus maestros. Ese documento dice que una gran inquietud sacude a la república, pero que más que inquietud es preocupación y angustia. El pobre tiene hambre de pan, escribió Madrazo de puño y letra, pero hambre también de encontrar una salida a sus problemas y ser tomado en cuenta para determinar el rumbo del país.

Así es que, sin lugar a dudas, él simpatizaba con el movimiento de 68 y sus causas sociales. Fíjate que ese mismo año, en 1968, mi padre asistió a una ceremonia de graduación de estudiantes de Derecho de la Universidad Autónoma de Tamaulipas, donde rechazó con un gran discurso, con argumentos y con una gran pasión, las críticas que circulaban contra los jóvenes a raíz de la protesta popular que encabezaban. A lo mejor esta es la conferencia que te comentaba más arriba. La situación era candente, y en medio de ese clima Madrazo dijo que le parecía grave que los hombres públicos no midieran sus pasos y sus decisiones contra la juventud.

Hasta ahí todo parece una adhesión académica o discursiva. Pero, según entiendo, a él lo acusaron directamente… Vamos, no sólo por una simple "simpatía", quiero decir… ¿Hubo algo más?

Bueno, en esos años primero lo acusaron; luego lo quisieron implicar, y por último lo amenazaron directamente. Lo amenazaron todo el tiempo. Consta en los archivos de la Federal de Seguridad que Luis Echeverría lo tuvo sometido a una estrecha vigilancia. Sobre todo entre 1967 y la primera mitad de 1968, cuando Carlos Alberto Madrazo estuvo particularmente activo en las universidades, en estrecho contacto con los jóvenes de todo el país. También es cierto que fue en una de estas reuniones donde desató la tormenta, porque fue ahí donde dijo, sin duda con dedicatoria al presidente de la república, que: "El verdadero hombre de Estado no se rodea de cortesanos, sino de colaboradores… No golpea, sino razona". Eso molestó mucho a Díaz Ordaz. Pero así era Carlos Madrazo. Retaba al poder, retaba al sistema de acuerdo con sus convicciones, sin medir las consecuencias sobre su persona.

Pero, ¿llegaron a acusarlo directamente por estar metido en lo del 68 con los estudiantes?

Lo incriminó un estudiante, Sócrates Campos Lemus, comprado por el gobierno federal con la promesa de un empleo. Campos Lemus incriminó a varios personajes que no eran del agrado de Díaz Ordaz. Fue un pretexto, un montaje, otro más para atrapar y callar a Madrazo. Como te digo, mi padre estaba muy activo entre los jóvenes universitarios, sobre todo en ese año, y cuando estalló el movimiento, sin pensarlo dos veces simpatizó con él. Madrazo fincaba grandes esperanzas en la nueva generación, a la que consideraba un aliado natural para la transformación del partido y la transformación del país. Él decía siempre en sus discursos que la juventud mexicana se movía bajo el signo de la frustración y la desesperación. Pero la gota que derramó el vaso fue lo que siguió a continuación, porque fue mortal para el régimen y a la postre para él mismo. Cito sus palabras: "La juventud pide respuestas y le dan golpes, quiere diálogo y aparecen los tanques". Otro día fue todavía más duro: "A la nueva generación, el régimen sólo le ha enseñado a matar".

A partir de ahí, el acoso fue más claro. Mi hermano Carlos conoce muy bien esta historia y, desde luego, Manuel Gurría. Ellos cuentan que en 1968 mi padre fue constantemente acosado por las fuerzas de seguridad del régimen de Gustavo Díaz Ordaz. Incluso un día lo fueron a buscar a su casa con la finalidad de detenerlo y encarcelarlo por su participación en el movimiento. Mi hermano Carlos y Manuel Gurría cuentan que entonces, para evitar su captura, amigos y familiares, mi madre entre ellos, lo disfrazaron, lo maquillaron y lo sacaron en un automóvil.

¿Los jóvenes impulsaron en algún momento a Carlos Alberto Madrazo como un posible candidato de ellos a la Presidencia de la República?

No sé si era la idea. Pero lo traían. Los jóvenes traían la figura de Carlos Madrazo. Y así como los jóvenes, en aquellos años, él tampoco lograba contener el paso. Lo digo porque hay por ahí un documento, una carta, donde Madrazo convoca a una reflexión de fondo: si debe ser un frente amplio dentro del PRI o debe ser un nuevo partido. Y gana la idea de un nuevo partido. Entonces empieza a trabajar en la conformación de Patria Nueva. Se había radicalizado tanto la posición de la juventud, que va por el nuevo partido, que se llamaría Patria Nueva. En ese trance es cuando muere mi padre, en esos días, cuando se daba la definición del nuevo partido.

¿Cuándo aparece la convocatoria para la creación de Patria Nueva?
Me parece que en mayo de 1968. Una fecha emblemática. Y lo que registran los medios es que Madrazo sorprendió a la clase política nacional al enviar una carta a todos los mexicanos, sin distingo de ideologías, profesión o condición económica. En ese documento plantea la reflexión de fondo que te comentaba. La creación de un nuevo partido político o la constitución de un frente nacional de todas las fuerzas democráticas del país. Fue en mayo del 68. Y bueno, la idea tomó fuerza y forma cuando un grupo de dirigentes estudiantiles, de organizaciones independientes y oficiales, convocó a la asamblea de Patria Nueva para los días 26 al 28 de septiembre de ese mismo año. Ahí, todos esos grupos pretendían establecer las bases para la creación de un nuevo partido político, promovido fundamentalmente por los mismos jóvenes. Todo eso fue en pleno año de 1968.

Fíjate cómo ya en ese momento, 1968, el modelo político del país se encontraba agotado. Lo percibieron los jóvenes con toda claridad, al señalar en esa convocatoria que los brotes de rebeldía social que se manifestaban en el país demostraban la existencia de un sistema político cerrado e intransigente, un sistema que sustituía el diálogo con la violencia innecesaria y cruel de los garrotes y las bazucas. Ya entonces el documento proponía a la juventud organizarse al margen de los partidos políticos existentes, al margen de toda fórmula que pretendiera perpetuar la situación que, según decían los jóvenes, había llevado al país al enfrentamiento.

Pero no me has contestado la pregunta. ¿Pensaban los jóvenes en Carlos Alberto Madrazo como una figura atractiva para ellos?
Sé de un debate que se llevó a cabo en la Tribuna de la Ju-

ventud con motivo de la creación de Patria Nueva, donde los jóvenes expresaron que en esos momentos Carlos Madrazo era el hombre que podía y debía, para cumplir con su destino histórico, fundar un nuevo partido político, porque no era posible continuar con la mediocridad impuesta por el partido en el poder. Son más o menos las palabras de entonces. El representante por Durango, por ejemplo, dijo que Madrazo encarnaba las más altas aspiraciones de la juventud. Agustín Cué Cánovas, profesor de la UNAM, señaló que cuando Carlos Alberto Madrazo "rompa las amarras, cuando queme sus naves" y se decida, entonces la juventud estará con él. Te repito que cito de memoria. Fue entonces cuando Carlos Alberto Madrazo, bajo la presión de amplios grupos de jóvenes, profesionistas, obreros, campesinos, maestros, periodistas, intelectuales y clases populares, decidió quemar sus naves y avanzar en la creación de un nuevo partido político.

Entonces Patria Nueva iba en serio. ¿O qué tan serio, qué tan factible y posible era Patria Nueva?

Era prácticamente un hecho. Y tan factible como que contaba con figuras muy concretas. Tanto así que en su despacho del primer piso de la calle Frontera 195, mi padre y sus colaboradores tuvieron que enfrentar la presión del gobierno federal, de los provocadores, las amenazas de asaltos y detenciones, así como el conato de irrupción por parte de policías vestidos de civil que una vez rodearon la oficina para allanarla en busca de "propaganda contra el gobierno". El verdadero propósito era apresar a mi padre, pero logró eludir el cerco y salió del lugar. Claro, el acoso, los Juegos Olímpicos y la agudización del conflicto estudiantil hicieron que la asamblea constitutiva de Patria Nueva se pospusiera. Pero el nuevo partido era una realidad.

Y había nombres, dices tú, figuras concretas, de carne y hueso. ¿Sabes de algunas de ellas?

Jesús Reyes Heroles, por ejemplo, había aceptado ser el

presidente de Patria Nueva; Manuel Gurría Ordóñez sería el secretario general; Luis Octavio Porte Petit, el secretario de organización; César Tosca como tesorero; Elena Garro en la secretaría femenil; José Luis Mejías como secretario de prensa, y César del Ángel, Elio Flores y Enedino Macedo, como secretarios auxiliares.

Se manejaban también nombres para el Comité Ejecutivo de Patria Nueva. Carlos Madrazo había realizado consultas con Javier Rojo Gómez, Gilberto Loyo y Rafael Urrutia en ese sentido.

Había muchos nombres. Eduardo López Betancourt, José Luis Becerra, Alfredo Sánchez Alvarado, José Espinosa Rivera, Aurelio González Sampé, José Agustín Ortiz Pinchetti, Mario Chávez, Israel de la Cruz, Patricio García Caraveo, Francisco José Paoli Bolio, Roberto Casillas.

Me llama la atención el nombre de don Jesús Reyes Heroles en el proyecto de Patria Nueva, porque después él asumió la presidencia nacional del PRI bajo el gobierno de Luis Echeverría. ¿No te parece una incongruencia?

No, porque para entonces habían cambiado las circunstancias. Y la política es de tiempos y circunstancias. Fallecido Carlos Madrazo, y de la forma en que perdió la vida, abortado el proyecto Patria Nueva y electo presidente de la república Luis Echeverría es explicable que don Jesús Reyes Heroles haya aceptado la invitación del presidente para asumir la conducción nacional del PRI, desde donde no dejó de impulsar iniciativas de reforma y renovación, tanto dentro del partido como en el sistema político mexicano. ¿Quién mejor que él, como estudioso, como hombre ilustrado y como político activo, podía concebir, por ejemplo, la reforma que tiene lugar en los setenta en el país?

Reyes Heroles tuvo siempre a lo largo de su vida una vocación liberal y democrática, de hecho es el gran ideólogo del liberalismo mexicano en la segunda mitad del siglo XX, y por ello no debe sorprender que haya estado con Carlos Alberto

Madrazo a la hora de buscar una alternativa al sistema, que ya entonces se veía agotado. Y tampoco es extraño que, cerrado ese camino, lo haya pensado desde el interior del partido y del sistema. Bueno, a don Jesús Reyes Heroles le debemos lo que es en verdad la primera gran apertura política del régimen en esos años, la primera reforma verdadera desde Plutarco Elías Calles. Y déjame decirte que después, durante años, fuimos muchos, fueron generaciones, los que abrevamos en la inspiración de su pensamiento. Por lo demás, ya comentamos cómo Luis Echeverría fue capaz de incorporar a su gestión política y de gobierno a un conjunto de hombres y mujeres, muchos de ellos jóvenes, muy talentosos, varios de los cuales en algún momento habían sido sus adversarios políticos. Uno de ellos, a la hora de Patria Nueva, fue don Jesús Reyes Heroles.

Me decías que el nuevo partido iba en serio y que un año después muere Carlos Madrazo. Me pregunto cómo pudo ser creíble para Roberto Madrazo un accidente en tales circunstancias.

En ese entorno no fue creíble. Con Madrazo dictando conferencias en las universidades abarrotadas de estudiantes, con un Madrazo que desafiaba al régimen presidencial, que quería cambiar el sistema político, que se enfrentaba al presidente Díaz Ordaz —quien tenía la mano pesada—, un Madrazo que desafiaba los intereses económicos del país, que nunca se agachaba ante los norteamericanos, que había ido a dictar conferencias a Chicago, invitado por los paisanos de Chicago, de Washington y de Los Ángeles, que traía un movimiento enorme en el país y en el exterior porque él impulsaba figuras como la de don Antonio Ortiz Mena para que fuera el presidente de México. Ese es el entorno en el que muere. Un momento muy álgido y definitivo. Recuerda que él planteaba que "si Luis Echeverría era presidente, el país se iba a ir a la quiebra… Luisito no puede gobernar este país". Te voy a decir lo que pienso sobre todo esto: Luis Echeverría no hubiera sido presidente si Carlos Madrazo no muere. No había cómo. No hubiera ganado la candidatura Luis Echeverría. Mira, voy más lejos: con Carlos Alberto Madrazo al frente, no pudo Díaz Ordaz hacer prosperar su reelección, y creo que tampoco hubiera podido poner a Luis Echeverría como presidente de la república.

¿Conoce Roberto Madrazo los móviles reales del accidente?

A ciencia cierta no. Lo he platicado con Manuel Gurría, quien, como te decía, estuvo siempre muy cerca de mi padre, y él tampoco puede aseverar nada. Por lo demás, ¿qué pruebas podrían sostener una afirmación como esa? Lo más cercano que yo sé es lo que publicó el suplemento *Enfoque* del diario *Reforma* en el marco de la campaña electoral de 2006 y, desde luego, la última entrevista de James Fortson a Carlos Madrazo en la revista *Él*. Mas nunca se supo nada. Nunca hubo una versión de la "caja negra". Y por eso, entre otras cosas, la versión de un accidente no la creyó nadie. Nunca supe nada más hasta años posteriores. Tampoco ninguno de mis hermanos supo a ciencia cierta nada. Cuando leí lo de *Enfoque*, confieso que me impresionó mucho por los testimonios de la gente que vivió de cerca la tragedia: la familia del piloto, su experiencia, todo el dolor que refleja. Volvía yo al tema y a los materiales que había conocido en la entrevista de Fortson y en el artículo de *Nikito Nipongo*. Yo creo que impactó también mucho a mis hermanos, por las conversaciones que tuvimos en torno a la publicación.

¿Tú no dirías que fue un atentado?

Yo era muy joven entonces y creo que quise vivir con la idea de que había sido un accidente. Fue una decisión personal. No sé si así haya sido, pero mi decisión personal fue quedarme en el terreno del accidente. Quizá lo hice por salud mental, como una protección muy íntima. Años después, y las fotografías son muy reveladoras, un amigo de mi padre, de Monterrey, Jorge Treviño, me entregó un sobre: "Aquí están las fotografías del accidente de tu padre —me dijo—. El día que las quieras ver aquí están". Pasaron años. Yo las guardé en la biblioteca de la casa. Pasaron años, hasta que un día las saqué. ¡Eran impactantes! La pérdida de mis padres había sido un golpe brutal. Y la idea de un atentado lo hacía todavía más duro. Por eso, creo yo, decidí pensar de esa manera. Quizá no quise poner en mi vida, que apenas comenzaba, una carga tan pesada. Unos años después, tampoco quise empezar mi carrera política con esa carga, con un episodio en el que yo no tenía participación, digamos, activa, ni tampoco manera de resolverlo. Entonces preferí dejar eso en el terreno de lo accidental, sin duda trágico para nosotros, pero accidental. Esto puede parecer incomprensible, en un mundo donde parece normal devolver golpe por golpe. La verdad es que la muerte de mis padres ya era una tragedia, y yo —aunque joven o quizá por eso mismo— opté por no hacer de esa tragedia un destino igualmente trágico o amargo para mí.

Perdón por mi insistencia. ¿Aún hoy día es para Roberto Madrazo un accidente?

Haberlo tomado como un accidente me ha hecho vivir en paz, me ha hecho vivir sin rencor, sin odio, sin pensar jamás en la venganza, ni siquiera en la justicia. Me ha dado fortaleza, una gran fortaleza. Le agradezco a quien me haya puesto en el camino de esa decisión… Yo también me he preguntado si todavía hoy puedo considerarlo un accidente. Déjame decirte que ayer, hace 30 años, lo asumí como un accidente. Pero hoy que me lo preguntas, creo que puedo verlo directamente a la cara como lo que fue: un crimen de Estado. No tengo forma de probarlo, pero eso fue. Un crimen de Estado.

¿Tienes alguna evidencia, algún elemento, algún indicio donde sustentar esta afirmación?

No tenemos pruebas. ¡Cómo podíamos tenerlas! En un sistema político tan cerrado no pasaba ni el aire. Tenemos indicios. En México se han perpetrado innumerables crímenes desde el poder, prácticamente en todos los niveles de gobierno. Crímenes o delitos que van desde el secuestro o la desaparición de personas hasta el homicidio, y nunca ha pasado más allá de la nota que consignan los medios durante un determinado tiempo. Ahí están y ahí quedaron los casos de los periodistas Carlos Loret de Mola y Manuel Buendía, el de Ramón G. Bonfil, quien traía un gran movimiento de los trabajadores cañeros y "lo vuelan" en un viaje aéreo de Veracruz a la ciudad de México. Los casos de Manuel Clouthier, del cardenal Posadas Ocampo, de Luis Donaldo Colosio. Todos, prácticamente, sin que sepamos, hasta hoy, qué pasó en realidad. Pero, si tú preguntas a la gente en la calle, o indagas entre los propios periodistas, o platicas el tema entre la clase política, o con los altos funcionarios, incluidos los del Poder Judicial, no encontrarás a una sola persona que no esté convencida de que en cada uno de estos casos ha estado la mano del poder. Y nadie tiene pruebas. Hay indicios, hay un contexto, están las amenazas de hecho, está el acoso del poder, todo documentado, como en el caso de Carlos Alberto Madrazo. Pero no tienes una prueba, digamos, de hecho. No tienes la fotografía del autor material en el momento de cometer el delito. En el caso de Carlos Madrazo, por ejemplo, nunca apareció la "caja negra" del avión. Y todo terminó ahí. Sé, por ejemplo, que el periodista Rafael Loret de Mola ha recibido durante años la misma respuesta de la autoridad correspondiente acerca de que se va a reabrir la investigación sobre el "accidente" de su padre, y jamás ha pasado nada. Y en su caso están hasta las fotografías.

Hablando de indicios, hay un artículo reciente, de junio de 2006 en la revista *Letras Libres,* donde Enrique Serna sostiene que las maniobras contra Carlos Madrazo dejaban en claro que la política del régimen lo consideraba "una seria amenaza, dado que había desafiado a un gobierno de horca y cuchillo, especializado en suprimir enemigos sin ensuciarse las manos". Son indicios. Como el del propio Octavio Paz, que vio en el accidente de Madrazo un alarmante retroceso autoritario.

El hecho es que, sin pruebas, tu afirmación de que el accidente de Carlos Alberto Madrazo fue un crimen de Estado no deja de ser una especulación. Es fuerte la acusación, pero es un tiro al aire.

Ese es precisamente el problema de fondo en un país como el nuestro, donde los crímenes más abyectos quedan como una simple especulación, como un tiro al aire.

Hay quienes afirman que Carlos Madrazo debió haber tenido prudencia y paciencia, sobre todo ante un sistema tan cerrado y retrógrado, más aún ante Díaz Ordaz. Que tal vez escondiendo mejor sus cartas pudo haber sido, incluso, candidato a la Presidencia.

Conozco infinidad de opiniones en ese sentido. Hace unos meses leí, también en el diario *Reforma*, creo que a finales de 2006, un artículo de Enrique Krauze en el que sostiene que Carlos Alberto Madrazo se precipitó al plantear la reforma del PRI, enfrentando así, de manera directa, a una caterva de caciques y gobernadores y al mismísimo presidente Díaz Ordaz. Dice Krauze que Madrazo debió haber sido más cuidadoso, menos pasional y que, al no actuar así, prácticamente se suicidó políticamente. Enrique va todavía más lejos, dice algo que me parece aún más audaz: que los genes tabasqueños de Carlos Madrazo le impidieron llegar más lejos. ¡Sus genes, no el avionazo en Monterrey!

¿Tú crees que Enrique Krauze ha buscado denostar u ofender, de alguna manera, la figura de Carlos Alberto Madrazo?

Por supuesto que no. Yo respeto y admiro a Enrique Krauze, pero tal vez no sabe que Carlos Madrazo nunca aspiró a ser presidente de la república en aquellos días. No estaba entre sus anhelos ser presidente. Quería cambiar al PRI, y con el partido junto a la sociedad cambiar a México. O sea: Madrazo no era un oportunista en busca de "chamba". No sé si Krauze sabe que Madrazo se hizo a un lado para apoyar a don

Antonio Ortiz Mena ante el "destape" de Luis Echeverría. Sin embargo, Enrique tiene razón: Madrazo pudo haber simulado. Y yo digo: claro que pudo, sólo que no era el estilo de Madrazo la simulación. Y sin duda se necesitaba tener la sangre caliente y fría, al mismo tiempo, para oponerse a Díaz Ordaz. Cito a Krauze porque, así como él, hay también opiniones en el sentido de que Carlos Madrazo debió haberse agachado, haber sido más oportunista, en fin. Para mí está claro que a mi padre no lo mataron sus genes tabasqueños. Madrazo murió por sus convicciones, por sus principios, pero no lo mataron sus convicciones y principios. Lo mató el sistema.

En todo caso, me explico lo que dice Enrique Krauze, porque de entonces para acá la historia del PRI ha sido también la historia de gobernadores y caciques sindicales lambiscones y agachones ante el poder, y para qué decir ante el presidente de la república.

Visto desde la distancia, desde la madurez y la experiencia política, ¿cuáles serían los grandes errores, el gran error o la gran debilidad de Carlos Madrazo?

Yo creo que un gran error fue confiar en los políticos. Creía en los políticos. Creía que un político podía ser un hombre íntegro, y eran muy pocos, y siguen siendo muy pocos. Pero Madrazo era un idealista de la política. Idealizaba a los políticos. Quería creer en la República de Platón.

¿Cómo fue el día del accidente para Roberto Madrazo? ¿Te despediste de tus padres? Se sabe que tú los llevaste al aeropuerto. ¿En qué momento te enteraste, qué pasó ahí, qué conversaron, cuáles fueron las últimas palabras qué recuerdas de ellos, un gesto, algún presentimiento?

Dos cosas muy interesantes. La primera es que yo soñé en dos o tres ocasiones a mi padre en un ataúd, y cuando se lo platiqué me dijo: "El destino está fijado, si eso va a pasar, va a pasar algún día, tú no te preocupes". Él era muy definido en ese terreno. Pensaba que su destino, como el de todos los hombres, estaba marcado. Citaba mucho eso de que "pasas del rayo, pero no de la raya". Y ese día, como un premio, por ser exámenes finales en la prepa, me dejaron llevarlos al aeropuerto manejando el coche de mi mamá, porque iba yo bien en los exámenes. Entonces los llevé al aeropuerto, los dejé, tenemos la fotografía, antes te tomaban la "foto del viajero". Ahora sé que el nombre del fotógrafo es Antonio Raynaud. Y bueno, nos agarra Mexicana y estamos ahí el Pelón Osuna, mi papá, mi mamá y yo en la fotografía.

¿Viajaba con tus padres el tenista Rafael Osuna, el Pelón?

No con mis padres, pero iba en el mismo vuelo. De hecho, el Pelón era vecino nuestro, y aquel día se encontró con mis padres en la calle, porque él también iba a la ciudad de Monterrey. Entonces mi padre le dijo que subiera al coche, que fuera con nosotros. Por eso llegamos juntos al aeropuerto y allí nos tomaron la foto famosa.

Entonces, dejaste a tus padres en el aeropuerto. ¿Y luego?

Había regresado yo al CUM, a la prepa, y al salir de un examen, más o menos como a las diez y media, sale en la radio que el avión se había desviado a Cuba, que había sido secuestrado. Estaban de moda los secuestros de los aviones a La Habana y dije yo: "Se va a divertir mucho mi papá en La Habana". Pero luego comenzó la noticia a cobrar las características definidas de lo que había pasado, y me vine aquí, a las oficinas de mi hermano Carlos que estaban en un primer piso de Miguel Laurent, en la colonia Del Valle, y nos juntamos todos. Tuve que orillar el auto. Fue tal el impacto, que tuve que orillar el auto, no pude seguir manejando. Traté de serenarme y no podía, hasta que llegué aquí a ver qué íbamos a hacer los hermanos. De aquí nos fuimos al aeropuerto, a Mexicana, a investigar qué había pasado. Vivimos así varios días, fueron cuatro o cinco días y no llegaban los cuerpos, no había cuerpos. Al final, nos entregaron unas pequeñas cajas como las de los niños, cuando mueren los bebés, cajas simbólicas. Recuerdo que durante todos esos días no se separó de mí un amigo, Tomás Caparroso, dándome siempre apoyo y ánimos de seguir adelante.

¿Qué edad tenías entonces?

Yo tenía 15. Iba a cumplir 16 el 30 de julio. El accidente fue en junio. Mi padre iba a venir a la ciudad de México el miércoles 4 de julio, día de su santo. El 7 del mismo mes era su cumpleaños e iba a cumplir 54 años de edad.

Todo el mundo sabe o imagina que para cualquier adolescente el que se mueran sus padres es una tragedia enorme. ¿Cómo influyó esa tragedia, cómo tomaste conciencia de la situación, de lo que representaba, porque en todas tus entrevistas de carácter público siempre hemos escuchado las respuestas del político, pero más allá, digamos el hombre, la parte sensible y profunda de Roberto Madrazo, qué nos puede decir hoy de lo que fue vivir esa tragedia?

Es una ausencia infinita. Ese hueco no lo vuelve a llenar nada. Es muy fuerte. Creo que la tengo todavía en el alma. Quizá por eso he procurado que esa ausencia que cargo no la hereden mis hijos, porque eso te marca muy en lo profundo. A veces pienso que muchas cosas en mi vida quizá hubieran sido diferentes. A lo mejor hasta el rigor que me impuse en la vida no hubiera sido tan severo, hubiera dejado a la responsabilidad del padre que así lo hiciera, pero al no tenerlo a él, me impuse aún más severidad en mi conducta, más rigor en mi actuación, en mi forma de ser, en aprender a vivir solo, hasta en guardar mi ropa, detalles tan sencillos como tener ordenada mi casa. Todo en mi vida personal y profesional, también en la política, es orden, método. No juego a la improvisación.

Esa ausencia nunca la llenas, eso queda ahí. Sin embargo, te da satisfacciones o una cierta conformidad sentir que, aun solo, te acercas a metas que ellos hubieran querido que alcanzaras en la vida, logros de los que se hubieran sentido orgullosos. Momentos, por ejemplo, como el examen profesional en la UNAM con mención honorífica, sé que para ellos hubiera sido un enorme gozo, que les hubiera dado una gran alegría. Pero bueno, todos los hermanos salimos adelante, a base de una gran unidad. Todos somos profesionistas. El hecho duro quedó atrás y los hermanos aprendimos a vivir sanamente con ese recuerdo. Muchas veces, en las alegrías y en las tristezas, en la actividad política y en la familiar, sin distingos en cada caso, siempre hay detalles, gestos, para él o para ella, que se los brindo a los dos.

¿Existió algún juramento íntimo en el momento de la noticia o en el paso gradual del tiempo, a lo largo de los años? ¿Qué parte se ha cumplido o qué parte no, más allá de la aspiración a la presidencia de México?

Cuando los sepultamos, al estar los hermanos en ese momento definitivo, en el que te preguntas todo y cuestionas todo, cuando entraban en la tumba, ahí te das cuenta de que ya te quedas solo, cuando bajaron los féretros vacíos, un momento francamente duro, fue cuando me dije: Voy a salir adelante, no les voy a fallar, yo voy a salir adelante. Y mi meta ha sido siempre esa: en todo sentido, salir a ganar y salir adelante. Y te puedo decir que nunca, ni en las peores circunstancias, me he sentido derrotado. He tenido muchos problemas, y los resuelvo, algunos mejor que otros, pero nunca derrotado. Salir adelante es algo que desde entonces pasó a formar parte de mí. Es como ese juramento que dices, y que luego se vuelve una convicción, aunque la convicción también puede llegar a ser la cárcel de muchos ideales. Sin embargo, ahí está. Es muy profunda. Y salimos adelante todos los hermanos. Debo decir que siempre he contado con el cariño, la guía, la enseñanza de mi hermano mayor: Carlos, un joven que entonces, a los 28 años, se convirtió en la cabeza familiar y lo hizo muy bien. Carlos, el Tata, a quien respeto por sobre todas las cosas por el amor que nos dio a todos los hermanos.

Te pregunto algo delicado, porque me parece haber escuchado, o bien leído en alguna parte, que te desentendiste de lo que te correspondía

*como herencia, que preferiste vivir de tu trabajo, arreglártelas por tu
cuenta, como se dice. ¿Fue así o fue por amargura, por rencor o por
algún problema familiar?*

Las herencias siempre son fuente de problemas. Y la de
mi padre no fue excepción. Él murió intestado y eso generó
algunas discusiones menores entre los hermanos. Yo, como
te decía, era muy joven, el cuarto de cinco hermanos, y preferí dejar el asunto por la paz y empezar mi propio camino,
al grado de que no quise saber nada de nada. Después supe
que mi hermano Sergio se ocupó de manejar lo mío, pero
fue después de muchos años que vine a saber que se ocupa-
ba de eso, hasta el día de hoy. Lo valioso de Sergio es que él
logró establecer una relación más allá de la hermandad. Se
convirtió en un financiero y con gran talento hizo crecer
ese patrimonio inicial. A Sergio le debemos los hermanos
haber superado con una gran generosidad aquellas discusiones iniciales.

¿Acumuló fortuna Carlos Alberto Madrazo?

Lo sorprendente es que Carlos Alberto Madrazo, después
de haber tenido tantos cargos públicos, no hiciera fortuna.
Sorprendente, porque quién no ha visto en México figuras
que hacen fortunas de la noche a la mañana, en unos cuantos años de participación política. En el caso de mi padre, tiene una explicación: él estaba en la política más por emoción,
por pasión de servicio, por principios, por valores. Lo de
Madrazo era entrega, una postura moral. Por ejemplo: la familia no iba primero, no antes que la política. Sacrificaba
mucho su vida personal, sus anhelos, por hacer cosas por los
demás. Creo que siempre dio más de lo que podía dar. Se exigía demasiado.

*Desde esta perspectiva se me ocurre relacionar a Carlos Alberto Ma-
drazo con don Jesús Silva-Herzog, el Maestro, a quien conocí muy de
cerca, desde 1974 hasta la fecha de su fallecimiento en 1985. Recuerdo que cuando vine exiliado a México, lo fui a ver a su oficina, muy*

austera por cierto, en Avenida Coyoacán 1035. *Recuerdo sus palabras cuando me recibió la primera vez: "Amigo Garrido, usted es muy
joven, por eso le quiero decir algo para que no lo olvide nunca. A mí,
en este país me ha costado muchísimo trabajo no hacerme millona-
rio". Y subrayó el NO. Supe al momento de qué me estaba hablando.
Después me platicó de* Cuadernos Americanos, *de la Universidad
y de su gran fortuna, que eran sus libros.*

Era esa toda una generación… hombres de una sola pieza… uno los veía y todos tenían esa característica. Pueden
haber tenido otros defectos como cualquiera los tiene, pero
no interés monetario. Era un ambiente muy republicano.
Gente de mucho esfuerzo, hombres ilustrados. Además, ninguno venía, salvo alguna excepción, de familias ricas. Todos
habían tenido que luchar para pagarse sus estudios, para venir a la capital a estudiar en la Universidad, para vivir de su
trabajo, de su talento. Todos venían con una gran lucha detrás. Una ética, una gran moralidad, y una gran pasión por
los libros. Llenaban anaqueles y anaqueles. No existía en
ellos el afán de hacerse millonarios. Todo eso se desató después, fue el principio de la codicia que hoy vemos por todos
lados, fortunas desmesuradas que se hacen de la noche a la
mañana al amparo del poder público.

*Después de la muerte de tus padres, entiendo que te fuiste a Europa.
¿Por qué tomaste esa decisión, fue una manera de huir, una forma de
no mirar de frente la situación, cuál fue la motivación?*

Huir no, al contrario, quise asumir de frente mi crecimiento personal. Quería probarme en todos los sentidos. Y
aprendí mucho. Por ejemplo, aprendí a estar solo, a meditar,
aprendí algo muy importante en ese tiempo: a esquivar la
tentación de la droga, que era como parte de la rebeldía juvenil de entonces. Aprendí a ser yo. A valerme por mí mismo.
El viaje a Europa me dio lo que más necesitaba en ese momento: seguridad, después de haber quedado huérfano. Ese
viaje me ayudó a encontrarme conmigo.

Hay un episodio hasta cierto punto dramático en la vida de Roberto Madrazo poco después de la muerte de sus padres. Sufriste una parálisis. ¿Podrías decirme qué te pasó realmente?

Fue un Guillain-Barré, un virus que te provoca varios efectos, como una debilidad en las plaquetas sanguíneas, algo parecido a una leucemia, o hasta una parálisis, que fue lo que a mí me sucedió. Una parálisis de la cintura para abajo. No sé qué la provocó, simplemente vino de un momento a otro. En aquellos años no estaba tan avanzada la ciencia para saber qué era con exactitud. Duré varios meses con la parálisis. Me llevaron al Centro Médico. El doctor Romeo González, que fue quien me atendió, era familiar de mi madre, tenía algún parentesco con la familia materna. Él decidió llevarme al Centro Médico porque yo empezaba a tener principios de desmoralización. En esos días vivía en la casa de mi hermano Carlos y su familia. Él era mi fuerza para salir adelante, siempre me animaba, me apoyaba para no bajar los brazos ante el reto.

¿Depresión?

Depresión no, pero sí desmoralización. Tenía alrededor de 18 o 19 años y sentí que no volvería a caminar. Al principio eso se tomaba a broma, pero luego empecé a creer en que no volvería a caminar. Fue cuando el doctor Romeo González me llevó al Centro Médico con la intención de que conociera yo, directamente, los casos tan dramáticos que se veían ahí. Y me internaron. Por eso Romeo tomó la decisión de internarme como uno más de los lesionados que habían perdido brazos, piernas… un mundo más duro que lo que yo estaba viviendo. Esa era la idea. Aprender del sufrimiento de los demás, de las personas que habían perdido la pierna y que sin embargo les dolía, aunque ya no la tenían. Personas que tenían el brazo cortado, amputado… y no obstante lo sentían… Todo eso hizo que me diera cuenta de que había personas con problemas más graves que el mío. Y surtió efecto, me hizo luchar contra esa adversidad. Fue una gran lección para mí.

¿La parálisis no la atribuirías a algún efecto de la muerte de tus padres?

Sinceramente no. Fue un virus. Se comprobó que fue viral. No sé si dentro de las condiciones que rodean el hecho esté asociado el estrés o una baja en mis defensas por todo lo que había ocurrido. A uno de mis amigos, Felipe Medina, le dio esta especie de leucemia. A Carlos Bravo, otro amigo, le dio y no le pasó nada. A mí sí, y se comprobó que fue viral.

¿Alguna idea fuerza que tú digas "me sacó adelante"? Ya ves que en casos como esos o en circunstancias muy adversas o difíciles, uno suele recurrir a ciertas prácticas que son como "tecnologías del Yo" para salir adelante.

Correr maratones. Yo me dije: "Voy a salir de aquí para hacerme maratonista, un corredor de fondo". Siempre me había gustado correr. Entrenaba con Jorge Rivero, con Carlos mi hermano, con los dueños de los chocolates y mazapanes Cerezo, Héctor, Jorge y Carlos Cerezo, y con otros amigos. Jorge Rivero era un gran atleta, y estaba en el cine, en el espectáculo y sin embargo no bebía, algo muy importante para mí. Aparte, el cuate era un galán.

Pero tenías miedo...

¡Hombre! Claro que sí, porque pierdes sensibilidad y movilidad. Tus nervios sensitivos y motores no te funcionan. El virus afecta la médula espinal, se inflama y daña las terminales nerviosas, motrices y sensitivas, las bloquea. Por eso careces de sensibilidad y movilidad. ¡Cómo no vas a tener miedo! Estás joven, con una vitalidad a todo lo que da, con tu cuerpo lleno de energía y de repente *¡paf!* Ahora la terapia se realiza con ejercicios y ciencias mucho más avanzadas, pero en esos años te ponían agujas, sobre todo en la parte donde van tus nervios, en las piernas, para ver si había corriente eléctrica. Entonces te tapaban con una almohada y te preguntaban: ¿Sientes? No, no siento nada. Y otra vez: ¿Sientes? No. Cuando terminábamos, uno estaba lleno de agujas y a veces hasta con algo de sangre porque seguramente se había roto un vasito. Yo decía: "No siento nada". Hasta que un día en el gimnasio del hospital me cayó una ligera pesa en el dedo gordo del pie y sentí algo muy, pero muy a la distancia. Era un pequeño disco con el que me hacían ejercitar los brazos, y sentí algo, como un piquete, pero muy a la distancia, y dije: "¡Ahora sí, ahí sentí algo!". Y empezó la recuperación, en 36 horas tenía yo recuperada la sensibilidad. Y así como me llegó, se fue. Pero salir de eso y rehabilitarme fue muy largo, tomó meses.

¿Cómo pasabas el tiempo en ese lapso, en qué pensabas?

Todo era una permanente introspectiva, verme hacia adentro. Lo central era si iba a ser capaz de vivir así, si eso era mi destino. Si era un castigo, una prueba, o qué significado tenía o podría tener para mí.

¿Qué te contestabas?

De plano, que ese no podía ser mi destino. Que no iba a terminar en una silla de ruedas. Ese no era mi destino. Y entre todo, aprendí a verlo como una prueba de resistencia, de temple, de dominio personal, una prueba de voluntad, de carácter. No estaba dispuesto a perder la alegría de vivir. Y no me dejé vencer.

II. ROBERTO MADRAZO: UNA LARGA CARRERA

Vocación política y la idea
de ser presidente de México

¿Cuáles eran los intereses de Roberto Madrazo cuando era un joven aspirante a la universidad? ¿Era entonces la política una perspectiva de vida?, ¿respondía a una vocación temprana?

La política no. Yo quería ser médico. Cuando se lo platiqué a mi padre, él me dijo: "Está bien, te voy a llevar a un hospital para que veas una operación, a ver si en verdad quieres ser médico". Me llevaron a una operación de corazón en un hospital por la colonia Roma. Y bueno, creo que mi padre lo sabía antes que yo, porque ahí me di cuenta de que lo que quería no era la medicina. Entonces estudié Derecho.

¿Por qué Derecho?

Primero, porque es una carrera muy completa, de conocimientos universales. Un abogado bien preparado sabe muchas cosas. Se forma una cultura muy amplia. Segundo, te enseña la aplicación de la ley. Y creo que ese fue un factor fundamental para mi formación y todo lo que viví de joven. Encontré un nicho donde yo me sentía a gusto. En el que tenías que actuar conforme a una disciplina, y eso en mi formación, en mi soledad, en mi orfandad, fue algo realmente muy importante. Yo sentía que necesitaba orden y control en mi vida. Pero también sentí que podía ayudar a los más amolados. Recuerdo que formamos bufetes jurídicos gratuitos de la

UNAM en todas las delegaciones del Distrito Federal. Me imagino que para que eso sucediera don Octavio Sentíes, que era el regente del Distrito Federal, y el rector de la UNAM, el doctor Guillermo Soberón, firmaron un convenio. Y así muchos jóvenes pasamos a prestar nuestro servicio de pasantes en los bufetes jurídicos de las delegaciones. Eso fue cuando el servicio social era realmente un compromiso. Hoy representa una gran fuerza de trabajo que prácticamente se pierde en la simulación. Cuando a mí me tocó, escogí la rama penal y creo que hubiera sido un penalista. Me apasionaba el tema, conocer de cerca la realidad que viven los internos en las cárceles de nuestro país, hablar con los detenidos, con los sentenciados. Me fascinaba el mundo profesional de la criminalística. Un campo donde México tiene todavía rezagos y retos enormes.

¿Qué es lo más valioso que la UNAM le dio a Roberto Madrazo?

Dos cosas fundamentales: formación y sensibilidad. Eso es lo más grande que tiene la UNAM. Los servicios académicos de la Universidad constituyen una muestra palpable de que México puede salir adelante. La biblioteca es espléndida, extraordinaria, siempre lo ha sido. La Universidad contaba con espacios enormes para quienes teníamos vocación deportiva, y desde luego también por la cultura, por el arte. Fue un gran hogar, una gran casa y una gran formadora de mi personalidad. Con el paso del tiempo hemos perdido muchas cosas como país, como sociedad, y una de las más lamentables es lo que ha ocurrido con la educación, que ha dejado de ser la gran herramienta de movilidad social que era, y bueno, las consecuencias se observan en las actividades delictivas, que han pasado a ser ahora los instrumentos de movilidad y ascenso social. Te doy un dato: según cifras oficiales, más del sesenta por ciento de los detenidos en México por actividades vinculadas al narcotráfico tienen estudios de nivel licenciatura. Esto habla de lo que te decía, de cómo la educación dejó de ser lo que era ayer. En todo caso, a mí me enorgullece que la UNAM se encuentre ubicada entre las principales cien universidades del mundo y sea la primera en Iberoamérica. Sin embargo, lamento que esta evaluación no vaya acompañada de empleos y oportunidades para sus egresados, debido al desfase que traemos en el país entre la formación de profesionistas y los mercados de trabajo de nuestra economía.

En el caso de la UNAM, debo reconocer el esfuerzo del actual rector, Juan Ramón de la Fuente, por darle otra vez a la Universidad la calidad perdida. Recuerdo que le hablé cuando lo nombraron rector. Él y yo estudiamos juntos en el CUM, y le pregunté: ¿Por qué la UNAM? Y me dijo: "Es un asunto de locos, y yo soy psiquiatra". Nos reímos mucho con su comentario.

¿Qué grandes personajes influyeron en tu formación temprana?
Fueron varios. A nivel internacional, hubo dos ex presidentes norteamericanos que me llamaron mucho la atención. Uno, por lo joven que era, John F. Kennedy, muy interesante su movimiento para la juventud, un presidente con cualidades especiales, con un carisma muy fuerte. Pero además, de formación católica en un país mayoritariamente protestante. Ese desafío me cautivó. Para mí fue muy impactante la vida de John F. Kennedy, por no mencionar obviamente su muerte. Cuando visité Dallas, fui hasta el lugar donde lo asesinaron y me quedé todavía más impactado. He leído y releído mucho el asunto, he visto las películas. Fue un presidente muy atractivo políticamente hablando.

El otro que a mí me llamó mucho la atención fue Richard Nixon, por su tenacidad. Nixon era un "fajador", como se dice en el boxeo, nunca se dio por derrotado. Un hombre al que podías vencer y que se levantaba. La biografía de Richard Nixon es muy inspiradora para luchar en la vida.

En el plano espiritual, siendo católico, me ganó el papa Juan XXIII, me emocionaba. Él comenzó una revolución enorme dentro de la Iglesia católica. Los jóvenes en los años sesenta vimos ese proceso con mucho interés. Fue un gran reformador el llamado "Papa Bueno", con una personalidad asombrosa y un gran compromiso con los pobres. Y luego, en la misma línea, Paulo VI, que me pareció un personaje histórico más allá de las fronteras de la Iglesia católica. Lo que él hizo como jefe del Estado Vaticano fue impresionante. Visitó lugares que nadie imaginó, llevando el mensaje de la Iglesia, reuniéndose con las gentes más antagónicas al catolicismo. Un líder espiritual que comprendía lo que estaba pasando en el mundo.

Entre los mexicanos no deja de sorprenderme Benito Juárez. No el Juárez mitificado que todo el mundo quiere explotar como el indígena que llega a ser presidente. No. Yo creo que Juárez era un hombre muy talentoso. Tan inteligente que se rodeó de personalidades muy fuertes. Que no le temía a nada. Ese Juárez que mantuvo la defensa de la República frente a todo lo que estaba viviendo. Ese Juárez es el que a mí me emocionó y me emociona. El Juárez visionario como estadista y hábil como negociador en la coyuntura. Desde luego, valoro su origen indígena. Su lucha, como la de millones de mexicanos.

¿Cómo registra Roberto Madrazo su primera idea sobre la política?

Mi padre decía que había una mano caprichosa del destino, y que esa mano te llevaba. Según él, era un destino que ya estaba marcado. Él no iba con la idea de que uno podía influir en el destino político. Ya estaba trazado. Y cuando tocábamos el tema de la muerte, por ejemplo, te decía que la mejor muerte es la inesperada. Hoy pienso que ambas cosas fueron válidas. Sin embargo, las discusiones, hasta donde pudieron darse, me hicieron sentir desde muy temprano en mi vida que sí podías influir en las consecuencias de la actividad política. Eso, el que yo tuviera la osadía de discutirle a él, que era el gran maestro, a mi padre le llamaba mucho la atención.

¿Qué edad tenías entonces?

Como 12 años, creo, y él se moría de risa. Pero me daba más y más libros para leer. Yo era todavía un niño, se puede decir, y la política era ya, o comenzaba a ser, un tema con mi padre.

¿Qué te hizo decidirte por la política, si tanto te gustaba la carrera de abogado?

Creo que el interés por la política estaba ahí, incubado, y sólo reapareció. Porque vivía yo con esa pasión. Cuando me decidí, años más tarde, recuerdo que lo platiqué con quien era entonces mi esposa, Gelita Garci-Crespo. Iba a tomar una decisión que nos afectaba como familia. Y esa decisión era algo así como ir a la aventura. Yo ganaba muy bien. Estaba muy bien pagado en la Procuraduría del Distrito Federal. Compré mi carro, compré mi casa… Y me fui a la aventura, a buscar la Dirección Juvenil del PRI. Corría el año de 1974, y yo quería regresar a Tabasco. El pleito entre el gobernador Manuel Mora y Carlos Madrazo nos había sacado de Tabasco durante los seis años de su gobierno. Y mi meta entonces era regresar a Tabasco.

Entonces la política ha sido el gran amor de tu vida, por encima incluso de tu carrera como abogado…

Me enamoré de la política según los ideales de Carlos Madrazo. De una política que no es la que ahora vemos desde aquí. Degradada, sin valores ni convicciones, sin compromisos, convenenciera, una política de humillaciones, de falta de dignidad. No es la política de la que yo me enamoré. Demasiado idealista tal vez, para un mundo tan pragmático como el que estamos viviendo. Yo aprendí la política con base en ideales, la que seguía a un hombre o a una corriente filosófica por los valores que representaba. No para ver si te ibas a hacer rico o a tener cargos públicos. Eso no lo llegabas ni a pensar. Era la emoción de tu etapa juvenil lo que te impulsaba a la política. Yo, en esos años, prefería escuchar discursos antes que ir a bailar. Me bebía y leía los discursos. ¡Oír los discursos en las cintas aquellas de carrete, los discursos de Carlos Madrazo! ¡Los discursos de López Mateos!

¿Se imagina Roberto Madrazo en un oficio distinto?

Fíjate que nunca he querido cerrar mi horizonte a una sola actividad, por apasionante que sea, aun como la política. Es curioso, la política misma me ha enseñado que hay otros caminos, otros horizontes. No todo es política, aunque es cien por ciento absorbente; sin embargo, a través de ella descubrí que hay otros mundos que no están reñidos con la política, sino que forman parte de lo que la política tiene que atender. El mundo de la cultura, de los negocios, el de la familia, el de los hijos, el mundo que está a tu alrededor y que a veces no miras. Hoy me siento preparado para enfrentar muchas cosas, seguramente por mi formación, que ha buscado ser universal. Te lo digo con pocas palabras: no vivo la vida con las puertas cerradas. Al contrario.

Desde esta perspectiva se me ocurre preguntarte, ya que no han faltado quienes se han referido a Roberto Madrazo como un "hombre muerto", o que hayan dicho "Madrazo está acabado", ¿qué sientes cuando te enteras de eso, cómo lo tomas?

No lo tomo en forma personal, porque quienes dicen eso no me conocen. Tampoco conocen el oficio, la profesión de la política. Más aún: no conocen de veras la naturaleza humana. Les falta imaginación y se dejan llevar por la pasión. Yo te diría, por lo que uno puede leer en libros, en las biografías, por ejemplo, o por lo que se sabe por referencias, que el ser humano es impresionantemente terco para luchar por la vida plena. Por eso nunca nadie está realmente muerto más que en el deseo de sus adversarios, sobre todo en política, donde la "muerte" no existe.

Recuerdo cuando Carlos Andrés Pérez, presidente de Venezuela hace unas décadas, tuvo que salir "por piernas", acorralado, repudiado por el pueblo venezolano. Hasta detenido estuvo, arraigado en su domicilio, y después regresó a la Presidencia aclamado por la sociedad venezolana. Otro caso, también de hoy, el de Alan García, en Perú. Quién no recuerda cómo dejó la Presidencia. Si hasta fue expulsado del país y se refugió en Colombia, si no me equivoco. Y sin embargo, Alan García es el actual presidente de Perú, cuando hace poco nadie daba un centavo por él. Y el caso de Daniel Ortega en Nicaragua, que regresa veintitantos años después. Creo que esta lucha se da en todas las esferas de la sociedad, no sólo en la política. Personajes o figuras como el cantante José José, el músico Carlos Santana, el actor John Travolta, el mismo futbolista Diego Armando Maradona, todos ellos han visto su vida profesional afectada, o de plano caer en algún momento y luego regresaron con dignidad. Pero vuelvo a la política, alguien me leyó hace poco, a propósito de que "Roberto Madrazo está muerto", un pasaje de Elias Canetti donde dice que en política hay muchas maneras de morir y otras tantas de resucitar. Bueno, de esto estamos hablando.

¿Tiene Roberto Madrazo alguna esperanza en ese sentido, piensa volver?

¡La veía venir, sabía que me ibas a preguntar eso! Por supuesto que no. Yo ya jugué. Para mí es un ciclo cerrado. Lo cual no quiere decir que Madrazo esté muerto o acabado. Es un ciclo cerrado dentro de una trayectoria inconclusa. ¿Por qué inconclusa? Porque hay un mundo más allá de la política. Sólo hay que descubrirlo. La política no es lo único.

¿Qué rescatarías de la experiencia política juvenil de Roberto Madrazo?

La visita que le hicimos un grupo de jóvenes a don Jesús Reyes Heroles. Muchos me habían platicado de Reyes Heroles. Era él un hombre muy seco, platicaba poco, pero profundo en sus ideas. Cuando lo conocí me encantó como político. José Luis Lamadrid, que ya murió, llevó a un grupo de jóvenes, yo entre ellos, a conocer a don Jesús Reyes Heroles cuando era presidente del PRI, a principios de los años setenta. Gabino Fraga era su secretario particular. Tenía el despacho de la presidencia del partido una ventanita, entonces Gabino se asomaba y decía que el Maestro estaba escribiendo. No podía ser interrumpido. Ya cuando habían pasado como dos horas, entramos al despacho de Reyes Heroles, y escucharlo fue impresionante. Él no era un orador. Sus discursos son más ricos leídos. No era un orador, pero en su lectura era muy profundo. Me cautivó, qué te puedo decir. Emilio Chuayffet, a partir de entonces, ha conservado un gran conocimiento sobre Reyes Heroles. De esos amigos que lo conocimos, el que lo estudió a fondo fue Emilio Chuayffet. Lo conoce perfectamente.

¿Dirías que Emilio Chuayffet ha sido formado por Jesús Reyes Heroles?

Por supuesto. Éramos estudiantes en aquel entonces. Estábamos Emilio y yo en la prepa cuando lo conocimos. Y a partir de entonces Emilio se ganó su amistad. ¡Si hasta se atrevía a ahorcarle la "mula de seises" en el dominó!

¿Cómo fue tu ingreso al PRI? Háblame de tu ingreso al PRI. ¿Quién te llevó al partido?

El que influyó fue Jesús Medellín. Chucho Medellín es quien me buscó para meterme al PRI, y fue entonces cuando empecé a conocer los libros y los textos de Carlos Alberto Madrazo. Un paisano, Humberto Hernández Haddad, no dejaba de leerlos y comentarlos. Lo descubrí en esa época, cuando decidí entrar a la Juventud del PRI. Tenía yo 17 años y mi proyecto era volver a Tabasco para empujar las ideas de Carlos Madrazo. En ese tiempo recuerdo que agarraba yo párrafos completos de sus discursos, se los leía a los muchachos y se encendían con esos fragmentos.

¿Contra quién competías por la dirigencia del Sector Popular?

Contra Humberto Casillas, el Güero, que era el candidato que se perfilaba para ser el nuevo dirigente juvenil del Sector Popular del partido. Y nos opusimos al Güero, con quien estaban Poncho Izquierdo, mi amigo Fernando Pintado y otros. Ahora, ya con el paso del tiempo, somos amigos de toda la vida, pero en ese tiempo competimos por la Dirección Juvenil y la ganamos. Luego, todos fueron incluidos en la dirigencia y nos hicimos verdaderos amigos.

¿Ha sido una obsesión la política para Roberto Madrazo?

Nunca ha sido una obsesión. Es una pasión. Pero tampoco, nunca, ha sido una fuente de ingresos para mí. Es la verdad. Económicamente es donde peor me ha ido. Cada vez que lo pienso, llego invariablemente a la conclusión de que ganaría más como profesionista o en los negocios familiares. La política fue una determinación y una circunstancia en la que tuve que escoger. Traía en la cabeza volver a Tabasco para recuperar el ideario de Carlos Madrazo. Y en ese trance, salí a buscar la dirigencia juvenil del Sector Popular del PRI y a recorrer todo el país. Sergio, mi hermano, me prestó un Volkswagen nuevecito, un "escarabajo" con el que recorrí todo México para convencer a los jóvenes de que yo debía ser el dirigente. Y gané la dirigencia juvenil del Sector Popular, en contra de la voluntad de la dirigencia nacional del partido y de Luis Echeverría. De nuevo el apellido Madrazo se le aparecía a Echeverría. Primero había sido mi padre. Y, de pronto, su hijo Roberto. Verás que en la vida política siempre hay material para una pequeña teoría del destino.

¿Y quién era el candidato de Luis Echeverría?

No lo supe bien. Pero obviamente no era yo. Y, sin embargo, Echeverría respetó el fallo y me recibió en Los Pinos con la nueva dirigencia juvenil del Sector Popular. Déjame decirte que ese fue todo un sello de su gestión como presidente: incorporar jóvenes a su gobierno después del 68.

Hay algo que no entiendo. Si tu proyecto era Tabasco, ¿por qué buscar la juvenil del PRI?

Porque eran pasos complementarios. Al menos así lo veía entonces. Yo ya era dirigente juvenil de la CNOP, del Sector Popular, pero quería irme a Tabasco. De hecho, había decidido buscar el movimiento juvenil para eso. Mi meta era regresar. Acababa de terminar mi licenciatura y estaba casado, muy joven, por cierto. Tan clara tenía esa meta que déjame contarte esta anécdota, para que veas: un día en Paracho, Michoacán, en uno de los autobuses de la campaña del candidato a la Presidencia de la República, José López Portillo, estábamos los cuatro dirigentes juveniles: el dirigente juvenil nacional del partido y los tres dirigentes juveniles de los tres sectores del PRI. Entonces Porfirio Muñoz Ledo, presidente del PRI, le dice a Rafael Oceguera, que era el dirigente de la juventud del PRI: "Usted va a ser diputado por Sinaloa". "¿Sinaloa?", dijo él, "pero si toda mi vida la he hecho en Sonora y he trabajado con Biebrich, el gobernador..." "Usted, Rafael González Pimienta, va a ser diputado por Puerto Vallarta", siguió Muñoz Ledo. "Usted, Ignacio Zúñiga, de los obreros, no va a ser diputado, y no me reclame a mí, dígaselo a Fidel Velázquez, reclámele a la CTM. No a mí." "Y usted, Madrazo, va a ser diputado por el octavo distrito de la ciudad de México." Entonces yo le dije: "No, no... No acepto".

Me volteó a ver el candidato López Portillo y me dijo: "¿Cómo que no acepta?" "Sí, candidato, no acepto." Creo que eso le llamó la atención y me dijo: "¿Por qué no quiere usted?" Le dije: "Porque me he hecho el propósito de regresar a Tabasco. Yo quiero ser presidente de México. Y sé que para ser presidente, tengo que pasar por mi estado. Voy primero a ser gobernador. Y no me importa esperarme otros tres años". Entonces intervino Muñoz Ledo: "Es que allá no lo conocen, Roberto". Contesté: "Es cierto. No me conocen. Tengo 21 años, pero le apuesto a usted que sí conocen a Carlos Madrazo. Deme el distrito más difícil y lo voy a ganar, porque al que conocen es a Carlos Madrazo, que fue muy buen gobernador." Entonces dijo López Portillo: "Ah, pero la ciudad de México es la capital". "No, candidato, prefiero Tabasco." Terminó la visita a Michoacán, me vine a México y le dije a Gela, mi esposa: "¡Prepárale las cosas al niño! Nos vamos ahorita con Gerardo a Villahermosa". Y estábamos por tomar el coche para irnos a Villahermosa cuando sonó el teléfono. Que me presentara en la oficina de Gustavo Carvajal, secretario general del partido. Fui a verlo y me informó: "Quiere el candidato que vayas a Tabasco a ver al gobernador Mario Trujillo y que le digas que no se oponga, sólo con que no se oponga". Y fui a Villahermosa a ver a don Mario. Muy generoso y muy sincero, me aclaró: "No vas en mi relación. Hay muchos jóvenes, pero tú no vas. Yo tengo un compromiso con otros jóvenes que aquí han estado haciendo la carrera con mi gobierno, pero no me voy a oponer. Si de allá te proponen, cuentas con todo mi apoyo". Y yo confié, porque antes la política era de hombres y de palabra. Volví a México y se lo dije a Gustavo. Después, José López Portillo tomó la decisión: "Ya le hablé al gobernador. Va a ser usted candidato por Tabasco. Pero le tengo una mala noticia". "¿Cuál, candidato?" "Es el distrito más grande." "No se preocupe", le dije, "esa es la mejor noticia". Eran 17 municipios en total en el estado, yo tenía 11 en mi distrito. Esa vez mi hermano Sergio me regaló un coche y 50 mil pesos para mi campaña. Y así me fui. Ahí fue donde el dilema de mi vocación se definió por la política.

¿Guardas algún recuerdo especial de tu primera campaña para diputado federal?

Éramos muy jóvenes entonces, llenos de entusiasmo y de grandes ideales. Así que mi primera campaña como diputado federal fue toda una experiencia. Muy novedosa, en la que participamos puros jóvenes en su organización. Recuerdo que armados con un equipo de sonido portátil, que hacíamos funcionar con la batería de algún vehículo, nos plantábamos en la plaza principal de cada municipio o ranchería y desde ahí trasmitía "Radio Roberto Madrazo" música de Víctor Jara, Mercedes Sosa, Silvio Rodríguez, Pablo Milanés, Violeta Parra, Dora María, Rigo Tovar. Claro, con intermedios para solicitar el voto.

Cuando me decidí a entrarle a la campaña, recuerdo que trabajaba como auxiliar del Ministerio Público en la Procuraduría del Distrito Federal con Luis Porte Petit, que era director de Averiguaciones Previas. Él y Ricardo García Villalobos, que trabajaron muy cerca de mi padre, me ayudaron a tomar la decisión. Recuerdo que Ricardo fue quien me dijo: "Escoge, aquí estás muy bien pagado, pero allá vas a hacer futuro". Yo tenía el plan muy bien trazado en mi cabeza: volver a Tabasco, empezar por ahí, ser gobernador y finalmente presidente de la república. Siempre he pensado que es bueno venir desde abajo, porque te curtes. Y para ser presidente hay que estar muy curtido, se requiere que ya no te duelan los golpes. Vale la pena decir que un gran formador de políticos jóvenes fue don Mario Trujillo. Un político de cepa, respiraba la política por todos los poros, sensible, visionario, un buen consejero. Su opinión era muy valiosa para mí. Tenía el don de la claridad para decir las cosas y el valor de sus convicciones, un admirable político, plural, incluyente y un ser humano de excepción.

Entiendo que te estrenabas como diputado federal cuando fuiste elegido secretario general del Movimiento Nacional de la Juventud Revolucionaria. ¿Cómo fue esa experiencia?

Muy buena, porque nos tocó darle autonomía a la organización juvenil del partido. Yo venía de la Dirección Juvenil del Sector Popular. Pero ahora se trataba de convertir la Dirección en Movimiento. La experiencia en el Sector Popular me ayudó mucho para continuar. Fidel Herrera fue el primero en el Movimiento, luego Rafael Oceguera y después yo. Fue muy interesante, porque había que encontrar las nuevas formas del quehacer político de los jóvenes, no repetir los vicios de los adultos. Un reto mayor, porque tenías que desafiar actitudes, resistencias, toda la cerrazón del partido ante lo nuevo. Repasando esas experiencias, a veces pienso que lo que le ha pasado al PRI es que le tiene miedo a lo que no conoce, a lo que no ha practicado. Cuando digo PRI, me refiero a sus dirigencias, no a la base, donde el partido tiene una gran experiencia.

Has tocado un punto que me llama la atención: la idea de ser presidente de la república. Te pregunto: ¿fue ante López Portillo la primera vez que planteaste abiertamente este anhelo?

No. Nació al conocer a López Mateos. Para mí era una figura muy atractiva, muy carismática. Yo era todavía un niño, tenía alrededor de ocho años cuando lo conocí. Con mucho don de gentes don Adolfo, muy divertido y dicharachero. Fumaba Delicados. Cuando iba de visita a Tabasco era imprescindible que llevaran desde México los Delicados sin filtro que fumaba el presidente, era lo primero que se garantizaba en la jira. Y doña Eva, su esposa, un encanto de mujer. Pero López Mateos, además, me caía bien porque traía carros deportivos, iba a la plaza de toros, le gustaban las mujeres, no ocultaba lo que era un político, un mexicano auténtico, le gustaban los caballos. Era muy mexicano. Esa figura fue muy poderosa para mí, como la de la bandera en el libro de texto con el que aprendimos a estudiar. Entonces, cada vez que yo veía el libro de texto, incluso de adulto, me acordaba inevitablemente de López Mateos. Una figura muy fuerte en la familia y muy amigo de mi padre.

Recuerdo una vez, cuando ya había dejado de ser presidente y mi padre era aún gobernador —en los últimos quince días de su gobierno— y le anunciaron que en la puerta de la casa estaba un señor que decía que era el licenciado López Mateos, que quería entrar. Mi padre que pega un brinco, corre por el jardín a abrirle la puerta y entra López Mateos en un carrito deportivo, un MG rojo con vestiduras beige, muy bonito, y un camioncito de redilas atrás. Le llevaba un reloj, de esos del abuelo, como le llaman, que decía: "De ALM a CAM, Diciembre 1964". Ese reloj lo conservo todavía en la casa. Había una gran amistad entre ellos, muy entrañable. López Mateos fue testigo de boda de mis dos hermanos, y no porque él fuera el presidente y mi papá el gobernador, sino porque había mucha empatía, mucha cercanía entre ellos. Fue testigo y ahí estuvo también en la recepción profesional de mis dos hermanos, de Carlos y de Sergio. Era fascinante verlo. Igual que mi padre, manoteaba y hablaba con las manos. Un hombre muy carismático.

En esos días acababa de tomar posesión como presidente de México Gustavo Díaz Ordaz, y tu padre asumiría también, era cuestión de días, la dirigencia nacional del PRI. Y tú andabas ahí, un niño que va de un lado a otro entre la conversación política de los mayores...

Exacto. Yo me sentaba en las piernas de mi papá invariablemente, a veces para platicar y otras para oírlos platicar. Claro, no entendía nada de lo que hablaban, pero para mí era sentirme en medio de una conversación de dos gentes a las que admiraba y quería mucho.

¿Hay alguna acción del presidente López Mateos que te moviera a decir: "Yo voy a ser presidente"? ¿Algo como verlo dar el Grito de Independencia, dar un discurso en una jira de trabajo, o fue la acumulación de toda su personalidad y sus acciones las que te motivaron?

Era él y fueron todas. Viví oyendo a mi alrededor las palabras "presidente-de-la-república". Y se fueron acumulando las experiencias y las emociones. Y también el hecho de ver que mi padre, a quien yo adoraba, respetara tanto a López Mateos. Quizá mi reflexión de niño fue que si él lo respetaba tanto, era que ese hombre valía mucho. Y ver a doña Eva y mi madre haciendo cosas en el terreno social, sobre todo por los niños, especialmente los discapacitados, me movía todo por dentro, muy fuerte, me emocionaba mucho.

Entonces, a partir de ese hombre, te nace la idea de ser presidente de la república.

De los dos, del presidente López Mateos y de mi padre. Nace de la admiración. Por eso creo que la idea misma, más que un anhelo o una aspiración consciente, fue un acto de amor. Un acto de amor que se concretó cuando comencé a leer a mi padre y entonces integré, digamos en uno solo, al padre que adoraba en vida, cuando niño, y al político que descubrí después de muerto.

Se dice que fue tu padre quien prácticamente destapó el tema cuando te preguntó algo así como esto: ¿Qué quieres ser de grande?

La anécdota es real. Fue en una sobremesa familiar cuando nos lo preguntó a todos. Carlos, mi hermano, ya estaba en la carrera de abogado. Sergio ya estaba empezando su carrera de ingeniero. Entonces, le preguntó a Javier qué quería, y Javier le dijo que iba a ser doctor y acabó siendo arquitecto. Y luego a Raúl. Creo que Raúl dijo abogado, y también es arquitecto. Y a mí me preguntó lo mismo y yo le dije: "Yo quiero ser presidente". Me miró y me dijo: "Eso lo tenemos que platicar, porque es una profesión que necesita tiempo". Creo que a él le llamaba la atención lo que yo quería ser de grande, y entonces siempre decía: "A ver, tú que quieres ser presidente, fíjate en esto", "Tú que quieres ser presidente, escucha esto", o "lee aquello". Y así. Quizá cuando a mí me nació la idea, a él le nació el propósito de empezar a educar al "presidente", y no tuvo tiempo de terminar.

¿Tú sabías, realmente, lo que estabas diciendo cuando mencionaste que querías ser presidente?

Yo creo que conscientemente no. No al grado de lo que significaba, pero sí en el ánimo de tener una respuesta seria. En verdad no jugaba con el tema de ser presidente, no era para mí como ser bombero. Eso lo tenía claro. Era ser *El Presidente*, sin saber bien la magnitud de lo que significaba.

¿Puedes decir ahora que fue algo que estableciste sin saber y sin querer, pero que derivó en una especie de compromiso con tu padre?

Puede ser. No estoy seguro, pero puede ser. Y hasta puede ser inconsciente que haya sido así. Muchas cosas por las que he luchado han sido conscientes, también mis esfuerzos y mis causas. Yo me metí en la política contagiado por el pensamiento de Carlos Madrazo, que es como decir que la política cobró sentido para mí cuando descubrí a Carlos Madrazo. Cuando su ideario me contagió, me metí a la actividad política. Déjame insistirte en esto: hay ahí un acto de amor. Quizá en ese mismo sentido hay o hubo también un compromiso con él.

Pero Carlos Alberto Madrazo ya había muerto. Porque tú conociste por los libros la figura de tu padre...

Es curioso todo esto. Porque no sólo es la política. Fue sobre todo la muerte de mi padre, de mis padres, lo que vino a darle sentido a mi vida. Muertos los dos fue cuando más significado cobró la vida para mí.

Lo resumo así: quisiste ser presidente cuando conociste al presidente López Mateos, pero entraste de hecho en la política cuando descubriste a Carlos Madrazo. ¿Es correcto?

Es correcto. Así fue. Dos momentos diferentes. Entre el *querer* y el *hacerlo.*

¿En tu época de estudiante en la universidad siguió presente la idea, la "cosa" de ser presidente de la república?

No, ya no. Tenía demasiado trabajo, mucha presión con mi propia familia. Fue en lo que menos pensé en mi paso por la universidad. Incursionaba entonces en el movimiento de la juventud, pero me dediqué mucho a la universidad y al trabajo en la Compañía Operadora de Teatros que tenía el gobierno federal para organizar los circuitos que debían recorrer las películas en las diferentes salas del país.

¿En qué momento reapareció la idea?

Al final de la carrera, cuando trabajaba en la Procuraduría de Justicia del Distrito Federal, con Sergio García Ramírez y el Director de Averiguaciones Previas, Luis Porte Petit. Un día me llamó Luis y me dijo: "Tienes que escoger. O vas a ser político o abogado". Estaba yo por terminar mi carrera. "Mira", me dijo Ricardo, "como viene el relevo de la juventud del PRI, tú puedes ser el dirigente, pero tienes que escoger: la política o la abogacía". Me costó mucho decidir.

DISPUTA POR TABASCO: LA LEYENDA NEGRA

¿Cómo se dio el proceso por el cual el PRI te designó candidato a la gubernatura de Tabasco? Se sabe que tu nombre fue mencionado ya en 1988 y que después fue Luis Donaldo Colosio quien lo impulsó, junto con su candidatura presidencial, en 1994. Te pregunto: ¿qué pasó a la muerte de Colosio?

Voy a ir por partes. Cuando en 1988 era yo candidato a senador, en una visita al estado de Colima, en Manzanillo para ser preciso, me mandó a llamar el candidato presidencial Carlos Salinas de Gortari. Iba yo en camino para Michoacán, porque estaba a mi cargo la coordinación de la zona centro del país en la campaña de Carlos Salinas. Dependía yo de Luis Donaldo Colosio, que era el coordinador general. Y entonces me mandó a llamar Salinas, me invitó a cenar con Carlos Rojas y empezamos a platicar, inesperadamente para mí, de Tabasco. Que cómo estaba, que cómo lo había dejado Enrique González Pedrero —de quien tengo muy buen concepto como gobernador—, y, en fin, que cómo estaba la situación en el estado.

Pasaron unos días y me buscó Donaldo, y me dijo: "Oye, se va a jugar tu nombre para gobernador de Tabasco. Te va a buscar Jorge de la Vega". Don Jorge era presidente del partido. Yo lo entendí como una cortesía política, siendo, como era, candidato al Senado. Pero me buscó don Jorge y me dijo: "¿No tienes inconveniente en que tu nombre se mencione entre los posibles candidatos al gobierno de Tabasco?" Le dije que no, y entonces en mi tierra eso empezó a crecer como bola de nieve, al grado de que llegó un momento en el que se consideró una seria posibilidad el que yo fuera el candidato a la gubernatura, en una terna con Salvador Neme y Nicolás Reynés. El problema era que no me conocía el presidente Miguel de la Madrid. Entonces, en las consultas que se hicieron con el presidente, él inclinó la balanza a favor de Salvador, quien había sido su compañero de generación, igual que Nicolás Reynés.

Y se frustró tu candidatura...

Sí, pero, en todo caso, para mí fue muy grato que se considerara mi nombre y que saliera arriba en las encuestas en el estado. O sea, localmente, el candidato era yo. Terminó la elección presidencial de julio de 1988 y Salvador Neme siguió en campaña en Tabasco, contra Andrés Manuel López Obrador. Salvador ganó muy bien. Él era un hombre con una gran popularidad, pero se generaron algunos conflictos a mitad de su periodo, y a raíz de esto cayó su gobierno y entró como interino Manuel Gurría, hasta 1994.

Fue así como, ya en 1994, Luis Donaldo quiso impulsar mi candidatura local a gobernador en Tabasco, junto con su precandidatura presidencial. La idea de Colosio era que yo cumpliera una doble misión: por mi campaña a gobernador y por la suya a la presidencia de México. Sin embargo, cuando lo asesinaron entendí que se cerraba la posibilidad de que yo fuera el candidato a gobernador en el estado. Así lo entendió también Manuel Gurría. Entonces vine a hablar con el candidato presidencial sustituto de Colosio, Ernesto Zedillo, y me dijo que esperáramos a ver a quién le entregábamos el partido. Era el mes de abril de 1994. Y le dije a Zedillo: "Mira, pues ya pasó mucho tiempo, porque en junio a más tardar, a más tardar, debe haber candidato a gobernador en el estado. Y vamos tarde". Pasó abril, pasó mayo, y en junio le dije otra vez al candidato Zedillo: "Te recuerdo que viene el aniversario de la muerte de Carlos Alberto Madrazo, y es un importante evento en Tabasco". Y le precisé: "Va a ser incontenible el nombre de Roberto Madrazo. Claro, yo comprendo muy bien que tú no quieres que yo sea el candidato a gobernador, entiendo que traes en mente una negociación para buscar un candidato de unidad entre el PRD y el PRI, un solo candidato". Por supuesto, algo que no hubiera sido posible nunca en Tabasco. Porque estaban muy polarizadas las fuerzas entre el PRI y el PRD desde seis años atrás.

¿Y cómo reaccionó Ernesto Zedillo?

Enviando a Tabasco al entonces secretario general del CEN del PRI, José Francisco Ruiz Massieu, para auscultar con los diversos sectores sociales, productivos y políticos, la designación del candidato priista al gobierno del estado, y para su sorpresa recibió como respuesta de todos los interlocutores que el candidato debía ser Roberto Madrazo.

Finalmente vino el aniversario de la muerte de mi padre, la gente se entusiasmó, y el partido, muy a pesar de Ernesto Zedillo, me puso en la candidatura. El partido estaba seguro de que yo debía ser el candidato... debí haberlo sido seis años atrás... Y bueno, así se dio la candidatura de Roberto Madrazo a la gubernatura en 1994.

¿Por qué no te quería Ernesto Zedillo para gobernador?

Tenía sus reservas. Él no quería y nunca quiso. Es claro que tenía un proyecto que estaba trabajando Esteban Moctezuma con su equipo, en donde varias gentes manejaban la posibilidad de construir una candidatura de unidad entre el PRD y el PRI, o una negociación con el PRD. Esto se sabía dentro del partido. Así, cuando me plantearon ser el candidato para Tabasco, fui muy claro: "Sí, pero no negociado. Si pierdo, pierdo. Si gano, gano". Quise ser claro desde el principio, porque veníamos de un ambiente de "concertacesiones": la entrega de Guanajuato al PAN, la salida de Fausto Zapata de San Luis Potosí, la entrega absurda del triunfo electoral de Eduardo

Villaseñor en Michoacán, una victoria que ya había sido aceptada por el ingeniero Cuauhtémoc Cárdenas, del PRD. Entonces, después de todas esas experiencias, yo quise ser claro desde el principio: con Madrazo no hay "concertacesiones". Si gano, gano. Si pierdo, pierdo.

¿Quién empujaba la candidatura de unidad PRI-PRD para el gobierno de Tabasco? ¿Esteban Moctezuma?

Bien a bien no lo sé, pero era un clima y un escenario que se generaban juntos. Pudo haber sido Manuel Camacho desde el gobierno de Carlos Salinas. El pretexto o la idea era algo así: si hay acuerdo o negociación con el PRD en Tabasco, Chiapas se pacifica. A mí me parecía una locura y por eso no acepté una "concertacesión" con el PRD. Y que gano la elección. Le gané a López Obrador. Y entonces comenzaron las presiones, desde el gobierno de Zedillo, para que yo renunciara a la victoria en Tabasco.

Sí, ¿pero qué hay detrás de la exigencia de que renunciara Roberto Madrazo? ¿Fue otra vez la lógica de Carlos Salinas y las "concertacesiones"?

Para entonces ya no era Salinas sino Zedillo el presidente de la república. Así que el esquema de las "concertacesiones" tuvo una variante. El gobierno de Zedillo, desde el inicio de su administración, compró la idea de que había que romper el bipartidismo PRI-PAN construido por Carlos Salinas, y que, en esa lógica, se debía fortalecer ahora al PRD, lo cual comenzaba por deponer los gobiernos priistas electos en Chiapas y Tabasco.

¿Te lo expresó así de claro el presidente Zedillo?

Por supuesto que no. Sus argumentos iban por otro lado. "Mira, Roberto, que se va a ir de Chiapas el obispo Samuel Ruiz, que va a dejar las armas el 'subcomandante Marcos', que se va a pacificar el estado". Y yo les dije: "Yo no soy el gobernador de Chiapas, soy el gobernador electo de Tabasco, así que mejor, y así las cosas, pregúntenle a Eduardo Robledo", que acababa también de ganar Chiapas por el PRI. "No, no, no, Roberto, es que tú no entiendes. Esto es algo que hay que resolver en Tabasco y en Chiapas, contigo y con Robledo." Todo eso pasaba por la extraña mente política de Ernesto Zedillo, donde la democracia mexicana y el camino a la alternancia que traía bajo la manga pasaban por las "concertacesiones" con el PRD.

Recuerdo bien cuándo fue que se vino el conflicto. Empezó prácticamente con una llamada de Liébano Sáenz, el secretario particular del presidente, quien me dijo: "Roberto, no va el presidente a tu toma de posesión". Le pregunté: "¿Quieres decir que ya negociaron con el PRD?". Me contestó: "Roberto, no pongas en boca mía lo que yo no he dicho". "No", le dije yo, "es que si no viene el presidente a Tabasco y acaba de ir a Chiapas, entiendo que ya negociaron". "No. No puedo decirte más", y Liébano colgó. Ojo: no me lo comunicó el secretario de Gobernación, que era a quien le correspondía. ¡Me lo comunicó el secretario particular del presidente!

Dices: "Comenzaron las presiones para que yo renunciara a Tabasco". ¿De dónde venían las presiones? ¿Del presidente Zedillo?

No, no de él directamente. Para eso estaba su gente más cercana.

Volvamos un poco a lo que fue la campaña electoral para la gubernatura. ¿Qué pasó con eso?

Fue una campaña muy corta, de junio a octubre de 1994. Y siempre tuve la idea de que Ernesto Zedillo la retrasaba a propósito. No quería que ganara el PRI, ni en Tabasco ni en Chiapas.

Sí, pero, ¿cómo fue la campaña?

Muy intensa, por lo mismo. Teníamos poco tiempo. Pero con una fuerte presencia de María de los Ángeles Moreno, como presidenta del Comité Nacional del partido. Fui muy respaldado por ella. Una campaña donde la sociedad rechazó la propuesta de López Obrador, que prácticamente fue la misma que planteó en la elección presidencial del año pasado. Basta leer los discursos. Es lo mismo, igualito, también lo que hizo antes del 2 de julio de 2006 y lo que hizo después de la elección. Así actuó también en Tabasco en 1994. Sólo que en aquel entonces el contexto era novedoso y la gente se sorprendía, le llamaba la atención un candidato que después de perder se autoproclamó "gobernador legítimo".

¿Qué argumentaba López Obrador?

¡Fraude electoral! Lo de siempre. En eso lo secundaban dos consejeros electorales federales: Santiago Creel, quien posteriormente fue el candidato del PAN a la jefatura de gobierno de la ciudad de México y secretario de Gobernación en el gobierno de Fox. Y José Agustín Ortiz Pinchetti, quien fue secretario de Gobierno de Andrés Manuel en la ciudad de México, diputado federal del PRD, y hoy miembro del gabinete del llamado "presidente legítimo". Ellos dos juzgaban la elección de Tabasco, los propios consejeros del IFE, y le dieron entrada a la impugnación de López Obrador. Quién iba a decir que con el paso de los años, Creel sería después el más empeñado en sacarlo de la contienda de 2006. Andrés Manuel no tenía argumentos, pero puso el grito en el cielo denunciando lo de siempre: "fraude electoral".

Sin embargo, la elección fue muy cuestionada...

Por supuesto. No digo que no. De todas maneras, muy poco pudo hacer López Obrador con la impugnación, porque carecía de elementos, de fundamentos jurídicos. Más bien, el gran "argumento" de Andrés Manuel fue el apoyo del gobierno del presidente Zedillo, que le entregó todo para cuestionar la victoria de Roberto Madrazo, incluso grabaciones telefónicas y documentos que Obrador usó mañosamente contra el PRI y su candidato a gobernador. Entonces, de que cuestionó la elección, claro que sí. Pero sin tener elementos.

Aquí lo interesante es que desde entonces, desde 1994, viene la alianza de Zedillo y López Obrador en torno al manejo del escándalo con fines políticos contra el PRI.

Pero tú le metiste mucho dinero a la campaña. Se habló de más de setenta millones de dólares. Es muchísimo dinero... ¿no crees que hay ahí bases suficientes para denunciar un fraude en la elección?

Setenta millones de dólares es la cifra que manejaron ellos. Pero no es real. López Obrador y su equipo, también los dos consejeros del IFE, inventaron esa cifra.

Inventada o no, esa cifra salió de alguna parte. ¿De dónde salió?

Por una parte, de una acusación que hizo López Obrador en campaña. Él dijo que Madrazo le estaba metiendo muchos recursos a la campaña. Y después vino el asunto de las famosas "cajas". Las cajas de cartón que aparecieron en el Zócalo de la ciudad de México, y que contenían parte de los documentos internos de la Secretaría de Finanzas del Comité Ejecutivo Nacional del PRI, donde se relacionaban los recursos y gastos del partido y sus candidatos en las últimas campañas electorales, incluidas las de Luis Donaldo Colosio y Ernesto Zedillo.

¿Pero le metiste o no le metiste setenta millones de dólares a tu campaña en Tabasco?

Nadie hubiera podido meter esa cantidad en una elección local. Es imposible, algo completamente desmesurado. De esa cantidad, que es impresionante, sólo un millón doscientos mil pesos, algo así, correspondían a la campaña de Roberto Madrazo.

Sin embargo, se habla de setenta millones de dólares.

Porque las "cajas" contenían un sinfín de facturas duplicadas y alteradas, algunas de las cuales se remontaban hasta la campaña presidencial de Miguel de la Madrid. Era todo un cuento. Vamos, no había fraude electoral. Más bien, el fraude estaba en las "cajas" de López Obrador. Él es muy predecible. Así lo hizo también en 2006. ¿Quién no se acuerda de las "cajas" que manejó su equipo para probar la utilización ilegal de recursos del llamado "cuñado incómodo" de Felipe Calderón? Todo mundo vio finalmente un montaje con cajas y cajas en un "diablito", y resultó que estaban vacías. Fue también un cuento. Lo mismo hizo en Tabasco en 1994, cuando perdió la gubernatura conmigo. Sólo que esa vez fue el gobierno federal, el gobierno de Ernesto Zedillo, el que le dio a López Obrador toda clase de elementos para impugnar mi elección estatal. Andrés Manuel quería, a toda costa, anular la elección y hacer una nueva. Y para eso le ayudó el gobierno, que no quería que ganara el PRI. Muy burda la maniobra.

Burda, pero contundente. Yo recuerdo que causó indignación generalizada.

Sí, porque Madrazo, según eso, se había gastado en una campaña local más de lo que William Clinton gastó en su elección presidencial en Estados Unidos. Presentado así era indignante. Por eso la maniobra fue contundente y decisiva. Porque ahí nació la "leyenda negra" contra Madrazo. Nació en Los Pinos, a raíz de que a Ernesto Zedillo le vendieron la idea de que para que "Marcos" renunciara a su estrategia en Chiapas, él debía entregar los gobiernos de Tabasco y Chiapas al PRD. Entonces Madrazo tenía que caer. ¿Por qué? Porque tenía que caer. Y lo mismo Eduardo Robledo en Chiapas. Y él sí cayó. Se dobló.

¿Tienes alguna idea precisa de cómo le llegan esos documentos del PRI a López Obrador? ¿Lograste conocer algo concreto en esa dirección?

La maniobra fue tan burda, que se le vieron a leguas las costuras. Yo mismo me enteré del asunto por una torpeza de Octavio Romero Oropeza, diputado del PRD, quien se encargó de informarle a Andrés Manuel que ya le habían entregado "el portafolio" acordado con "los papeles". Y Obrador le dijo a Romero Oropeza que le llevara "el portafolio", para revisarlo, a la ciudad de Puebla, donde se encontraba descansando al término de una etapa de la caminata desde Tabasco a la ciudad de México.

¿Qué te quiero decir con estos detalles? Que no sólo conozco la hechura del asunto y a algunos de los personajes que intervinieron. Todo se planeó con AMLO. Según el plan, él encabezaría una marcha de tabasqueños rumbo al Distrito Federal, y previo a su llegada, el gobierno le entregaría las cajas, "el portafolio", para exhibirlas en el Zócalo capitalino. Luego, en conferencia de prensa, detonaría el escándalo, por supuesto acompañado por los consejeros del IFE, Santiago Creel y José Agustín Ortiz Pinchetti. Me preguntaste si tengo alguna idea del asunto. Te digo: más que una idea. Y ellos lo saben. Por eso no prosperó el montaje, y lo frenaron.

¿Lo frenó el gobierno?

El procurador general de la república, Antonio Lozano Gracia, determinó, creo que con gran sensatez, mandar a Tabasco lo que le correspondía analizar al estado, y reservar a la Procuraduría General de la República (PGR) lo correspondiente a la Federación. Y bueno, se resuelve, a través de la PGR, que no hay nada que perseguir, que no hay delito, que en las cajas no hay nada consistente. En una palabra: no hay fraude. Después vino el dictamen de la Comisión Nacional Bancaria, dado que López Obrador hablaba de recursos ilícitos en la campaña de Madrazo. Un dictamen también favorable para nosotros. Y se ratificó la elección. Pero me pegaron en los medios de comunicación durante un año. Localmente no trascendió, pero fue un golpe nacional.

¿Hablaste alguna de vez de esto con el presidente Zedillo?

Antes de que actuara el procurador, personalmente se lo comenté una vez. Le dije: "Presidente, yo nada más le quiero decir que el procurador Lozano Gracia tiene que investigar a fondo la elección presidencial de 1994. Porque los documentos que le entregaron a López Obrador contienen información de su propia elección como presidente de la república".

¿Y cuál fue la reacción del presidente?

Estaba serio. Pero no llegué hasta ahí. Le dije que del total de recursos consignado en la documentación que manejaba Andrés Manuel sólo correspondían a la campaña de Roberto Madrazo un millón doscientos mil pesos. Y lo puedo probar, le dije. "Todo lo demás se gastó en la elección presidencial de usted, más la elección de diputados locales, presidentes municipales, diputados federales y senadores." Ahí empezaron las dificultades. Vinieron a declarar muchísimas personas. Citó Antonio Lozano Gracia a comparar todas las firmas de toda la gente que había tenido que manejar recursos en las campañas, hasta los candidatos a regidores. Todos citados a declarar y a comparar sus firmas. Más de un año duró esa investigación. Entre tanto, los medios de comunicación duro y dale contra Roberto Madrazo. Al final, el gobierno tuvo que darle salida legal al asunto.

Circula por ahí una anécdota que dice que Porfirio Muñoz Ledo, a la salida de una de las reuniones donde se trataba el caso Tabasco, no sé si en la Secretaría de Gobernación, habría dicho: "Traigo la cabeza del gobernador Madrazo aquí en la bolsa".

Es literal. Porfirio era entonces presidente nacional del PRD. Hay que recordar que a mediados de enero de 1995 él firmó en Los Pinos el famoso Acuerdo Político Nacional con el presidente Zedillo. Ante los medios, Porfirio lo planteó como el "Pacto de la Moncloa" y es cuando le compartió a Beatriz Pagés —ya ves que Muñoz Ledo es discreto y sabe guardarse las cosas—: "Traigo la cabeza del gobernador de Tabasco en la bolsa". Beatriz me llamó de inmediato y me lo contó tal cual. Y yo, a la vez, llamé a María de los Ángeles Moreno, y ella me dijo: "No hay nada, Roberto. No hemos negociado nada. Tengo el compromiso del PRI de que vamos a luchar con todo". Y luchó a morir, por eso tengo una enorme gratitud con ella, porque fue una gente que supo sostener el resultado de la elección en Tabasco, junto con Tristán Canales, entonces secretario de elecciones, y María, presidenta del partido.

¿Se dobló entonces el gobierno federal ante los argumentos de Roberto Madrazo? ¿Es eso lo que me estás diciendo?

Nunca he pensado que el presidente se rindiera a los argumentos de Madrazo. Él era demasiado orgulloso. No. Más bien creo que el asunto se definió una tarde, ya noche, cuando nos citaron a una reunión en la Secretaría de Gobernación con Esteban Moctezuma. Recuerdo que a su izquierda estaba Creel y a su derecha Ortiz Pinchetti. Al frente María de los Ángeles Moreno, a su derecha yo y a su izquierda Tristán Canales. Esa noche nos presentamos con todos los paquetes, todas las actas, todo lo que había de las elecciones en Tabasco. Estuvimos hasta la madrugada. Revisamos acta por acta y recurso por recurso, y le ganamos con argumentos y con documentos la discusión a Creel, a Ortiz Pinchetti y al gobierno de la república.

¿Ahí se acabó el tema y entonces lo frenó el gobierno?

Bueno, decir que se acabó es una exageración. Porque aun con las evidencias en la mano, el presidente Zedillo tomó la decisión de no asistir al acto de toma de posesión de Roberto Madrazo como gobernador constitucional de Tabasco. El presidente no apartó el dedo del renglón. Yo creo que traía un acuerdo con el PRD, entre otras cosas, por el asunto de "Marcos" en Chiapas. Pienso que alguien le vendió la idea y él la compró.

La pregunta es obligada: ¿de dónde sacó eso o quién le vendió el proyecto o la idea al presidente Zedillo?

No sé quién le metió esas ideas en la cabeza al presidente. A lo mejor nadie, y simplemente fue cosa de él, de sus propios "demonios" contra el PRI, como lo dejó ver después, al hacer todo lo posible para entregarle la Presidencia al PAN y a Vicente Fox en 2000. Por lo demás, una "concertacesión" con el PRD en Tabasco y Chiapas le venía bien a su proyecto de trascender como el presidente en cuyo gobierno México alcanzó la democracia y la alternancia. Mi impresión es que esta fue una idea casi obsesiva del presidente. Y por eso él estuvo dispuesto a torcer las cosas desde Los Pinos con el fin de hacer ganar a toda costa al PRD.

Por esos días, en pleno conflicto en Tabasco por la victoria de Madrazo, a fines de enero de 1995, Beatriz Paredes, subsecretaria de Gobernación, viajó a Chiapas con el secretario, Esteban Moctezuma. Y si mal no recuerdo se entrevistaron con "Marcos".

Los mandó el presidente Zedillo. Fueron a la montaña para arreglar el asunto con "Marcos" y se entrevistaron con el "Sub". Cuando regresaron, desde el gobierno federal y en el gobierno federal comenzó a circular un mensaje: "Hay que quitar a Robledo y a Madrazo".

¿Estás diciendo, o al menos sugiriendo, que Beatriz Paredes fue, de alguna manera, operadora de Zedillo en este asunto? ¿Es un tema mayor, no?

Beatriz es una mujer seria, íntegra. Es una política profesional. Para decirlo con toda precisión, te diría que a ella en este asunto sólo le tocó cumplir una tarea. A todos nos toca siempre en política cumplir más de una tarea ingrata. A Beatriz le tocó hacerlo exactamente cuando a Robledo y a mí nos comunicó un mensaje "de arriba". Era el 5 de febrero de 1995 en Querétaro. Íbamos a la Reunión de la República, a la que convocó el presidente a los gobernadores. Al bajar del autobús Beatriz nos separó, nos llevó hacia un salón, un poco antes del inicio de la reunión con el presidente, y nos comunicó, incómoda, un mensaje "de arriba": "El presidente quiere que renuncien los dos". Yo me levanté y me fui de la reunión. Estuve quince minutos en el hotel y me regresé a Tabasco. Pero Eduardo Robledo renunció al gobierno de Chiapas por instrucciones de Zedillo. Entre paréntesis, hoy es un flamante consejero de Felipe Calderón. No tuvo valor para sostener su triunfo electoral. Lo irónico es que ni "Marcos" se iba a ir ni tampoco Samuel Ruiz. Ni "Marcos" iba a dejar las armas, ni se iba a pacificar Chiapas.

¿En algún momento de esta crisis, más allá del asunto de las "cajas", Roberto Madrazo se entrevistó con el presidente Zedillo?

Sí, en algunas ocasiones. Primero con Moctezuma. Me invitó a platicar desde diciembre de 1994 con los consejeros Creel y Ortiz Pinchetti. Y yo designé a Manuel Andrade, que era el secretario de elecciones del partido, para que viniera a entrevistarse con Porfirio Muñoz Ledo, representante del PRD, y con Juan José Rodríguez Prats, del PAN. Todos a discutir la elección de Tabasco. Por mi parte, me entrevisté varias veces con Porfirio en casa de mis suegros. Él es amigo de Víctor de la Parra, mi suegro. Y Muñoz Ledo presionó para que yo entregara el gobierno; según él, no había forma de gobernar en Tabasco, y que me iban a perseguir por todas partes, en todos los actos —la misma historia del PRD contra Felipe Calderón en 2006—, que no me iban a dejar en paz. A raíz de esto me entrevisté con Moctezuma y con los consejeros y les dije que no iba a renunciar. Les recordé que les había dicho que Madrazo no era un fusible político, que no era negociable. Mi temperamento, mi carácter, mi historia, mi carrera, todo me decía que no. Me aseguraron que no se iba a dar. Pero, de todos modos, les recordé: "Ustedes me dijeron que no iba a haber negociación. Por eso acepté la candidatura". Estaban atrapados. Sin embargo, presentí la idea de: "Déjalo correr, que gane, luego lo quitamos". En enero de 1995 me reuní unas tres veces con Moctezuma en el hotel Fiesta Americana y en cada una de ellas me insistió en que renunciara a la gubernatura. Me llevó con Zedillo después de la primera entrevista. Y ahí me di cuenta de que en este punto tan delicado había engañado al presidente, porque Zedillo le dijo: "Bueno, Esteban, ¿no que estaba todo arreglado?"

Entonces me invitaron a ser secretario de Educación del gobierno de Zedillo y yo dije: "Claro que me encantaría ser secretario de Educación, pero dentro de seis años, no ahorita".

¿De las otras entrevistas con el presidente Zedillo, se dio alguna a solas?

No, siempre con Esteban Moctezuma.

¿En alguna ocasión el presidente Zedillo amenazó a Roberto Madrazo?

En la última me dijo que estaba yo enfrentando una decisión presidencial. Porque era decisión presidencial que Roberto Madrazo dejara el gobierno y asumiera como secretario de Educación Pública del gobierno federal. Le dije: "Tengo un mandato, presidente. Con todo respeto, no voy a ser secretario de Educación. Yo soy el gobernador de Tabasco".

¿No tensaste demasiado la cuerda? ¿No fue una imprudencia política de tu parte?

Sí se tensaron las cosas, hasta el extremo. Pero no había de otra. El presidente quería imponer y nosotros nos resistimos. Entonces, previendo lo peor, de inmediato regresé a Tabasco. Y cuando llegué, convoqué a todo mundo, a los ex gobernadores, al obispo, a los jerarcas de las Iglesias, los ganaderos, los empresarios, todos. Por el lado del gobierno, Esteban Moctezuma envió a Juan Gabriel Valencia para que le reportara desde Tabasco directamente. Entonces el gobierno se dio cuenta de que no había manera de que Madrazo diera marcha atrás. La gente apoyaba a Madrazo en las calles, había caravanas, gente que preparaba comida y sándwiches, un movimiento ciudadano en defensa de su gobernador. Todo esto está en los diarios, en la prensa escrita de ese año. Creo que vale la pena recuperar esas páginas de los periódicos locales, porque hay pasajes donde tú te encuentras a perredistas de hoy que estaban con Roberto Madrazo ayer, o el caso de Roberto Campa, quien abogó siempre por que el conflicto se resolviera en Tabasco y no en Los Pinos.

Hay una anécdota que dice que Roberto Madrazo, de camino al aeropuerto de Toluca rumbo a Tabasco, se detuvo para ir a la casa del profesor Carlos Hank González. ¿Hubo tal reunión? ¿Qué pasó ahí?

Sé a qué te refieres. Pero no fue así exactamente. Yo había visto al Profesor mucho antes. Aquel día comimos juntos con el gobernador Manuel Gurría para analizar el escenario del conflicto postelectoral, ya que con López Obrador siempre hay conflicto postelectoral. Fue una larguísima plática con el Profesor y me dijo: "¿Tú qué vas a hacer?" "No voy a renunciar. Voy a sostener el triunfo." La plática con el profesor Hank sí tuvo lugar, pero fue mucho antes de la reunión con el presidente. Después alguien filtró que me vi con el Profesor cuando yo regresaba de Los Pinos a Tabasco, y lo hicieron para golpearme algunos funcionarios del gobierno de Zedillo.

Por lo demás, a mí nunca me dio pena decir que yo respetaba y quería mucho al profesor Hank, y que él había sido muy generoso conmigo en mi carrera política. Así que cuando me querían golpear con eso, yo siempre decía que haber trabajado con el profesor Carlos Hank era como un cheque político en blanco, para algunas cosas me iba a servir a favor y para otras cosas iba a ser en contra. Pero que no me iba a arrepentir de haber trabajado con él. Y nunca lo negué. Y me mantuvo su amistad. El día que el Profesor muere, Manuel Gurría, Manuel Gurría Hernández y yo nos dirigíamos a desayunar con él en el rancho de Santiago Tianguistenco. Nos enteramos de su muerte en el camino, por el radio.

Se habla también de que el día en que se tensaron las cosas, el presidente Zedillo tenía planeado retener a Roberto Madrazo en la ciudad de México para darse tiempo de mandar en un avión a Luis Priego, con el fin de que tomara posesión en lugar de Madrazo. Y se dice también que el movimiento social en Tabasco impidió el aterrizaje de ese avión. ¿Qué hubo de esto?

Fue cierto. Luis Priego despegó en un avión rumbo a Tabasco. Yo tengo la impresión de que él era el "candidato de unidad", pues era priista, pero muy cercano a López Obrador. Y la gente no lo dejaba aterrizar. Los taxistas tenían bloqueada la pista del aeropuerto. Era como una rebelión contra el poder central. La ciudad estaba tomada, también las instalaciones estratégicas: el aeropuerto, los puentes, las terminales de camiones. El ejército no se metió, fue la gente. Se trató de impedir que llegara el sustituto. Entonces Manuel Ramos Gurrión, el delegado del partido, se va al Congreso para convencer a los diputados de que acepten la licencia de Madrazo. Pero yo no había presentado ninguna solicitud de licencia. Entonces le hablé a María de los Ángeles Moreno y ella me dijo: "Ramos Gurrión va por la libre. No es una indicación del Comité Ejecutivo Nacional. A Ramos Gurrión se lo pidieron de otro lado, pero no del partido". Se lo pidió el gobierno federal. Entonces, cuando llegué al aeropuerto, abordé un helicóptero del gobierno del estado y me dirigí hacia un campo deportivo, y desde ahí a la Casa de Gobierno. Los taxistas, al saber que era el gobernador, se abrieron, y volvieron a cerrar el aeropuerto. De la torre de control salió la gente aplaudiendo. Bueno, todo el mundo, ciudadanos, empresarios, ganaderos, ex gobernadores. Todos estaban ahí defendiendo.

¡Era un levantamiento en tu defensa, pero contra el presidente!

Eso era, un levantamiento de apoyo al gobernador Madrazo, y sin duda contra el presidente, que quería imponer a un gobernador sustituto. Un levantamiento ciudadano impresionante. Después nos fuimos a una controversia constitucional y me defendí en la Cámara de Diputados del Congreso de la Unión. Y la Corte me dio la razón, porque todo era un montaje, y nada procedía en contra de Roberto Madrazo. Finalmente, el día 19 hablé a la radio, también lo hizo Andrés Manuel, y tuvimos un debate al aire donde con toda firmeza lo mandé, literalmente, a la goma. La gente en la calle estaba de fiesta.

Ya en la calle, convoqué a la gente a marchar. Y salí de la Casa de Gobierno con miles de personas… En eso apareció entre la gente quien había sido secretario particular del ex gobernador Noé de la Flor, y como acto simbólico me entregó la bandera que había sido la de Noé treinta años antes. Una bandera emblemática, porque Noé de la Flor había sido el gobernador de la cultura, de la educación, en tiempos del poeta Carlos Pellicer. Y entonces fui con la bandera hasta el Palacio, y al entrar me embargó una de las emociones más grandes de mi vida. La gente entonaba el Himno Nacional.

¿Qué pasó después?

Creo que ahí se jodió la cosa. El desacato al presidente de la república estaba consumado. No pasó el PRD y tampoco López Obrador. Pero el precio fue la furia de Ernesto Zedillo.

¿Te ganó la terquedad, te ganó el orgullo? ¿Qué te llevó a oponerte hasta ese grado contra el presidente?

Tres cosas. Aquí sí, los genes, la formación desde la casa familiar. Soy hijo de Carlos Alberto Madrazo. Por otro lado, los caprichos del poder no van conmigo. Y tercero, me ganó sobre todo la convicción temprana de que no iba yo a renunciar para entregarle, desde fuera de toda legalidad, el gobierno de Tabasco a López Obrador. Yo siempre tuve claro, porque lo conozco desde niño, que es un tipo de cuidado, que jamás ha respetado ni respetará las reglas. Hoy me queda claro que cedió Ernesto Zedillo siendo presidente. Y que no quise ceder yo como gobernador. Después Zedillo empeoró aún más el asunto, cuando le permitió a Andrés Manuel contender por el gobierno de la ciudad de México sin tener los requisitos legales para hacerlo. Pienso que hasta hoy, aquí están las consecuencias de pretender "imponer" la democracia y la alternancia por medio de una decisión desde Los Pinos.

Déjame detenerme en el último punto, eso de que el presidente le permite contender por la ciudad de México sin contar con los requisitos legales...

Es un asunto que obra en documentos. En eso radica su importancia. No es una aseveración gratuita de Roberto Madrazo. Dulce María Sauri y Felipe Solís Acero solicitaron en su momento al Comité Directivo Estatal del PRI que investigara la denuncia de Pablo Gómez y Demetrio Sodi, ambos del PRD, contra AMLO porque no cumplía con el requisito legal de la residencia en el Distrito Federal. Y bueno, el PRI de Tabasco entregó la información documental que consignaba un hecho determinante: López Obrador había votado en Tabasco en la última elección, porque tenía registrada su residencia ante el IFE en Villahermosa. Y ahí estaban las fotografías de los diarios tabasqueños. Recuerdo que se le entregaron varias carpetas documentales al CEN del PRI y, claro, el efecto en Los Pinos fue inmediato. Me buscó Liébano, de parte del presidente Zedillo, para pedirme que le consiguiera una copia. Y personalmente se la hice llegar a Liébano Sáenz, secretario particular del presidente de la república. Sin embargo, López Obrador se registró como candidato. Sé también que el entonces regente del Distrito Federal, Óscar Espinosa Villarreal, comentó el tema con el presidente Zedillo, pero éste le dijo expresamente que dejara de insistir, que se resignara, porque había decidido dejarlo ser candidato por la ciudad de México. Tan cierta fue la intervención de Óscar Espinosa, que después, siendo jefe de gobierno de la ciudad de México, Andrés Manuel le cobró la factura a Espinosa Villarreal.

Vuelvo al tema del levantamiento en Tabasco contra el presidente. ¿Qué error habría cometido, a tu juicio, Ernesto Zedillo?

Yo pienso que dejarse llevar por un hombre como Esteban Moctezuma. Él le vendió al presidente la salida por una puerta falsa, le vendió una ilusión.

¿Dirías tú que a sabiendas?

No. Yo creo que por desconocimiento, por falta de oficio político. Puedo imaginarme que le dijo al presidente: "No te preocupes. Te lo arreglamos, le vamos a pedir a Madrazo que renuncie. Y tendrá que hacerlo". Es el clásico operador que se pasa de listo y con ello se pasa de ingenuo. Si hasta llegaron al extremo de llevar al Senado de la República un proyecto para la desaparición de poderes en Tabasco, un documento que circularon en la cámara alta y que los senadores, obviamente, no "pelaron" gracias al apoyo de la bancada del PRI.

Creo que el gran error de Zedillo con Esteban Moctezuma fue haber hecho secretario de Gobernación a un hombre sin experiencia política, sin formación. Es una gran lección, dado que es una práctica común de los presidentes equivocarse con las personas que son cercanas, a quienes les ven facultades que en realidad no tienen.

¿No sería, en todo caso, el fracaso conjunto de Zedillo y Moctezuma?

Los dos fueron muy arrogantes y muy ingenuos.

Entonces, por lo que dices, la de Tabasco fue una batalla crucial.

Por supuesto. El mundo entero, sin exagerar, sabe lo que se juega en el sur-sureste mexicano. López Obrador no lo ignora. Quienes parecen no saberlo han sido algunos altos funcionarios del gobierno federal. Hay que recordar que, ya para cerrar el sexenio de Vicente Fox, entró también Oaxaca al ojo del huracán, en esa misma lógica que conecta con el sureste mexicano y su valor estratégico en materia de recursos naturales.

Por eso nos opusimos de una manera tan cerrada al acuerdo subterráneo del presidente Zedilllo con López Obrador y "Marcos" para entregarles Tabasco y Chiapas. Y la situación llegó a ser muy crítica, al grado de que desde el gobierno federal incluso "secuestraron" a nuestra organización electoral para impedir que ganáramos la elección estatal de 1994. Uno por uno trajeron a nuestros dirigentes a la PGR y les dijeron que tenían dos alternativas: quedarse ahí, en los separos, o irse a Brasil con los gastos pagados, o a la Argentina, hasta que pasara la elección local. ¡Y estábamos a tres semanas! Así fue que toda la estructura de organización electoral del PRI para la elección de gobernador estuvo prácticamente secuestrada por el gobierno de Zedillo.

El partido estaba en pleno proceso de capacitación y de acreditación de sus representantes. Tuvimos que volver a montar todo, porque el gobierno nos descabezó la estructura electoral con un golpe letal. Por fortuna, no perdimos el contacto con la gente sin que se paralizara la organización. Ulises Ruiz —a quien también sacaron del país en ese momento— y Manuel Andrade jugaron un gran papel en esa victoria. Una victoria doble: contra Obrador y contra el gobierno federal. Nosotros no íbamos a entregar Tabasco. Menos a López Obrador. Como te digo: es crucial para el futuro de México la riqueza estratégica del sur-sureste mexicano para ponerla en manos de Andrés Manuel.

Me cuesta trabajo pensar que el presidente Zedillo haya podido llegar al extremo de un "secuestro", como tú dices. ¿Está documentado?

Fue peor: los sacaron del país. Y fue el gobierno federal. Te aseguro que no hay quien se atreva a negarlo.

¿Dirías que la consigna del gobierno era que Roberto Madrazo no debía ganar esa elección?

La intención era clara: que Madrazo no ganara. No debíamos ganar. El PRI no debía ganar esa elección. Así lo planearon. Y en esa misma lógica, Zedillo entregó, traicionó, al PRI después en el año 2000. El propio gobernador interino de Tabasco, Manuel Gurría, se vio obligado por la Secretaría de Gobernación a sacar del estado a varios de sus funcionarios de gobierno. En tales condiciones se dio la elección. Pero eso no fue todo. Aparte del "secuestro" de la estructura electoral del partido y de los funcionarios locales obligados a salir del estado, hubo otro hecho: a petición de Obrador, fue la primera vez que un gobernador no pudo hacer jiras ni declaraciones durante tres semanas antes de la elección, lo que fue entendido por la gente como que había una negociación en el centro del país para que el PRI perdiera en Tabasco. Pero la gente, en lugar de "achicopalarse", como decimos en la tierra, salió a votar. De hecho, fue una de las votaciones más altas de la historia electoral del estado. Y eso fue definitivo. El resultado registró más de 100 mil votos de ventaja para el PRI, en un padrón de 600 o 700 mil que debe haber tenido. Y aun así López Obrador armó un lío. Después, cuando se desahogó toda la controversia legal y fue derrotado en los tribunales por unanimidad de los magistrados electorales estatales y nacionales, él se nombró "gobernador legítimo". Igual que ahora. Y presentó un plan de gobierno y un gabinete alternos. Y empezó a cobrar impuestos. Bloqueó carreteras, pozos petroleros, instalaciones estratégicas, buscando forzar una negociación por encima de todo. Pero lo verdaderamente increíble fue que, ante el fracaso de la maniobra y ante la derrota en Tabasco, el presidente Zedillo compensara después, al permitirle competir para jefe de gobierno de la ciudad de México en 2000 sin tener los requisitos legales para hacerlo.

Entonces, según esto, ¿Ernesto Zedillo creó a López Obrador?

Yo diría que es evidente. Pero no fue toda la obra de Zedillo, porque después le abrió la puerta a Vicente Fox. El hecho es de la mayor trascendencia. Porque entre Fox y López Obrador se ha incubado en el país una crisis política, social e institucional alarmante. Yo diría que es el México que dejó la traición política y la irresponsabilidad institucional del presidente Zedillo, no sólo ante el PRI, sino ante el país entero, después de una "democracia" y una "alternancia" inducidas desde Los Pinos. Zedillo, creo yo, pudo hacer mucho para transformar al PRI y con ello transformar a México. Pero no. Prefirió apostarle todo a una transición sin el PRI. Y fue un error histórico. Porque el PRI es una corriente fundamental de la sociedad mexicana.

Después de Tabasco en 1994, ¿le cerró también el presidente Zedillo el camino a Roberto Madrazo para la contienda de 2000?

Estaba en su cabeza. Él sabía que para la contienda de 2000 Pancho Labastida era un candidato débil. Sabía Zedillo que Francisco no le iba a ganar a Fox. Y entonces desde el gobierno se organizó una elección interna en el PRI, donde Madrazo no debía ganar la candidatura del partido a la Presidencia.

Me voy a detener un momento en la figura del presidente Ernesto Zedillo, para ahondar un poco en su gestión política y sus consecuencias. Más allá de los episodios de Tabasco y de la elección interna del PRI hacia el 2000, te pregunto: ¿cómo ves políticamente, ahora y a la distancia, a Ernesto Zedillo?

Como presidente de la república, como jefe de las instituciones del Estado mexicano, siempre contó con mi más alta consideración. Sin embargo, visto con serenidad y con la perspectiva que te dan los años, me queda claro que tras la gestión política de Ernesto Zedillo se ocultó una alternancia de tramoya en el año 2000. Una alternancia nacida en el despacho del presidente y montada sobre sus demonios anti-priistas y tecnocráticos.

Has citado el tema dos o tres veces. ¿De veras lo ves tan grave?

Desde mi punto de vista, de aquí derivan las inconsistencias de fondo que muestra hoy nuestra peculiar "transición" a la democracia: forzada y forjada desde la manipulación presidencial, ajena por completo al proceso social que es toda transición auténtica. Ahí están los casos de España y Chile. Para mí, ese es el pecado original de la "democracia" mexicana en los últimos años.

Pero es explicable, no debe sorprender o no debería sorprender tratándose de un presidente que alcanza la primera magistratura con un perfil totalmente ajeno a la cultura política de partido y a la política misma, ya no digamos a la historia y la cultura del país, siendo como es, un hombre sin arraigo nacional. Sólo así se explica que haya sido capaz de manipular a tal grado los procesos para heredarle la Presidencia a Vicente Fox y la ciudad de México a López Obrador. En el caso de Fox, un personaje que será recordado por su incompetencia absoluta en la conducción de la nación como presidente de la república.

Desde una visión de Estado, debo decirte, sin embargo, que siendo muy importante para mí la traición de Ernesto Zedillo a Francisco Labastida en el 2000, es todavía más importante para la nación que haya sido capaz de hacerlo para entregarle la Presidencia de México a un hombre sin las facultades para asumirla. Y Ernesto Zedillo lo sabía. Esa es la cuestión de fondo.

¿Qué crees tú que no le perdonó Zedillo a Roberto Madrazo, o de dónde el encono?

Me parece que el asunto derivó de sus ideas acerca de la transición y la democracia en México, algo que él nunca entendió bien. Se manejaba con esquemas cerrados, donde dominaba un antipriismo obsesivo y un afán de trascendencia propio de quien busca reconocimiento tras una vida personal irrelevante. En lo personal, desde luego, había muchas cosas en las que no pensábamos igual y las discutimos en varias oportunidades. Sin embargo, no fue encono personal, aunque después se convirtió en eso.

Ya como gobernador de Tabasco, consolidado Roberto Madrazo como tal, ¿te bloqueó el gobierno de Ernesto Zedillo los recursos o los proyectos?

Nunca me frenaron proyectos ni recursos. Eso sí. Hay que ser justos. Como presidente nunca me resolvió nada, me mandaba con los secretarios, y los secretarios me lo resolvían, pero tampoco vi una orden de que no se me apoyara como gobernador.

¿Cuándo se da exactamente la declaración del presidente Zedillo en Tabasco, esa que dice: "El gobernador Roberto Madrazo y yo gobernaremos hasta el año 2000"? ¿En qué contexto se da esto?

El hecho tiene su historia. Unos meses después de iniciado el gobierno de Zedillo, creo que a finales de abril de 1995, Jorge Salomón Azar, gobernador de Campeche, preparó un evento para conformar una organización que luego funcionó muy bien durante los seis años: la Conferencia de Gobernadores del Golfo, similar a la de los gobernadores de la Frontera o la de los gobernadores del Pacífico. Nosotros en la región del Golfo no estábamos organizados y Salomón tuvo la iniciativa de promover la creación de esta organización con Alabama, Mississippi, Texas, Luisiana y Florida por la Unión Americana, y Tamaulipas, Veracruz, Tabasco, Campeche, Quintana Roo y Yucatán por México. Entonces se organizó la Conferencia de Gobernadores del Golfo y el presidente Zedillo la fue a instalar a Campeche. Tony Garza era el representante del gobernador de Texas, George W. Bush. El presidente instala la Conferencia y cuando termina, conociendo yo la situación con él, me pongo discretamente al final de la hilera de gobernadores, al último, para evitar cualquier situación. Entonces me saluda y me dice: "¿Qué pasó con lo de la Feria?" Se refería a la Feria de Tabasco. Le dije: "Es hoy en la tarde. La vamos a inaugurar hoy en la tarde". Y me contestó: "¿Y cuándo me invitas a Tabasco?" "Cuando usted quiera, presidente". Estábamos los dos en un estrado y me pidió que me acercara. Me acerqué y me dijo: "¿Me invitas a la Feria?" "Desde luego que sí. Es todo un gusto que usted vaya a Tabasco." Yo estaba arriba en la periquera esa, sin celular, sin nada.

Y bueno, terminó el evento, me acerqué con Jorge Abdó, quien luego fue rector de la Universidad de Tabasco, y le dije: "El presidente va para allá". Me dijo: "Sí, pero ya llegó Labastida. Labastida ya está en Tabasco". Pancho era el representante del presidente, como secretario de Agricultura. Entonces le digo al presidente: "Presidente, ya llegó

Francisco Labastida". "No le hace, que le avisen." Y dio indicaciones al Estado Mayor. "Que le avisen que me espere. Yo voy a ir a ver la Feria". Salimos y en el avión él redactó esa parte de su discurso que tú mencionas, la frase famosa. Te insisto: él de puño y letra escribió esa parte, muy pensada, pues. Hay unas palabras mías de agradecimiento, y él dice: "Roberto y yo gobernaremos juntos hasta el año 2000". Yo creo que esa frase, tan cuidada, se debió a que había una gran especulación acerca de que el gobierno federal insistía en quitarme, y él entonces despejó la especulación con esas palabras. Recorrió la Feria y la gente fue muy atenta, cálida y cariñosa con él. Yo recuerdo cómo Joaquín López-Dóriga iba empapado de sudor, y como él iban muchos que cubrían la jira, que fue inesperada, fuera de programa. Iban empapados porque nos agarraron las temperaturas más altas. Esos días son los días de mayor calor. El presidente se puso a caminar y la gente lo jalaba y lo jalaba de un lado a otro en la Feria. Y veía un *stand* y lo llevaban a otro. De ahí lo llevamos al aeropuerto.

Vuelvo a la frase famosa: "El gobernador Roberto Madrazo y yo gobernaremos hasta el año 2000". Te pregunto: ¿qué significó para ti en ese contexto?

Creo que representó el reconocimiento honesto de que su idea de remover al gobernador de Tabasco democráticamente electo había fracasado. Fue un gesto, así lo tomé yo, una cortesía que desde luego agradecí, aunque el mal ya lo habían hecho.

¿Volvió a ir Ernesto Zedillo a Tabasco?

Cinco veces en el sexenio. Dos por huracanes, tres en visitas de gobierno.

¿Quieres decir que el presidente se cuidó bien en lo personal, para mostrar que no tenía nada en contra de Madrazo?

De hecho, él en lo personal nunca tuvo una expresión desacomedida posterior al desencuentro que tuvimos, nunca una expresión de rechazo durante el gobierno, nunca nada en lo personal. También hubo secretarios que fueron verdaderamente atentos. Yo no tuve más que atenciones de todos los secretarios y del director de Pemex. Tabasco fue un gobierno local muy apoyado por los funcionarios federales. Sin embargo, cuando le íbamos a plantear un problema al presidente Zedillo, él te derivaba con los secretarios. No le gustaban los problemas. Y bueno, yo con los secretarios logré llevar una muy buena relación. Tabasco fue reconocido por el secretario Juan Ramón de la Fuente como el mejor estado en salud. Y Miguel Limón reconoció que en educación, Tabasco tenía el primer lugar, así como en seguridad. Arsenio Farell reconoció también que en la contraloría, en la transparencia del manejo de los recursos, Tabasco era el primero. Tuvo muchos reconocimientos la administración local. Y yo tuve una relación muy extraña, pues había sido precedida por todo lo que hemos comentado.

¿Quién del gabinete de Ernesto Zedillo fue el que más apoyó al gobernador de Tabasco?

Francisco Labastida, como secretario de Agricultura. Luego Juan Ramón de la Fuente, Miguel Limón; el director de Pemex, Adrián Lajous. Recibí mucho apoyo también de Carlos Ruiz Sacristán, secretario de Comunicaciones, y de Guillermo Ortiz y José Ángel Gurría, secretarios de Hacienda, cada uno en su momento. O sea, no tuve problemas con el equipo de trabajo, con el gabinete, hasta que llegó Diódoro Carrasco a la Secretaría de Gobernación, en remplazo de Pancho Labastida. Ahí sí empezamos a tener dificultades, sobre todo cuando se venía la sucesión local en Tabasco. Fue con Diódoro con quien empezaron a jugar para imponer a Arturo Núñez, pasando por encima de todo, empezando por el PRI local. Digamos que la interna del PRI en Tabasco la estaba resolviendo el secretario de Gobernación, Diódoro Carrasco. ¡Mira nada más! Toda una paradoja para la "sana distancia" que el presidente Zedillo había establecido con el PRI, supuestamente para acabar con el autoritarismo desde Los Pinos. Hoy, Diódoro Carrasco es diputado, pero por el PAN.

Con Francisco Labastida fue otra cosa, visitó Tabasco catorce veces como secretario de Agricultura, y teníamos una relación muy cordial, muy, muy buena relación. Un día, caminando por los jardines de la Casa de Gobierno, en la Quinta Grijalva, después de cenar, le dije: "Tú vas a ser secretario de Gobernación". "¿Por qué crees que yo voy a ser secretario de Gobernación?" Le di una serie de razones, a partir de lo que yo veía en el escenario, y por las cuales consideraba que él iba a serlo. Y como un mes después, él fue secretario de Gobernación. Y es que en esos años el presidente Zedillo, su gobierno, mejor dicho, empezaba a tener serios problemas políticos con los gobernadores, y Pancho era el único que podía dialogar con ellos, porque como secretario de Agricultura había recorrido varias veces el país y conocía bien los problemas de los estados. Sabía dialogar y concertar. Tenía un buen ambiente con los gobiernos locales.

Hay algo que te pregunté hace un momento y no me convenció del todo. Así que vuelvo al asunto. ¿Qué fue lo que no te perdonó el presidente Zedillo?, ¿de veras no sabes de dónde el encono?

En las elecciones de 1997, en pleno gobierno de Ernesto Zedillo, como siguiendo un plan perfectamente trazado, el PRI perdió, por primera vez en su historia, la mayoría en la Cámara de Diputados. Fue un duro golpe, previo a la caída en el 2000, cuando perdió la Presidencia de la República. El de 1997 fue un año fatal para el PRI. Aunque en Tabasco fue al revés, ahí el PRI ganó todo en las elecciones federales y locales, y eso marcó una clara diferencia con el resto del país. Este hecho detonó muchísimas llamadas telefónicas del priismo nacional, que pedían que Roberto Madrazo buscara la candidatura del PRI a la Presidencia de la República en el 2000. ¿Qué te quiero decir con esto? Que los priistas ya percibían que Ernesto Zedillo pretendía entregar el poder en el

2000, a la vez que veían en Madrazo una alternativa para frenarlo. No veo otra cosa en la animadversión del presidente Zedillo contra Madrazo. Entonces yo creo que él desató el linchamiento en contra del gobernador de Tabasco, Roberto Madrazo, en preparación de la mortaja para mi muerte política. Y resultó que Madrazo se le salió del ataúd para competir por la candidatura del PRI a la Presidencia en el 2000. Pienso que, efectivamente, el priismo veía en Madrazo una alternativa real para remontar la descabellada política de Zedillo contra el partido. Y lo curioso es que el presidente vio lo mismo. De ahí surgió todo. Ahí nació la "leyenda negra" contra Roberto Madrazo.

LA CONTIENDA DE 1999 POR LA
CANDIDATURA PRESIDENCIAL DEL PRI

¿Qué podía esperar entonces Roberto Madrazo cuando llegó la cita del 2000? ¿Podría sortear esta vez el obstáculo que representaba el presidente Zedillo? ¿Podría desafiarlo como lo hizo en Tabasco en 1994?

Yo sabía que era muy complicado. Lo sugerían algunas de tus preguntas cuando me decías si había visto yo obstáculos. Claro que sí. Para empezar, nos estábamos enfrentando al poder del presidente de la república. Sin embargo, yo estaba convencido de que Roberto Madrazo era la alternativa en el PRI con un proyecto diferente al continuismo neoliberal. Para mí este era el punto. Así que mi bandera en 1999 fue de lucha frontal contra el modelo neoliberal. Por eso, creo yo, hubo una gran respuesta social en el proceso interno: tres millones de votos para Madrazo que no venían de la estructura del PRI, porque la estructura la movilizaron para Francisco Labastida. Lo bueno para mí fue que, a pesar de todo, nos dimos a conocer en todo el territorio nacional, a partir de una estructura ciudadana, que lamentablemente —dicho sea de paso— no tuvimos seis años después, en la elección de 2006.

¿Qué pasó? ¿Por qué Madrazo perdió de vista a la sociedad en la campaña de 2006?

No la perdí de vista, pero cambié de canal y confié en todo y para todo en la estructura del partido, y a la postre esa

97

estructura no fue movilizada al cien por ciento en los estados el día de la elección.

Pero bueno, volvamos a 1999...

Ahí, con todo el poder del gobierno de Zedillo encima y apostando por Labastida, aun así ganamos tres millones de votos en el proceso interno. Sin dinero, pero con la gente que respondió muy bien a nuestro llamado en contra del modelo neoliberal, y con una frase dura que todavía hoy está en el recuerdo de mucha gente: "*¡Dale un Madrazo al dedazo!*" Ahí nace también el "*¡Sí se puede!*" Y luego un reto: "*¿Quién dice que no se puede ganar la Presidencia de la República?*". Nacía un movimiento con la gente que gritaba: ¡Sí-se-puede! ¡Sí-se-puede! Pero fue muy complicado. Hoy esa consigna la han hecho suya prácticamente todos los sectores políticos y sociales del país. Disfruté mucho la campaña de 1999.

¿Más que la de 2006?

Más, porque aquella fue una campaña en donde yo sabía que todo lo tenía que hacer con la gente, contra un PRI subordinado al presidente de la república. Y bueno, trabajar con la sociedad te obliga a ser creativo, mucho más imaginativo. Una campaña con la gente siempre es más disfrutable. Eso fue lo bueno. Lo malo fue que perdimos, porque el presidente Zedillo puso todo para que Labastida fuera el candidato del PRI a la presidencia en el 2000.

Sin embargo, una vez que perdiste ante Labastida, Ernesto Zedillo quiso que fueras el presidente del partido. Te pregunto: ¿por qué querría Zedillo esa posición para Roberto Madrazo? Dices tú: En 1994 nos quiso sacar de la gubernatura de Tabasco y luego impidió también que Madrazo fuera el candidato presidencial del PRI. ¿Por qué en 1999 quería que fueras el presidente del partido? ¿Acaso se reconciliaba contigo?

Sencillamente, para que no regresara yo al gobierno de Tabasco.

¿Volvía el presidente con eso?

Él nunca se apartó de eso. Recuerda que yo había pedido licencia temporal como gobernador para competir con Labastida por la candidatura del PRI a la Presidencia de la República. Entonces, cuando perdí la interna con Francisco, el presidente Zedillo quiso aprovechar la situación y me hizo el planteamiento de que yo fuera el presidente del CEN del PRI durante la campaña de Francisco.

¿No era una buena posición para Madrazo? ¿No actuaba el presidente con generosidad contigo, digo, en esas circunstancias? ¿Por qué no aceptaste?

Porque no era generosidad. Era una trampa. Él no quería que yo regresara como gobernador a Tabasco. Eso por un lado. Por otro, lo más importante es que Labastida iba a ser "entregado" junto con el PRI en la elección del 2000. Estaba cantado y la militancia lo percibía. No iba a ganar Pancho. Hacia 1999 ya teníamos cinco años de experiencia con Zedillo y sabíamos muy bien cómo se las había gastado con el partido. En ese tiempo hizo y deshizo con el partido. Hasta hubo siete presidentes nacionales. Nunca visto en la historia del PRI.

Para mí estaba claro: Zedillo había llegado a la Presidencia de la República después de un acuerdo con el PAN, donde se negoció la alternancia del 2000. Hay que recordar que el asesinato de Colosio era una losa para el PRI. Y sólo una negociación como esa logró que el PAN prácticamente abandonara la contienda para que la ganara Zedillo en 1994. Es cuestión de revisar los medios de entonces. ¿Para qué iba a querer el presidente, ya en 1999, a Madrazo en la presidencia nacional del PRI? Es de una lógica elemental. Para matar dos pájaros de un tiro. Le entrega la Presidencia de México al PAN y de paso, ante tal derrota, enfrenta a Roberto Madrazo con un priismo traicionado y derrotado en las urnas. De un solo golpe, Zedillo hundiría al PRI y sepultaría a Madrazo en el 2000. ¡Se acabó!

Entonces, según tú, ¿el PRI ya estaba muerto en 1999?

Estaba muerto desde 1997, cuando perdió la mayoría en el Congreso de la Unión. Para entonces el modelo neoliberal era un total fracaso y la gente lo rechazó en las urnas contra el PRI. Tres años después, en el 2000, perdimos tanto por sostener el modelo neoliberal como por los compromisos secretos de Zedillo en la elección. Se lo he comentado a Labastida personalmente: "Zedillo traicionó al PRI, y también a ti como candidato". Todo eso está escrito entre líneas en un artículo que publicó en 2003 Liébano Sáenz, el ex secretario particular de Zedillo, en el diario español *El País*. No estoy inventando nada. El propio Liébano confiesa en ese artículo que tres horas antes de que terminara el proceso electoral, por instrucciones del presidente Zedillo, le habló por teléfono a Marta Sahagún para informarle el sentido de las tendencias. ¡Por favor! ¿Cuándo se ha visto que un contendiente obsequie a su adversario la seguridad de ganar? Es tan absurdo y perverso el asunto que el propio Liébano ha vivido todos estos años prácticamente acorralado —dicho por él a sus amigos—, debido al triste papel que tuvo que jugar en las elecciones del 2000 a instancias de su jefe, el presidente de la república.

¿No apoyó entonces Zedillo a Labastida?

¿Cuándo lo apoyó? Lo infló en la interna del PRI, pero después, ya en la elección presidencial, lo dejó caer. Yo creo que hoy Pancho se ha convencido de que lo dejó solo. Claro, era un candidato débil. Lo sabía Ernesto Zedillo. Tan lo sabía que por eso bloqueó otras posibles precandidaturas, algunas con más peso que la del propio Labastida.

¿Alguna en especial?

La de José Ángel Gurría, quien le planteó sus legítimas aspiraciones de contender por el PRI a la Presidencia de la República. Es el caso más notable. Aquí el presidente Zedillo jugó a dos bandas. Por una parte, bloqueó a todo aquel que desde el PRI pudiera poner en dificultades la victoria resonante del PAN y Vicente Fox, y, por otra, bloqueó al mismo José Ángel Gurría cuando, ya vetado para la candidatura a la Presidencia, le planteó a Zedillo su interés de contender contra López Obrador para jefe de gobierno en la ciudad de México y por segunda vez lo vetó. El presidente Zedillo jugaba de esa manera a la "instauración" de la democracia y la alternancia, manipulando en contra del PRI los procesos y a los actores desde el poder de la Presidencia de la República.

¿Desvaría entonces, al final de su gobierno, el presidente Ernesto Zedillo?

En política no hay desvaríos, hay intereses. Y en este caso tienen su origen en los sucesos que rodearon el asesinato del candidato del PRI Luis Donaldo Colosio. Yo creo que Zedillo, en tales circunstancias, sabía que, para ser presidente, la alternancia la tenía que dar él. Claro, al principio no sabía a quién le entregaría la Presidencia. Y te puedo asegurar que ni Vicente Fox supo de este compromiso con la dirigencia del PAN en ese entonces.

Volvamos al momento cuando el presidente te ofrece la presidencia del partido. ¿Le dijiste que no, así nomás?

Le dije que no porque yo quería regresar a Tabasco como gobernador, puesto que mi intención era completar el poco más de un año que me faltaba. Y me respondió: "Es que en el PRI serías muy útil". Le dije: "No me va a aceptar jamás Pancho Labastida". Sin embargo, él era terco y convocó a una reunión en su oficina en Los Pinos, y cuando entró Labastida, le dijo: "Oye, Paco, hemos estado platicando Roberto y yo acerca de la posibilidad de que..." Entonces lo interrumpió Labastida: "El partido es del candidato, Ernesto". Yo nomás sonreí, miré al presidente y le dije: "Así están las cosas". Entonces Zedillo explicó: "No, no. Sólo estamos platicando de que Roberto se va a regresar a Tabasco". Después de eso, hice un compromiso con Labastida, que le cumplí cabalmente: ganar para él todos los estados que había ganado Madrazo en la interna. Y así fue. No hubo uno solo de los que yo había ganado, que no lo ganara después Labastida. Le cumplí.

Cuando perdiste la interna con Francisco Labastida, ¿no quedaron muy lastimados?

Francisco y yo teníamos una muy buena relación. Te comenté que él visitó catorce veces Tabasco como secretario de Agricultura. Pero nos enfrentamos duro, fuerte, en el proceso interno, y nos lastimamos muchísimo.

¿Por los equipos o por ustedes mismos?

Por todos, incluyéndonos a nosotros. Uno, en realidad, no se debe hacer eco de los equipos, tiene que actuar con criterio propio, pero ambos nos dejamos llevar. Él trajo a un norteamericano como asesor, y nosotros otro. Y entonces empezamos con una guerra de lodo que hizo daño a la relación. No al partido, porque después del proceso interno, el PRI terminó con 25 puntos más que cualquier otro partido político en la preferencia electoral. El proceso había logrado credibilidad. Paradójicamente, el enfrentamiento entre los dos le dio legitimidad y por eso el PRI terminó muy por arriba de todos los demás partidos.

¿Y cómo fue la relación de Madrazo con el presidente del CEN del PRI en ese momento?

Tuve también algunos desencuentros con quien era entonces el presidente del partido, José Antonio González Fernández. Sin embargo, reconocí después que hizo un gran papel como presidente. Tuve muchas diferencias con él por la campaña. Pero fue un error de la contienda interna haber quitado a Pepe Toño de la presidencia del partido. No debió haber sido así. Él ya había sacado adelante lo más difícil, que era el proceso.

¿Lo quitó Labastida?

Creo que lo quitó el presidente Zedillo para poner a Dulce María Sauri.

¿Cuál fue el mayor enfrentamiento entre José Antonio González Fernández y Roberto Madrazo?

La "cargada". Después comprendí que muchas cosas estaban lejos de su alcance. Estoy seguro de que José Antonio, por pláticas que he tenido con amigos comunes que me lo han confirmado, llegó incluso a distanciarse del presidente Zedillo, porque no estuvo de acuerdo con algunas de sus decisiones. Pero como he dicho, los priistas fuimos muy agachones con el poderoso del momento y dejamos correr cosas que no debíamos haber dejado.

¿Y el papel de don Fernando Gutiérrez Barrios?

Como árbitro, muy bueno. Aunque el proceso interno estuvo muy cargado para Labastida. Y fue así porque esa era la voluntad presidencial.

Cuando Labastida te gana la interna, se vio en la televisión que llegaste a saludarlo con el brazo vendado. ¿No fue un gesto premeditado? ¿Qué te pasó realmente? ¿No fue para evitar levantarle el brazo a Francisco Labastida?

Llegué vendado de la mano porque desde antes de la campaña tenía una lesión en la muñeca de la mano derecha debido a un golpe que recibí jugando tenis. Y me tuvieron que operar. Entonces, cuando terminó el proceso interno me fui a Nueva York una semana con Isabel, mi esposa, regresé y me operé. El dolor era ya muy intenso, se me encogían los dedos, y me tuvieron que intervenir para liberar los tendones, por eso estaba con la mano vendada. Hay mucho chismorreo en todo esto, pero lo cierto es que yo trabajé intensamente por Paco y acepté su victoria. Tanto así que, como te decía hace un momento, no hubo un solo estado en el que yo ganara en la interna donde después no ganara Labastida en la presidencial.

¿Dirías tú que para la interna de 1999 seguía viva la que se ha llamado "leyenda negra" de Roberto Madrazo? Hay quienes identifican al propio presidente Ernesto Zedillo y sus colaboradores más cercanos como los creadores de la imagen negativa de Madrazo. Pero, ¿qué tanto contribuyó el propio Madrazo?

Hacia 1999 la campaña contra Roberto Madrazo estaba a todo lo que daba. Para entonces creo que ya había hasta encono por el desacato de 1994-1995 a la voluntad del presidente. En este sentido, la resistencia de Madrazo como gobernador electo de Tabasco sin duda contribuyó a desatar la furia del presidente y, obviamente, la de sus colaboradores más cercanos.

En este terreno, mi desencuentro fuerte fue con Esteban Moctezuma, entonces secretario de Gobernación. Se dice, incluso, que la caída de Esteban como tal se debió al caso Tabasco. No entregó buenas cuentas. El presidente quería mi renuncia y Esteban no lo logró. En materia de desencuentros, un poco menos con Liébano Sáenz. Sin embargo, debo reconocerlo, Liébano siempre fue muy atento con el gobernador de Tabasco, siempre. Era el conducto para abrir puertas cuando las necesitaba encontrar en las secretarías. Pero Liébano quedó sentido conmigo porque no fue diputado, pero eso ya fue cuando vino el cambio del gobierno y asumió Vicente Fox. Él quería ser diputado para 2003, siendo yo presidente del PRI.

¿Son ellos los operadores de la "leyenda negra"? Me interesa el punto porque no he encontrado un momento tan preciso como este en tu vida política. ¿Estoy en lo correcto?

Estás en lo correcto. Roberto Madrazo se convierte en un problema cuando se convierte en *el* problema para el presidente Zedillo en 1994. Él traía una idea en la cabeza, y esa idea —que era *su* idea para la democracia y para el sureste mexicano— pasaba por la renuncia del PRI a las gubernaturas de Tabasco y Chiapas. Robledo Rincón se dobló en Chiapas, pero Madrazo resistió en Tabasco. Y ese es el punto. No hay otro. Por más que le busques. El señor presidente se sintió desobedecido.

Considerada la "leyenda negra" un producto mediático, ¿por qué el equipo de Roberto Madrazo no dio la batalla en contra? ¿Por qué asume el costo hasta nuestros días?

La batalla la dimos desde el gobierno de Tabasco. Trabajaban mucho en ello Joaquín Gasca y Floricel Medina. Pero sucedía que nosotros sacábamos una nota y el gobierno federal sacaba veinte desmintiendo o anulando la nuestra. Nunca pudimos voltear la imagen y la percepción mediática, porque era toda una estrategia de medios que operaba desde la Presidencia de la República. No había un solo medio en donde no se estuviera atacando permanentemente al gobernador, esa era una consigna permanente de descalificación al gobierno del estado y al gobernador Roberto Madrazo. La campaña mediática del gobierno federal contra Madrazo duró todo el sexenio y así llegó hasta 1999 y la contienda interna por la candidatura del PRI a la Presidencia de la República.

¿Cuándo fue la primera vez que se manejó un lenguaje con palabras destructivas contra Madrazo?

No tengo un día específico. Lo que te puedo decir es que viene desde el desacato o la resistencia de 1994-1995, y duró todo el sexenio zedillista. "No cumple, miente, engaña, gana fraudulentamente." Es un juego muy peligroso y muy perverso, que muestra hasta dónde puede llegar la alianza y la complicidad entre el poder y los medios. Me queda claro que con ello, más que destruir o denigrar a Madrazo, se destruyen o denigran la sociedad, las instituciones, el poder y también la profesión política.

¿Recuerdas por boca de quién vino una afirmación como esa que has citado?

La verdad no recuerdo.

¿Tú dirías que ya en el 2000, siendo Madrazo precandidato del PRI *a la Presidencia, la campaña se desató, se desbordó?*

En 1999 sí fue muy fuerte. "Traidor, mentiroso." El reportero o el periodista menos informado era capaz de "vestirse" con eso. Al grado de que a don Carlos Abedrop, quien ya había aceptado ser presidente del comité de financiamiento de la campaña de Roberto Madrazo, lo mandaron llamar desde Los Pinos y le dijeron que cómo era posible que colaborase con una persona corrupta, enemiga del presidente. Y Carlos se echó para atrás. En cambio, quien se sostuvo, siendo vicepresidente y luego presidente del comité, fue Andrés Holzer. Más aún: siendo Holzer muy amigo de Ernesto Zedillo, también él fue amenazado para que no aceptara el cargo, pero Andrés se sostuvo. Este es uno de los motivos por los que yo tengo una deuda de gratitud tan amplia y profunda con Andrés Holzer, porque fue capaz de enfrentarse con su amigo el presidente para correr prácticamente una aventura con un cuate al que acababa de conocer. Porque, en verdad, no éramos grandes amigos Andrés y yo. Los dos, Abedrop y Holzer, fueron amenazados por Liébano, sin duda por orden del presidente.

RECUPERACIÓN ELECTORAL DEL PRI
2001-2005

Ya comentamos por qué Roberto Madrazo no aceptó la invitación del presidente Zedillo para asumir la presidencia del PRI en 1999. ¿Qué te lleva después a dirigir el PRI durante el gobierno de Vicente Fox?

Cuando se perdió la elección presidencial del 2000 y se confirmó la "entrega" del partido a los intereses políticos del PAN, los grupos al interior del PRI iniciaron la disputa por los restos del naufragio. Entonces le dirigí una carta a Dulce María Sauri, todavía entonces presidenta nacional, para que la presentara al Consejo Político. En ese documento exponía mi visión de las cosas. Una carta fuerte, dura, donde manifesté por qué no estaba de acuerdo con que se estuviera negociando como se estaba haciendo después de perder todo, y con tanto jaloneo interno por el cascarón o los restos de la institución.

Mi propuesta planteaba una Asamblea Nacional… Un grupo de gobernadores señaló también la necesidad de llegar a una Asamblea: Fernando Moreno Peña, de Colima; Juan S. Millán, de Sinaloa; Melquiades Morales, de Puebla; Antonio González Curi, de Campeche… Me falta alguien más. Coincidíamos en la necesidad de que el porvenir del partido, su posición, su nueva dirigencia, se resolviera en una Asamblea. Entonces se hizo un gran trabajo durante mucho tiempo para llegar a la Asamblea Nacional número XVIII en Veracruz. Pero como había grupos que no querían una Asamblea Nacional, el

Comité Ejecutivo la fragmentó. Fue un grave error, una parte en Querétaro, otra en el Estado de México, otra parte en Puebla, otra en Veracruz. Todo eso para evitar el debate interno, para que no fuera deliberativa. Y sin embargo, era indispensable hacer un alto en el camino para tener claridad y saber por dónde conducir al partido. Ese era mi planteamiento. Y por eso buscaba yo un papel activo en la recuperación del PRI.

Bueno, se había generado una nueva situación política...
   Totalmente nueva. Habíamos perdido la Presidencia de la República, pero teníamos buena presencia en las cámaras, también en las gubernaturas, estaba todo dado para que la Asamblea fuera un éxito. Para lograrlo no debía ser secuestrada por los sectores, por las organizaciones ni por los grupos de interés del partido. No se trataba de enjuiciamiento ni de autoflagelación, pero sí de marcar un nuevo rumbo a la dirección del partido, para hacerle frente a los nuevos acontecimientos y a la nueva realidad política. Todo eso que obligaba a los priistas a entrar en una nueva etapa, con un fuerte impulso de transformación, comenzando porque no se designara la dirigencia con métodos tradicionales. Fue un largo camino que tuvimos que recorrer los gobernadores y quienes aspiramos después a dirigir el partido. En las instalaciones de la Fundación Miguel Alemán Valdés se logró un gran número de reuniones, hasta que se alcanzaron los consensos necesarios con los gobernadores, con los sectores y el partido sobre el método de elección de la nueva dirigencia.

¿Y cómo estaba el ambiente político interno para las aspiraciones de Roberto Madrazo?
   Debo decirte que todo apuntaba a que no fuera Madrazo el presidente nacional del partido. "Cualquiera, menos Madrazo". Era la consigna en la mesa de algunos gobernadores: "Roberto, cualquiera menos tú. No hay condiciones para que seas el presidente del partido". Estábamos ya en 2001.

¿Cómo lo sabes? ¿Alguien te lo dijo, te expresó directamente que Madrazo no debía participar?

La idea venía de ciertos gobernadores. Pero al final se dividieron y quedaron ocho-ocho. Y dadas las condiciones, quedó en manos del gobernador de Michoacán decidir con su voto si Madrazo entraba o no como candidato. Y Víctor Manuel Tinoco votó por que Madrazo debía participar.

Entonces, la posición de los gobernadores, al menos de una parte de ellos, fue abiertamente excluyente. No te querían los gobernadores...

Pero aun así busqué la dirigencia del partido, a sabiendas de que tenía ocho gobernadores en contra. Ellos, con sus ambiciones de futuro, iban con todo, no querían tener un presidente del partido de mi estilo, con orden y disciplina. Entonces también yo fui con todo. Era legítimo.

Una oposición que se repitió después para tu candidatura del PRI a la Presidencia en 2006.

No les gusta Madrazo, les incomoda el estilo.

¿Es el "estilo" de Madrazo o había la idea de no hacer una Asamblea deliberativa, o de plano buscaban enterrar al partido?

Había temor de que en una Asamblea deliberativa la militancia, los delegados, nos enjuiciaran por los resultados electorales del 2000. Sin embargo, no era esa la intención de la militancia. La base del partido quería tomar el partido y que el Consejo Político fuera auténticamente democrático, que se hicieran los cambios y se llegara a una elección democrática de la dirigencia. Fue una contienda muy cerrada, desde luego porque fue abierta, y la ganamos con 50 mil votos. En la victoria de Roberto Madrazo fue determinante que la militancia aspirara a un cambio y a la recuperación del PRI, que estaba en la lona.

En 2000, después de la derrota, se hablaba de que algunos ex presidentes del PRI le pedían abiertamente a Dulce María Sauri que re-

nunciara y le diera entrada como presidente del partido a Francisco Labastida, todo esto en un Consejo Político cerrado, inducido. ¿Qué hay de eso?

Sí se dio así. Incluso Francisco Labastida me llamó, siendo yo todavía gobernador de Tabasco, para pedirme mi opinión sobre el asunto. En una reunión de ex presidentes del PRI se había acordado, tres días después de la elección del 2000, que Francisco fuera el presidente nacional. Pero cuando él me preguntó yo le dije que sería el error más grande que podría cometer. Un error para el partido y un error para él. Le dije: No debe haber ahorita ni un cambio en el partido sin que medie una Asamblea. Ahora es cuando tenemos que serenarnos, para que podamos conducir el relevo en las mejores condiciones para la institución. De ahí viene mi carta a Dulce María.

Luego hubo dos reuniones con el presidente Zedillo —las dos muy desagradables. La primera fue en Los Pinos, donde Zedillo dijo: "Bueno, ni modo, no ganamos. Ahora hay que ver qué hacemos para seguir adelante". Y dirigiéndose a Miguel Alemán, le dijo: "Miguel, ¿quieres iniciar con tus comentarios?" Miguel comenzó con una sarta de alabanzas. Sin embargo, poco a poco, la reunión fue tomando un nivel tan crítico que Patricio Martínez, el gobernador de Chihuahua, le dijo al presidente Zedillo: "Te voy a hablar como compañero de partido, de tú a tú. ¿Me lo permites?" "¡No, no te lo permito! Al presidente se le habla de usted, aunque seas gobernador". Y no lo permitió. "Pues entonces, mire usted, señor presidente, como gobernador le voy a decir que esto es una chingadera." Fue un enfrentamiento brutal de Patricio con el presidente, y luego varios de nosotros hablamos muy fuerte en esa reunión, porque ya quería Ernesto Zedillo nombrar ahí mismo al presidente del Comité Nacional del partido.

¿Él lo quería nombrar, directamente?

Él lo quería nombrar. El "demócrata" quería designar,

autocráticamente y por su cuenta, al presidente del PRI desde Los Pinos… Hubo una segunda reunión, muy difícil, en donde el presidente insistió en que se designara ya al presidente del partido. Sólo faltaban cinco meses para que dejara Los Pinos y Ernesto Zedillo todavía quería imponer, una vez más, al octavo presidente del PRI en su sexenio.

¿Su candidato era Labastida?

No lo sé. Nunca dijo quién, pero él lo quería designar. Hubo una reunión en el salón Presidentes del Comité Nacional, en donde se analizaban los nombres y los perfiles. Unos convocaban a Humberto Roque Villanueva, otros a Manuel Bartlett, otros a mí. A Roberto lo respaldaba el proceso interno, y a Labastida el haber sido candidato a la Presidencia de la República. Labastida y yo platicamos varias veces el tema, buscando nombres, un poco en la reflexión de aportar perfiles a la mesa, y había algunos que no pasaban. Pero la maniobra del presidente Zedillo fue muy fuerte por dejar "herencia" en la dirigencia del PRI. Peleó con todo en los cinco meses que le quedaban como presidente de la república.

¿En ese contexto viene la Asamblea Nacional?

En un contexto precedido por un ambiente muy desgastante. Por eso tuvo meses de preparación. Fue una Asamblea electiva y deliberativa de más de seis mil delegados, reunidos en diferentes sedes. La más cargada, evidentemente, la de estatutos en Veracruz. Una Asamblea durísima, en donde a dirigentes del propio partido no les permitieron ni un margen de error. Los delegados no admitieron que los conductores de algunas mesas de debate hubieran sido predesignados, y desconocieron todos los nombramientos que había hecho el CEN. Sólo se salvó Fidel Herrera, porque estaba en Veracruz. Entonces se veía que era la oportunidad de impulsarlo como candidato del partido para la gubernatura. La militancia es sabia, no iba a lastimar a Fidel. Fueron horas de intensos debates. Y en la mesa de estatutos nos tocó estar a varios de nosotros. Ahí perfectamente pude haber evitado ir a una elección interna para ser presidente del PRI, porque hubo un momento en que se aprobó un punto, no lo recuerdo exacto, que decía que cualquier militante que tuviera un cargo en el partido y que pretendiera contender por la dirigencia nacional tenía que separarse de él con 90 días de anticipación. Entonces subí a la tribuna a pedir que ese punto fuera en un transitorio, que por única vez no se aplicara, porque de lo contrario yo no iba a tener adversario. Recuerdo que quien me hizo el señalamiento fue Fernando Moreno Peña. Me dijo: "¡Te vas a ir solo! No hay contienda". Porque todos tenían cargos de dirigencia y no se habían separado del cargo en el tiempo de 90 días que se había aprobado por los delegados, incluyendo a Beatriz Paredes, que también quería ser candidata a presidente del PRI.

¿Sabes que nadie va a creer que tú, Roberto Madrazo, abriste la elección interna?

Pero fui yo quien la abrió. Y ahí están los documentos. Se aceptó mi moción de incluir como transitorio ese artículo que, indirectamente, hacía candidato único y presidente de hecho a Roberto Madrazo. Y se incluyó a petición mía. Pude haber callado y no hubiera habido contienda. Pero yo quería contienda, me interesaba el fortalecimiento del partido. Te repito: pude haberme callado. ¡Total, ya lo habían aprobado los delegados! Y sin embargo, subí a la tribuna a pedir una rectificación. Toda mi intervención de aquel día está documentada.

¿Por qué no aprovechaste una situación que, por lo demás, era legal y propicia para tus aspiraciones?

Yo tenía un compromiso con la democratización del partido. Estaba convencido. Así se había elegido al candidato a gobernador de Tabasco, en un proceso democrático, muy cerrado, y así eran ya las elecciones internas. Me siento orgulloso de haber abierto la elección para presidente del PRI en 2001.

¿Por qué entonces se dice que te "agandallaste" el partido?

Porque hubo una gran coincidencia entre lo que planteaba la base y lo que estábamos planteando nosotros. Y como resultó que la Asamblea salió como quería la militancia, no faltó quien dijera: "¡Se agandalló Madrazo la Asamblea!"

Después, ya en campaña por la dirigencia nacional, la gente respondió muy bien a la consigna de regresarle al militante su partido. Eso pegó muchísimo con la base y permitió una gran movilización. De hecho, en estados donde los gobernadores no jugaban con nosotros, incluso ahí, en algunos de ellos, ganamos. La fórmula de Elba Esther y Roberto Madrazo ganó porque la militancia se movilizó en defensa propia.

Otra cosa interesante fue nuestra oferta electoral: un programa de trabajo para que desde la base los militantes pudieran ser electos como dirigentes, y eso también levantó mucho entusiasmo. Después nos tocó asumir la dirigencia nacional y comenzar a recuperar espacios electorales, que era el mayor reto. Espacios muy significativos entre 2002 y 2005, en donde el partido empezó a ganar con una fuerte competencia del PRD y del PAN. Todo eso dejó al PRI en una mejor posición que la que tenía en el 2000. Después vino lo insólito: no haber aprovechado ese posicionamiento electoral para ganar en 2006, cuando el PRI contaba con más alcaldes, más diputados locales, más diputados federales y muchos más electores. Aquí hay mucha tela de donde cortar, y la clave sigue estando en los gobernadores del PRI.

¿Fue la mejor opción la fórmula con Elba Esther para la presidencia del partido?

Sin duda. Quizá había otras alternativas, pero la que yo necesitaba construir era una que permitiera contar con una estructura para enfrentar el proceso, sabiendo que había algunos gobernadores en contra. Y con Elba la estrategia funcionó bien. No en todos los lugares se cubrieron al cien por ciento las casillas, pero fue una fuerza importante que hay que reconocer en el triunfo de entonces.

¿En qué sentido la elección interna fue democrática y en cuál no?

Yo creo que lo fue en el sentido más amplio, porque la competencia fue de a de veras. La militancia participó como nunca. Era la primera elección abierta de la dirigencia nacional. La votación fue muy copiosa. Y por nuestra parte subrayamos el compromiso de hacer una dirigencia incluyente, porque nadie había ganado todo y nadie había perdido tampoco todo. Entonces, teníamos que juntar fuerzas para trabajar unidos. Una tarea compleja, nada fácil, porque en el PRI se juegan muchos intereses. Y en esto último, los gobernadores llevan la batuta. Son los intereses más fuertes y con más aparato y recursos.

Hacia el 2000 habían pasado tres sexenios en los que se discutía entre "tecnócratas" y "políticos" dentro del mismo PRI. Se decía que los presidentes tecnócratas le habían arrebatado el PRI a la base, y que por eso el PRI había perdido posiciones. ¿En algún momento Madrazo consideró esta división entre esos grupos para su propuesta y para llegar a ser el presidente del PRI?

Fíjate que hay algo muy claro. Realmente la militancia de base estaba muy sentida porque habiendo hecho carrera dentro del partido había sido desplazada, y tenía temor de que volviera a pasar. La presidencia de nosotros les garantizaba respeto a su militancia, a su carrera en el partido, porque Madrazo venía de las filas juveniles, y dentro del partido hay un amplio conocimiento del apellido Madrazo vinculado a la democratización del PRI desde los años sesenta. Por eso, el que más votos nos dio fue el militante de base, quien esperaba que el partido se transformara, que generara espacios para sus expectativas internas, que hubiera apertura, diálogo, una mayor democracia, participación.

Voy ahora al tema de los "candados" aprobados por la Asamblea anterior a tu elección como presidente del PRI, la número XVII. Te pregunto: ¿los famosos tres candados se acordaron como una venganza del priismo contra el presidente Zedillo? Hablo de la exigencia de 10 años de militancia, de contar con un cargo de elección popular y con un cargo de dirigencia para ser elegido. ¿Fueron un grito de guerra de los priistas ante el sentimiento de orfandad que traían desde la muerte de Colosio y la "sana distancia" de Ernesto Zedillo?

Más que venganza fue una rebelión. Y a nosotros nos ayudó, porque la gente identificaba a Roberto Madrazo como una gente de ellos, que venía de abajo, de las dirigencias juveniles, surgido desde mucho tiempo atrás, pero que además le había tocado en diferentes tareas trabajar con ellos. Y bueno, todo esto generó en el militante la confianza de que íbamos a recuperar el partido. La gente buscaba una dirigencia auténticamente vinculada con el priismo, que no fuera a cancelar sus ideales, como venía ocurriendo, ni a mercantilizar la institución en aras de sacar provecho personal sacrificando la organización, sus principios, su militancia, sino que fuera un partido auténticamente de competencia y oposición inteligente al gobierno de Fox. Esa fue una de las grandes batallas. Por eso ganamos.

¿Y funcionó el objetivo de regresarle el partido a la militancia y transformarlo? ¿Tenía Roberto Madrazo un proyecto de transformación específico?

Sí funcionó. Yo creo que logramos grandes avances, porque llegamos a desarrollar asambleas y consejos nacionales muy importantes para el PRI. Desde luego, había un proyecto muy claro de cómo trabajar, un programa muy puntual: antes de las elecciones y durante las elecciones, viviendo esos dos grandes tiempos. Y en ambos, vinculándose a las causas populares que mueven el interés de la gente porque son sus temas, sus banderas, sus reclamos, sus anhelos. El PRI tiene que hacer muchísimas tareas previas a un proceso electoral local o federal. Y luego tiene que hacer otra serie de tareas políticas durante los procesos electorales. Esa claridad nos llevó a un planteamiento muy concreto de cómo reestructurar el partido para tener comités municipales, distritales y seccionales más activos, más competitivos, más involucrados, más cercanos a la gente. Nos reunimos mucho con ellos. Consejeros municipales y estatales con los que yo permanentemente me sentaba a trabajar. Y esto le daba una gran riqueza a la discusión interna.

Nuestro objetivo electoral se concretó en un Plan Nacional de Elecciones, que tuvo vigencia durante casi cuatro años. Ese Plan Nacional nos llevaba en una ruta: qué hacer *antes* de una elección y qué hacer *durante* una elección. Al grado de que llegamos a pensar que el PRI necesitaría dos secretarías generales: una para todo lo que tiene que ver antes de las elecciones, y otra para ver todo lo que tiene que hacerse durante el proceso electoral. El PRI con el Plan fue muy exitoso, porque permitió encontrar un espacio de suma, de inclusión de diferentes corrientes que le dieron mayor vigencia, más fortaleza. De ahí vinieron los resultados electorales: del diálogo con los gobernadores, con los alcaldes, con los diputados y los senadores, para que los comités directivos pudieran abrir procesos democráticos a fin de alcanzar un mayor número de votos en las elecciones, como sucedió en los hechos. Yo creo que, a la vista de los resultados, el objetivo de recuperar el partido después del 2000 sí funcionó. Le cumplimos a la militancia.

Entonces los gobernadores superaron los recelos contra Madrazo y jalaron bien durante el proceso de recuperación del PRI después del 2000. ¿Es correcta esta interpretación?

Es correcta. Jalaron bien. Claro, para entonces Madrazo ya era presidente nacional. Y, por otra parte, el partido comenzaba a convertirse otra vez en una clara opción electoral para regresar a Los Pinos. Es curioso, fue precisamente esta percepción y esta perspectiva las que perturbaron a algunos gobernadores, y volvieron a lo de siempre: "Madrazo está bien para que recupere al partido, pero no debe ser el candidato presidencial".

¿De nuevo la exclusión?

De nuevo el tema de siempre: les molestaba el estilo calculado, planeado, de Madrazo a ciertos gobernadores, los más proclives al modo caciquil donde, sin orden ni transparencia, sin rendición de cuentas, funcionan como pequeños reyecitos regionales. Digamos que desde sus intereses no querían perder con Madrazo lo que habían ganado con Fox: hacer y deshacer sin control. Ellos sabían que Roberto Madrazo tenía, por su formación y oficio, una clara visión de la administración pública. Y eso ciertos gobernadores lo sentían como una amenaza. A esto me refiero cuando digo que no les gusta el estilo de Roberto Madrazo.

El Plan Nacional de Elecciones obviamente pretendía ganar estados estratégicos del PRD y del PAN...

Tenía esa parte y un complemento mucho mayor: contemplaba cuántos votos necesitaría el PRI para ganar en 2006. Teníamos identificadas las secciones electorales, los municipios que debíamos ganar para estar en una posición de competitividad electoral en 2006. No era un plan a ciegas, había un diseño estratégico. Y lo fuimos cumpliendo ordenadamente, al recuperar por ejemplo ciudades como Tijuana, como Mexicali, donde ya con esas dos, manteniendo Tecate, gobernábamos el 87 por ciento de la población del estado de Baja California. Te pongo otro ejemplo: nos vamos a Chihuahua, y en Chihuahua se ganaron los municipios de Madera, Parral, Ojinaga, Jiménez, Camargo, Delicias. Ganamos Ciudad Juárez, ganamos Cuauhtémoc, ganamos Nuevo Casas Grandes, que eran municipios que con la suma de votos te colocaban en una clara situación de competencia. Y así también logramos una operación triunfante en la zona metropolitana de Jalisco: Zapopan, Tlaquepaque, Tonalá. Perdimos Guadalajara. Sin embargo, el peso de esos tres municipios nos daba ya una posición muy fuerte. Recuperamos todo el sur de Tamaulipas. Recuperamos Tampico, Mante, Madero, Río Bravo. Recuperamos ciudades capitales importantes como

Puebla, Tuxtla Gutiérrez, Oaxaca. Recuperamos Tepic, Pachuca, Tlaxcala, capitales que te iban acercando a una posición todavía mayor de competencia. El PRI llegó a tener así mucho mejor posición electoral que en el 2000.

Si revisamos cuáles ciudades gobernaba, y con qué población de electores, el PRI no tenía por qué ser descalabrado en 2006. Teníamos más que en el 2000. Más municipios, mucho más fuertes, más importantes. Más diputados, más congresos locales. Llegamos a tener mayoría legislativa en 22 de los 32 congresos locales de la república. O sea, el PRI en 2005 estaba en una posición inmejorable con la aplicación del Plan Nacional de Elecciones. Y todo ello sin tener un presidente de la república priista. Sí funcionó la recuperación del partido, a la vez que hicimos pedazos el mito de que, sin presidente de la república, el PRI no ganaba.

Más allá del Plan de Elecciones, ¿qué otra cosa, digamos menos técnica, fue la clave de la recuperación electoral del partido, después de la derrota del 2000?

Ganamos todo entre 2002 y 2005 porque el partido, como decía Colosio, estuvo "en todo lugar, en todo momento y en todas partes". Eso es genial. Yo le agregué después: "...con un claro propósito electoral". O sea, el PRI sabía por qué estaba movilizado y sabía también cómo se iba a ganar. Por eso ganamos, porque todos metimos el hombro en la misma dirección. Lamentablemente, y lo previmos en la dirigencia, no todo iba a ser "miel sobre hojuelas" a la hora de seleccionar al candidato presidencial. Todo lo que habíamos logrado había sido posible gracias a un gran esfuerzo de todos. Y esa era la única manera, no había otra, en la que el PRI podía mantenerse y regresar a Los Pinos.

Yo recuerdo elecciones muy competidas. Nuevo León, que se recuperó con la ayuda de todos. Nayarit igual. Municipios y estados significativos, porque todos hicimos la parte que nos tocaba hacer. El PRI no puede ser el partido de un solo hombre, de una sola dirigencia. El partido es una organización muy amplia y muy compleja, que necesita sumar sus esfuerzos hacia objetivos electorales precisos para no perder. Fue un despliegue muy difícil, en circunstancias muy adversas por la multa que nos impuso el IFE. No hay que olvidar que el PRI iba a tener, para la elección presidencial de 2006, un ahorro de casi 900 millones de pesos. Y fue multado con mil millones. Injustamente, y luego nunca se probó que fuera responsable de lo que se le acusó, en tanto los miembros del partido que fueron detenidos por las autoridades quedaron finalmente absueltos de los delitos que se les imputaban. Entonces, el PRI llegó a hacer campaña entre 2002 y 2006 ganando elecciones sin dinero. Se decía que el PRI no ganaba en zonas urbanas, y ganó la mayor cantidad de los centros urbanos. La clave de esas victorias estuvo en el diseño estratégico —el Plan Nacional de Elecciones— y en la unidad del partido para aplicarlo. Ahora, lo legal y justo sería que el IFE le regrese al PRI esos recursos que le quitó de manera injusta y que se repare el daño.

Sin embargo, para el PRI comienzan los problemas a la hora de construir una candidatura presidencial. ¿Qué pasó?

En la etapa de reconstrucción y recuperación, el PRI vivió momentos muy difíciles, pero supo mantenerse unido. Mira, prácticamente logró sortear con éxito las dificultades de ese periodo y resolver los procesos electorales de esos cuatro años con muy buenos resultados a favor. No hay que olvidar que fue también un periodo de discusiones internas muy profundas, en sus contenidos, en su plataforma, en su ideología, en su declaración de principios, con una gran apertura al debate interno. De todo eso salió adelante. La Asamblea número XIX, que me tocó encabezar, fue también difícil, pero el partido no se dividió. Y ahí está el discurso de clausura que yo di. Cuando todo mundo apostaba al rompimiento, el PRI no se fracturó. Al contrario, salió fortalecido, con momentos complicados, pero sorteándolos con éxito, haciendo política, mucho trabajo interno.

El problema o los problemas vinieron después, a medida que se acercaba el tema del candidato presidencial. Poco a poco el partido fue dominado por intereses de grupo. Y entonces comenzó a dejar de ser el partido de la militancia, y pasó a quedar secuestrado por los grupos de poder.

Ahí sí concedo que el PRI no supo cómo enfrentar una perspectiva clara de poder sin tener a la cabeza la "disciplina" impuesta por el presidente de la república. Porque pudo ganar todas las elecciones. Pero después pudieron más los grupos y sus intereses, al grado de propiciar el fin de la unidad interna, que venía siendo la fórmula ganadora.

Pero, ¿por qué en la reconstrucción del partido prevalece, ante todo, un sentido de unión y después ya no?

Porque hasta entonces nadie sabía quién iba a ser el candidato a la Presidencia de la República. Y en tanto nadie sabía, todo el mundo guardó para sí la expectativa de que podía ser. Entonces todo el PRI trabajó para ver quién iba a ser el candidato presidencial, y como se sentía que cualquiera podía ganar la candidatura, tampoco faltaban los apoyos del Estado de México en cualquier elección, o los de Nuevo León, o los de Tamaulipas, o los de Hidalgo, o los del líder del Senado, en cualquier elección y en todos lados. Todos los que aspiraban a la candidatura presidencial no dejaron de apoyar al PRI durante esos cuatro años. Aunque en el fondo apoyaban sus aspiraciones personales, desde luego legítimas, pero debilitando la unidad interna del partido al privilegiar su posicionamiento en los estados. Lo digo porque tales apoyos nunca fueron por la vía del Comité Ejecutivo Nacional, sino apoyos directos de los gobernadores que aspiraban a la candidatura presidencial, o bien apoyos directos del líder del Senado. Nunca a través del CEN del PRI, porque consideraban que eso era fortalecer a Roberto Madrazo. Entonces, aunque sin pretender dividir al partido, lo hicieron de hecho con los apoyos directos. Y las consecuencias se pagaron caras.

Entonces, también de hecho la candidatura de Roberto Madrazo dividió al partido. ¿Hubiera sido diferente con otra candidatura?

Yo creo que no. Hubiera sido igual. En el pasado, al "candidato de unidad" lo consensuaba el presidente. Pero después, ya sin el presidente, todas las ambiciones se desbocaron. Esto no sucedió nada más en el PRI. Recordemos que hasta Marta Sahagún sintió que podía ser presidenta de la república por el PAN. Lo vimos con Unidad Democrática, el famoso TUCOM, donde ni siquiera entre ellos hubo unidad para sacar a su candidato. No había una idea real, de fondo, de comprometerse a recuperar el futuro para el partido o para el país, sino que todo dependía de las candidaturas. Entonces, muchos buscaron sus candidaturas individualmente. Y muchos buscaron la precandidatura a la Presidencia de la República para ver si resultaban candidatos a senadores. No pensaban realmente en ser el presidente.

Recuerdo que a raíz de este problema nos reunimos en la casa de Natividad González Parás en la ciudad de México. Esa fue la primera vez que los aspirantes participaron en la construcción de las reglas de la convocatoria para elegir al candidato presidencial. La idea la impulsé yo mismo en 1999 como precandidato a la presidencia, pero entonces no pasó. Entonces ahí, en esa reunión, propuse, como presidente del partido, que todo aquel que aspirara a ser senador o diputado no debía participar en el proceso para la candidatura presidencial del partido. O que quien participara como precandidato y no ganara, no podría ir al Senado ni a la Cámara. ¿Qué crees que pasó con la propuesta? Fue rechazada, porque muchos de ellos aspiraban a las cámaras. No a Los Pinos.

Volvamos al tema de la recuperación del PRI después del 2000. ¿Qué fue lo que más te llamó la atención en ese proceso? ¿Por dónde debías empezar?

Cuando llegamos a la dirigencia nacional nos encontramos con un escenario muy poco alentador, una militancia que se sentía muy lastimada, no había ganado elecciones, habíamos tenido derrotas consecutivas, y estaba en puerta la elección federal de 2003 y otras elecciones locales muy significativas para el partido. La militancia se sentía muy al margen de la toma de decisiones. Entonces, uno de los retos centrales era recuperar el orgullo del priismo, que la gente se sintiera de nuevo identificada con su partido, que no fueran priistas vergonzantes, sino que salieran a decir su verdad, al fin que se habían ganado el derecho de ser militantes y, con eso, el derecho de decidir. Entonces nos dimos a la tarea de conformar un equipo plural, de todas las corrientes, y eso abrió la oportunidad de que se sumaran no sólo corrientes, sino también equipos, presencias, sin ninguna limitación. Y así construimos un comité, que presidió Tomás Yarrington, al que le encargamos, por medio de la Secretaría de Elecciones, la elaboración del Plan Nacional Electoral. En ese tiempo Tomás era el gobernador de Tamaulipas, y había sido un fuerte apoyo para la corriente de Beatriz dentro del partido. También se integró el propio César Augusto Santiago, que había estado con Beatriz apoyándola en la interna. César Augusto es el mejor hombre que tiene el partido para crear con talento, con imaginación, un proyecto de largo aliento en la organización electoral. Buscamos que entraran personalidades de todos lados para mostrar un partido incluyente, un partido dispuesto a ir de nuevo por la victoria.

La primera contienda que enfrentamos fue en Nayarit para elegir alcaldes y al Congreso local. Ahí todo nos era adverso. No teníamos dinero. Y el gobierno del estado estaba en manos de Acción Nacional. Entonces nos dimos a la tarea de poner en marcha el Plan Nacional de Elecciones, que primero ponía la estrategia y después una buena composición de candidatos. Resultado: ganamos los 18 distritos del estado. De 18, ganamos 18, y de 20 municipios ganamos 16, y recuperamos la ciudad capital, Tepic, con Ney González, un político muy querido en su estado por antecedentes familiares y por su forma fresca, sencilla, sensible, de hacer política.

Supongo que todo esto se encuentra documentado, no sé si hay algu-
na memoria del PRI *sobre estos temas. Digo, para verificar lo que*
Madrazo está afirmando.

Hay un informe que yo rendí ante el Consejo Político
Nacional, donde expuse ante los consejeros lo que habíamos
recuperado. Impresionante. El PRI estaba otra vez de pie. Fue
un logro importantísimo del orgullo priista. Todo se había
recuperado… En ese informe vienen los casos pormenoriza-
dos, complementado con un reporte de César Augusto Santiago al Consejo, y una publicación del Consejo Político Nacional que abunda sobre el tema. Me detengo en esto porque
sí es significativo destacar cómo avanzamos y en qué posición
estábamos para 2006. Hay muchas lecciones importantes que
no se deben olvidar. Y me parece significativo, porque con
eso rompes la tesis de aquellos que, según dijeron después de
la derrota de 2006, querían "un PRI ganador". ¡Pero si el PRI
ganador ya lo teníamos! Lo habíamos construido entre 2002
y 2005. El PRI que llegó a la elección de 2006 era un PRI ganador, colocado en la mejor posición, con todo para volver a
Los Pinos.

El PRI estaba otra vez de pie. Pero los que pidieron "un PRI
ganador", al día siguiente del 2 de julio de 2006, ¿dónde estaban cuando estuvimos ganando elecciones entre 2002 y 2005?
No estaban. Porque muchos de ellos andaban tratando de
ver cómo perdía Roberto Madrazo la oportunidad de ganar
elecciones, para evitar que fuera el candidato presidencial
del partido. Eso fue real y sólo hay que seguirle la pista.

Así que no fue fácil levantar al PRI después del 2000. Y más
aún porque, al contrario de lo que se ha difundido —y esto
me interesa decirlo con toda claridad— tomé la decisión de
no incluir en el CEN a algunos cuadros extraordinarios del
partido, precisamente porque eran mis amigos, convencido
de que, así como estaban las condiciones, no era conveniente para la vida del partido. Por lo mismo, tengo reclamos de
amigos míos que tenían todo el derecho de estar en el CEN,
porque habían ganado conmigo la elección de presidente

nacional. Algunos de ellos, muy resentidos por eso, han llegado a difundir que Madrazo es un traidor, y creo que desde su perspectiva personal tienen razón, porque se sintieron traicionados. De alguna manera Madrazo los "traicionó", para usar esa palabra que no me queda. Mas, lo cierto es también que aquella no era la hora de los amigos, sino de la unidad interna, de la inclusión. Esa línea se probó en los hechos: el PRI llegó a 2006 en una excelente posición electoral, que sólo algunos miopes políticos echaron por tierra.

Me detengo en lo de "Madrazo es un traidor", y voy más allá. Se ha dicho también con insistencia que eras "juez y parte". ¿Qué piensas de esto?

Fíjate, por ejemplo, cuando vinieron elecciones como la del gobernador Eduardo Bours en Sonora o la de Natividad González Parás en Nuevo León, no forcé para nada las cosas, dejé que fluyeran, y así logramos conciliar intereses muy encontrados localmente, pero gracias a eso propiciamos que todo mundo tuviera participación. Lo que permitió que salieran candidatos ganadores. Lo saben bien Bours y Natividad. La clave de los acuerdos en esas entidades, para asegurar que ganaran Bours y González Parás, fue que no hubiera perdedores, sino candidatos ganadores, porque ni Bours ni González Parás podían ganar solos. Eso hasta ellos lo tenían claro. Por lo demás, ninguna elección la puede ganar un candidato por sí solo, se tiene que ganar con el conjunto, con el equipo, con el resto de los candidatos que van a participar en la fórmula, y fue así como se construyeron las candidaturas en varios lugares, donde nadie se quedó afuera. Lo que te quiero decir es que siempre privilegiamos el método de la consulta, a fin de evitar imponer un candidato. Así que cuando me decían que Roberto Madrazo era juez y parte, simplemente me reía, porque no podía ser parte de lo que yo no había puesto. Todos los candidatos a gobernadores fueron electos en procesos internos democráticos. Es más, en algunos estados era más probable que esos candidatos tuvieran algún tipo de compromiso con el gobernador saliente que con el presidente del Comité Ejecutivo Nacional. Y bueno: "juez y parte", me daba risa.

El caso es que, a pesar de todo, la percepción es terca y dice que Roberto Madrazo se apoderó del partido e impuso o se imponía por encima de cualquier acuerdo.

Es cierto, la percepción mediática es terca. Sin embargo, si Roberto Madrazo no hubiera logrado acuerdos, el partido no se hubiera recuperado. Me dediqué cuatro años a construir acuerdos, sobre la base de no imponer a nadie una decisión personal. No es mi estilo. Lo demás es una caricatura. Lo saben quienes me conocen. Hasta mis adversarios internos saben que respeté puntualmente a cada uno de los aspirantes a las candidaturas de gobernador, de diputados locales, de presidentes municipales, y nunca les abrí paso a quienes no ganaban en los procesos internos. Siempre estuve pendiente de ellos, los busqué, abrí oportunidades y espacios en el partido para que siguieran haciendo su vida política, y todo eso fue construyendo un ambiente propicio para que el partido se fuera recuperando. Todo eso abonó. Fuimos renovando cuadros para que el partido mantuviera una posición competitiva. Lo que es innegable es que, cuando yo lo presidí, el PRI tenía una preferencia electoral del 21 por ciento, y cuando lo entregué lo hice con una preferencia electoral del 30. Ese fue el gran cambio. Pasar de un partido endeudado a un partido sin deudas. Un partido competitivo, un partido con buen manejo en sus finanzas… Todo eso ayudó a tener un partido preparado para la contienda presidencial.

La opción real de que ganáramos en 2006 estaba ahí enfrente. Yo no tengo duda de que teníamos todo para ganar, pero no se dio, y las ambiciones no permitieron ir ni ver más allá. Yo pienso que lo que logró mi dirigencia fue una gran comunicación con los cuadros y con la base. En ese sentido, jamás realicé un Consejo Nacional sin reunirme previamente con los consejeros nacionales. Tampoco hubo nunca sorpresas en la agenda ni del Consejo Político, ni en la Comisión

Política Permanente. Se les enviaba, como manda el estatuto, con muchas horas de anticipación, 72 horas, para que supieran cuáles eran los puntos que se iban a tratar. No hubo cartas escondidas. Se alentó que la gente expresara libremente sus posicionamientos, hubo respeto para todos, y eso nos dio mayor oportunidad de triunfo a lo largo de cuatro años de dirigencia. Por eso, hay algo que hoy puedo decir con absoluta certeza: tengo la enorme satisfacción de haber jugado un papel en la recuperación del partido a partir de la derrota del 2000. Así como tengo también la enorme tranquilidad que me da el saber que no estuvo sólo en Roberto Madrazo la razón de la derrota de 2006.

Si tuvieras que concluir el proceso de recuperación del partido con una lección interna, ¿cuál sería ésta?

Que si se mantiene unido, que si el PRI cambia, que si es capaz de renovarse, va a volver a ganar. Menudo reto. El PRI necesita desagraviar a su militancia, lastimada y profundamente herida después del 2 de julio de 2006. Necesita el partido un reencuentro con la militancia y con la sociedad, sin lugar a dudas. No puede seguir hablando consigo mismo. Tiene que entender que el mandato de la elección recién pasada fue abrir más sus canales de comunicación con la sociedad. La elección de Tabasco, por poner un ejemplo, la ganó Andrés Granier, un candidato muy de la sociedad, un priista muy sui géneris, que no tiene una larga militancia dentro del partido, pero que es una gente que supo hablarle a la sociedad y que supo también tejer sus acuerdos y alianzas con las estructuras del partido, e incluso con un sector moderno del PRD. El Chelo, como le decimos desde niño, o "el químico", como lo conoce la gente, es una expresión muy clara de lo que el PRI puede lograr si va más al encuentro de la sociedad. Entonces, el futuro está en apostarle a realizar cosas que logren su transformación, para que el partido pueda beneficiar a la gente. Si el PRI no da ese paso hacia lo nuevo y con caras nuevas, estará perdido.

LA RELACIÓN CON EL GOBIERNO
DE VICENTE FOX

La relación política del PRI y Roberto Madrazo con el gobierno de Vi-
cente Fox, obviamente pasaba por la figura de su secretario de Go-
bernación, Santiago Creel. Te pregunto: ¿cómo caracterizarías la co-
municación política entre el secretario de Gobernación y Roberto
Madrazo, presidente del PRI?

Con Santiago Creel el tema viene desde más atrás, cuando
él era consejero electoral del IFE al momento de que gané la
gubernatura de Tabasco en 1994. Después buscamos —yo
desde la dirigencia nacional del partido y él como secretario
de Gobernación— establecer alguna forma de comunicación
política. Creel es un hombre educado, de buenos modales
políticos, sólo que, a pesar de que las conversaciones siempre
fueron amables, nunca resolvieron nada. Era como ir a tomar
un café, sólo eso. Y eso en política no funciona. La política es
ante todo práctica y resultados, estrategia y resultados. Lo
que tú quieras, pero siempre con resultados. Y con Creel no
era el caso.

¿Cuál fue tu primer encuentro con Santiago Creel como secretario de
Gobernación de Vicente Fox?

Fue con motivo del famoso "Pemexgate", a raíz del cual
había sido multado el PRI por la cantidad de mil millones de
pesos, una multa exorbitante y fuera de lugar. El tema, dadas

sus características, generó una serie de situaciones de carácter político que se fueron abordando en las conversaciones, donde reinaba siempre un clima muy desagradable de falta de confianza de ambas partes. Sin embargo, lo verdaderamente irritante, inconcebible en un secretario de Gobernación, era que Santiago se comportaba siempre como un operador ineficaz. No obstante, el presidente, creo yo, le tenía muchísima confianza, porque en todas las reuniones en Los Pinos no podía faltar Santiago Creel. Solamente tuve dos encuentros con Fox sin que estuviera Santiago. Pero bueno, esto es casi anecdótico. El tema de fondo es que acudir con el secretario de Gobernación se convertía en una pérdida de tiempo, dado que los actores políticos no obteníamos respuestas. Había temas muy difíciles y delicados que requerían respuestas rápidas, pero no se daban. Amigos míos me decían: "¿A qué vas con Creel? No vas a encontrar ninguna solución". No sé, algo le faltaba a ese hombre educado y de buenas maneras. Para mí que el cargo le quedaba grande. No tenía el tamaño, la imaginación política, para ocupar una posición tan importante, y en un momento tan delicado de la vida del país, donde se necesitaba concretar cosas. Fíjate que, educado y todo, era informal y mentiroso, pues se comprometía a cosas que luego no cumplía, y sin embargo buscaba a quién echarle la culpa.

¿Qué significaba un alto funcionario de tales características para un político priista con el oficio y la experiencia de Roberto Madrazo?

Bueno, para cualquier priista con experiencia política y de partido es algo muy frustrante. Porque el tipo de secretario de Gobernación al que quedamos acostumbrados los priistas era un funcionario con las características de un auténtico jefe de gabinete. Era quien transmitía las instrucciones, el pensamiento, las señales del presidente. El gabinete se movía en la orientación que el presidente marcaba, a veces directamente, o a través de su secretario de Gobernación. Pero en el caso de Creel sus órdenes se las discutían hasta sus propios subsecretarios. Entonces llegaba el momento en que no sabíamos de qué se trataba.

Instaló, por ejemplo, una mesa de partidos políticos que tuvo una sesión inicial y nunca más volvió a funcionar. Los diálogos con él, como partidos políticos, fueron dos, y nunca llegamos a nada. Entonces, realmente, los actores políticos no tenían interés de ir a ver al secretario Creel. No se resolvían los problemas en Bucareli. Los problemas se resolvían en otras secretarías. Esto debe haber sido, o debería haber sido, una tragedia para el secretario de Gobernación, puesto que el resto del gabinete lo veía como el aspirante fuerte a la Presidencia de la República. Y bueno, lo cierto es que no se puede tener de secretario de Gobernación a un aspirante así, porque si no funciona, debilita la posición del presidente. Y él era el favorito de Fox para 2006. Eso lo sabíamos todos, los de adentro y los de afuera. Al final, ni fue secretario de Gobernación, ni llegó tampoco a la candidatura del PAN a la Presidencia de la República. O sea, ni para sus propios fines fue un hombre de resultados.

Sin embargo, más allá de la relación política, ¿llegaste a tener con Santiago Creel alguna relación personal, algunas conversaciones más allá de los temas de gobierno?

En realidad, cuando Santiago tenía interés de platicar, siempre eran temas de gobierno. No había la relación personal como para charlar de temas de carácter político individuales, proyectos personales o algo parecido. Los dos sabíamos que nos íbamos a encontrar en la contienda de 2006. Al menos yo siempre aposté a que, si era el candidato del PRI, me iba a enfrentar a Santiago Creel o a la señora Marta Sahagún. Entonces guardábamos una cierta distancia, hasta un cierto cuidado de las formas. Debo reconocer que hubo temas difíciles donde Santiago aportó buenas propuestas, pero no le hacían caso. Por alguna razón, no avanzaba lo que sugería el secretario al interior del gobierno. Algo verdaderamente inexplicable para quienes fuimos formados en la disciplina del Estado. El hecho de que no resolviera los asuntos, o nos parecía una burla hacia nosotros, o una mentira, o un juego político muy burdo, en todo caso. Porque, en el fondo, nunca creíamos que no le hicieran caso al secretario Creel los secretarios o los subsecretarios del gabinete.

¿Te parece hoy, o te pareció ayer, Santiago Creel un hombre de talento, un político hábil, inteligente, mezquino, marrullero? ¿Cómo caracterizarías el perfil de Santiago Creel?

En este sentido, vale la pena recordar cómo bloqueó a Felipe Calderón en la reforma energética. La reforma ya estaba lista porque Ernesto Martens, el primer secretario de Energía de Fox, la había trabajado muy bien, con un equipo multidisciplinario tan capaz que, prácticamente, llega a un acuerdo con el PRI con base en un muy buen planteamiento para sacarla adelante. Bueno, Martens "hereda" a Felipe Calderón una reforma hecha y consensuada con el PRI. Le deja la mesa puesta. Pero cuando nos reunimos con el presidente, inesperadamente Fox dejó ver que le interesaba sacar primero la reforma fiscal. Y aquí fue donde entró Creel para aprovechar el interés del presidente y tenderle una trampa a Calderón. Santiago no quería que Calderón se colgara la medalla de la primera reforma del sexenio. Insisto: la reforma estaba hecha. El PRI había preparado un muy buen planteamiento con Ernesto Martens. Lo "hereda" Calderón. Pero lo bloquea Santiago Creel.

¿Cómo leyó Roberto Madrazo lo que llama bloqueo de Creel a la reforma? ¿Qué lectura le diste a la actitud del secretario de Gobernación?

Para mí fue la primera señal de que Santiago iba con todo por la candidatura del PAN a la Presidencia, que no iba a permitir que nadie jugara la pelota que a él le había entregado el presidente. Hubo incluso un escándalo anterior a estos hechos: el del Fondo Nacional de Desastres Naturales cuando en 2005 el huracán *Wilma* pegó en la península de Yucatán, y la directora, Carmen Segura, gente de Creel, se vio envuelta en un gran escándalo de desvío de fondos públicos. El caso reventó en los medios y sin embargo él se movió muy rápido y lo taparon, pero fue algo bochornoso en todos los medios. El gobierno federal lo ocultó y con eso protegió a Creel, porque Fox seguía jugando con un balón único. Así que el bloqueo de Creel a Calderón, a la reforma energética y al PRI, sólo podían leerse de una sola manera: Creel iba con todo y por encima de todo, y con la venia del presidente.

Así estaban entonces las cosas entre Creel y Calderón cuando se dio el "destape" de Felipe en Jalisco. ¿Crees tú que pudo el presidente Fox haber pasado por alto el suceso del destape de Calderón?

El presidente Fox no tenía ninguna razón para reconvenir a Felipe Calderón por un "adelanto" de los tiempos electorales. Él mismo le había dado el banderazo en 2003 a la sucesión presidencial. En el fondo, adelantando así la sucesión, Fox intentaba tapar los magros resultados de su gobierno ante las elecciones de 2003. Y entonces empieza a hablar el propio presidente de la elección presidencial, con el claro afán de desviar la atención de los electores. Pero el electorado no cayó en el juego. Más bien sancionó al gobierno y el PAN perdió la mayoría del Congreso. Fue una derrota estrepitosa para Acción Nacional, pero fue él quien abrió la puerta a los destapes para impulsar a la señora Marta Sahagún. No tenía entonces por qué recriminarle al gobernador del estado de Jalisco, Francisco Ramírez Acuña, ni a Calderón como aspirante a la candidatura del PAN. Fue un berrinche de Fox, muy grotesco por lo demás, y con un efecto en sentido contrario, porque hizo crecer a Felipe Calderón dentro de su partido. Bueno, a las torpezas de Creel se sumaban siempre las del propio presidente, y así también al revés. Cuando no era uno era el otro.

¿Qué le molestó al presidente, obviamente más allá de lo que se vio en los medios?

Le molestó la información que le proporcionó la Secretaría de Gobernación. Porque el "destape" de Calderón se hizo en una jira del presidente. O sea, no se respetaron las formas. Y cuando se retiró el presidente, todavía ni lo despedían en el aeropuerto, ya estaban destapando a Felipe Calderón. De todas maneras, nunca se cuidaron las formas políticas a lo largo de seis años, ni las escritas ni las no escritas. Estas cosas sucedían continuamente. Pero quién sabe cómo redactaron en la Secretaría de Gobernación la información sobre Calderón, que fue lo que finalmente molestó al presidente. Se le había presentado una oportunidad de oro a Creel para descalificar a Calderón y la aprovechó en los términos con los que redactó el informe de lo ocurrido al presidente. En ese informe Creel buscó irritar a Fox, y por lo visto lo consiguió. Pero fue una torpeza. Porque el panismo sentía que Santiago no daba el ancho. Era tan gris que el panismo no lo veía como competidor de López Obrador o de Roberto Madrazo, pero sí con muy mal ambiente en la prensa.

Cuando metió a Fernando Tovar y de Teresa en el manejo de la prensa fue cuando mejoró su imagen, pero Creel ya venía en picada. Fernando logró detenerla y mejorarla. Se veía a un Creel más seguro, le cambió la vestimenta, le puso la bandera nacional a un lado en las entrevistas, lo hizo parecer un líder. Es de esos hombres que se hacen pequeños con la cercanía. Y por eso, cuando Calderón lo midió, se lanzó con todo por la revancha, apoyado por el panismo duro. No estoy inventando nada. Es muy claro. Y hoy se ve cómo el presidente Calderón le paga bien al PAN, al panismo histórico, todo ese apoyo.

¿No te parece significativo que en un país como México, donde el poder del presidente sigue siendo prácticamente absoluto, Fox haya sido derrotado por su propio partido? Te pregunto esto porque no me explico cómo pudo suceder que un aspirante tan débil como Felipe Calderón, tan rezagado respecto de Santiago Creel, y sobre todo sin el apoyo presidencial, haya logrado vencer la voluntad de Fox.

Creo que fue un error de estrategia de Fox retirar a Marta Sahagún antes de tiempo. Estoy convencido de que pudo haber negociado cualquiera de sus precandidatos, al que quieras, menos a su "pareja presidencial". Entonces, por un lado, descalificó a destiempo a Felipe Calderón, y por otro, sacó del juego antes de tiempo a Marta. Y se quedó sin ficha de negociación. Creel ya no era una carta para que Fox negociara frente al PAN, era muy débil. Pero la señora Sahagún era una ficha fuerte, y ya estaba afuera.

Cuando te escucho decir "Marta Sahagún era una ficha fuerte", recuerdo que se decía por ahí que ella parecía la candidata de Roberto Madrazo.

Sí, yo bromeaba un poco con eso de que la señora era mi candidata, porque le veía muchos más tamaños que a cualquiera de ellos, más que a Creel, que a Calderón, que a Alberto Cárdenas, que a Barrio, más que a todos. Y mira: Fox con ella tenía mucha carta para negociar. Pero la retiró a destiempo y se quedó con Creel. Se quedó con nada.

¡Pero era la esposa del presidente! ¿No crees que era su mayor debilidad?

De acuerdo. Pero déjame plantearlo como yo lo vi: en el PAN no gusta o la critican por ser esposa del presidente. Pero si bien podían descalificarla, ella tenía derechos políticos. Y además es panista. Entonces, para cuando Santiago Creel entró a la competencia y la perdió con Felipe Calderón, el presidente ya no tuvo carta de negociación. En cambio, de haberla cuidado, quizá hubiera podido promoverla ante la caída de Creel. Y entonces los panistas no le habrían podido decir dos veces "no" al presidente de la república. Por eso digo que Fox equivocó su movimiento al sacar a la señora Sahagún antes de tiempo. Descobijó a Creel, lo debilitó y se convirtió en el centro de todos los ataques. Pero sin tener la habilidad política de ella, sin sus relaciones, sin sus compromisos. Los medios hicieron pedazos a Santiago y se quedó el presidente sin candidato. Al final, Fox llegó sin una carta propia a la final en el PAN. Y en esas condiciones el panismo duro le puso al candidato. El error estuvo en el manejo de los tiempos.

Ya me estoy creyendo eso de que Marta Sahagún era tu candidata. ¿Hubiera sido bueno eso para el país?

Hubiera sido bueno para el presidente. Yo estoy hablando de estrategia política. De cómo el presidente se precipitó y en seguida perdió el manejo de la sucesión. Se le fue de las manos, como se le fue de las manos el país.

Hablando de "error", dicen que en política —también en la vida— se comete un solo error. Los demás son consecuencias del primero...

Puede ser, y en el caso de Creel, el tema de los permisos para casas de juego fue el tiro de gracia. Santiago, sintiéndose ya muy débil, se quiso afianzar en los medios de comunicación y de los capitales, y les entregó los permisos. Pero no sólo fue el número de permisos, sino a quiénes les entregó permisos y a cambio de qué. No necesitas hacer una comparación tiempo-aire y tiempo-escrito para saber que Santiago pagó con permisos de juego sus espacios en los medios. Por lo demás, se apresuró también la Secretaría de Gobernación y lanzó un reglamento que pasó de noche en la Cámara de Diputados, por lo que esta legislatura deberá revisar el reglamento de juegos y sorteos para corregir un error que se dio por intereses. Yo no digo que sea malo tener casas de apuestas en el país. En lo personal no juego, lo mío es el deporte, pero el reglamento es inconstitucional.

MARTA SAHAGÚN

¿Cuál fue la relación, si es que la hubo, entre Roberto Madrazo y la señora Marta Sahagún?

Yo debo reconocer que ella siempre fue muy gentil con Isabel, mi esposa. A lo largo de toda la enfermedad que ha padecido Isabel, cuando se enteraba de algo, siempre preguntaba por ella, le hablaba por teléfono, tenía atenciones, y eso nunca he dejado de reconocerlo en lo personal.

¿Y Roberto Madrazo sí, de veras, creía que ella iba a ser la candidata del PAN a la Presidencia de la República?

Yo sí creía que ella iba a ser la candidata del PAN ante el debilitamiento de Creel. Estaba convencido, porque el PAN no tenía con quién. Frente a Marta Sahagún, con el poder que tenía en el gobierno, con las relaciones, lo que le debían los medios de comunicación, con el decreto famoso que le dio todo a Televisa, lo que le debían muchos empresarios por favores que recibieron a través de ella... No hablo de ilícitos, porque no me consta. Simplemente ejerció el poder. Jugó, y entonces yo la veía como una carta fuerte para jugar. Otra cosa era el juego de los medios, de los analistas, que pueden hacer o deshacer a una persona. Pero que tenía un cierto carisma, lo tenía.

No dejaba pasar un detalle. Ni una línea ágata en contra, porque de inmediato le hablaba al reportero y le pedía una explicación. Era una mujer ejerciendo el poder, al fin que para eso se tiene. Nada más que lo debería haber tenido y ejercido el presidente. Ese era el punto. Porque eliges al presidente. La vacilada de la "pareja presidencial" le hizo un daño enorme a la investidura presidencial y al Estado mexicano. Pero ella ejerció el poder por una razón, porque no se puede dejar de ejercer, y, en su caso, alguien lo tenía que ejercer en la residencia de Los Pinos, y era ella. Dicen quienes estaban en su entorno inmediato que sabía trabajar y dejaba trabajar.

Entre tantos vacíos y deficiencias del presidente Fox en su conducción política personal y de gobierno, en tu opinión, ¿qué le aportaba Marta Sahagún?

Un *timing* político muy especial. Con decirte que resultaba más fácil entenderse con ella que con el presidente. Bajo las condiciones que planteas en la pregunta, ella era confiable. Lo subrayo porque eso es fundamental en las relaciones políticas. Con alguien tenías que entenderte en Los Pinos. Por otro lado, de lo que yo me arrepiento con respecto a ella es que un día me invitaron a cenar y no fui. Fue una desatención a la señora Fox.

Pero, ¿por qué no fuiste? ¿Tenías otras cosas más importantes que hacer?

La verdad no fui porque era aburridísimo ver al presidente. Me daba "güeva" verlo. Un hombre tan ignorante. No tenías tema de conversación. Terco. No dispuesto al diálogo, sino al monólogo. Aburridísimo. Un hombre que se iba, se iba, se extraviaba brutalmente cuando la conversación se salía de los parámetros que él manejaba. Por falta de cultura. Fíjate que Fox es un hombre relativamente educado en el roce social, pero ignorante de los temas, ya no digo de la historia y de los personajes, ¡de los temas de gobierno! Jamás se metió a fondo a estudiar los temas de gobierno. No leía más de quince líneas. Se aburría él mismo. Para los secretarios era un problema presentarle un informe. No leía nada, pero hablaba mucho. Entonces, platicar los temas de gobierno con Fox era de una "güeva" brutal, porque no los conocía.

¿A ese grado llegó la incompetencia de la que se habla con respecto al presidente y el gobierno de Vicente Fox?

A ese grado y más. Un indicador muy ilustrativo de mi afirmación, que puede parecer tajante, muestra la falta absoluta de experiencia ejecutiva de Vicente Fox: su carencia personal de visión y de sistema en materia de administración pública y su impericia en la toma de decisiones. Cuando digo indicador, me refiero a que en este sexenio los altos funcionarios no tenían el típico "acuerdo" con su superior, es decir, con el presidente de la república, para atender, recibir instrucciones, informar, dar seguimiento, retroalimentar, ajustar, corregir o dar "luz verde" a los asuntos de su competencia. Esta ausencia fue fatal para el gobierno y para la marcha del país.

No había orden o procedimiento profesionalizado en la comunicación institucional entre los funcionarios y la jerarquía más alta del gobierno federal. Y entonces, como en política los espacios vacíos se tienen que llenar, distintas personas terminaron ejerciendo o desempeñando en diferentes segmentos la comunicación de Estado entre el presidente y su gabinete.

Estoy hablando de anomalías e interferencias a la toma de decisiones, pero para infortunio de los mexicanos así se realizaba la función de presidente de la república en el sexenio de Vicente Fox: sin responsabilidad, sin orden, sin seguimiento, sin soporte técnico, sin institucionalidad.

Dicen que Marta Sahagún aprendió muy rápido. ¿Tú crees eso?

Bueno, viéndola en su desarrollo, considerando la complejidad de la tarea que por sí misma asumió, y sin tener la preparación, me parece que aprendió rápido, pero tuvo un gran defecto, mejor dicho una gran debilidad: ambición. Ahí le pegó la falta de preparación. Porque "preparación" en este caso es sinónimo de manejo, de contención, y ella se desbordó. Tampoco escapó al hechizo del poder. Su debilidad fue la ambición y también el mismo problema del presidente: ni uno ni otro estaban preparados para gobernar el país. Sin embargo, lo que "salvó" a Marta Sahagún fue su intuición política. No la cultura, que no la tenía, pero podía manejarse bien a base de intuición, sabía dónde había un peligro, un reto, algo que atender y lo hacía. No dejaba cabos sueltos. Respiraba la política, la vivía, le gustaba y la practicaba. Yo creo que ella sí creció, desde luego más que Fox. Pero su ambición también, fue desmedida y no la supo manejar. La mareó el poder. No administró el impacto que le generó el poder, la posición. Se deslumbró y se desbocó.

Más allá de la ambición personal, del gusto por el poder, la ostentación, ¿qué le criticarías en la parte política? Vamos, pienso en un error estratégico que, a tu juicio, le haya costado caro, como suele suceder en política. ¿Podrías poner un ejemplo concreto?

Diría que si aspiraba a la Presidencia, y yo no dudo de que la idea la traía desde la campaña con Fox, no tenía por qué casarse con él. Pudo haber ocupado un puesto en el gabinete y le hubiera ido mejor como aspirante presidencial. Visto con objetividad, creo que ella tenía méritos dentro de su partido para buscar la candidatura. Y ahí es donde, creo yo, fue más poderosa la ambición que la intuición. Pero claro, si se casó por amor es otra historia. Pero si lo hizo para ser candidata, me parece que se equivocó. Fue también un error estratégico.

Con respecto a Marta Sahagún se ha subrayado su ambición. Sin embargo, no hay un político que no haya sucumbido a los encantos del poder.

La ambición, según yo la veo, no es lo mismo que la avaricia o la codicia. La ambición la veo determinada por el poder. Es casi consustancial a la política. Y yo diría que no es mala en sí misma, pero debe estar bien orientada. Debes tener ambición para estar en la superación personal día a día. Sin ambición estás perdido, en política sobre todo. Pero tiene sus límites, no hay ambición sin barreras, sin valores. Lo importante es la orientación y la motivación de la ambición. Es legítimo para cualquier político aspirar a un cargo, pero no coincido con que el fin justifica los medios. Y creo que ella equivocó esa parte y despertó muchos celos dentro del PAN y rechazo en la sociedad. En su caso, la ambición determinada por el poder la llevó incluso a compartir de hecho, en la práctica, las decisiones de Estado, la responsabilidad única y personal de su marido, lo cual quedó resumido en la expresión "pareja presidencial", un término que pasará a la historia como el sello de la ambición desmedida que despierta el poder.

Se ha dicho que Roberto Madrazo era un tema para ella. Y también Isabel, de quien se expresaba con admiración y con solidaridad. ¿Crees tú que traía ella en su imaginario que iba a competir con Roberto Madrazo? ¿Hablaron alguna vez de esto tú y la señora Marta?

Creo que Roberto Madrazo era un tema para ella. Lo digo porque me lo comentaban terceras personas. Me traía con un marcaje también muy preciso. Y bueno, también yo estuve convencido, en algún momento, de que la posibilidad de competir con ella era real. Por otro lado, mi trato con la señora Marta fue siempre de mucho respeto, primero por ser la esposa del presidente de México, y segundo por ser una dama. Le criticaban mucho su vestir, y yo decía: "Tiene el derecho, es quien nos representa, es la esposa del presidente de nuestro país".

EL GRUPO POR MÉXICO Y LOS EMPRESARIOS

EL GRUPO POR MÉXICO

Traigo apuntado en mis notas que un 10 de mayo de 2004 envías una carta a los principales periódicos del país, convocando a un diálogo nacional a todas las fuerzas sociales y políticas, a los partidos y al presidente de la república directamente. ¿Qué traía en mente Roberto Madrazo? ¿Por qué de pronto abrir el juego con todos los actores? ¿Hacia dónde apuntabas con esta forma de comunicación política?

El PRI era ya una fuerza en franca recuperación electoral y política, muy bien posicionada, con el ánimo hacia adelante y una gran voluntad de triunfo. En tales condiciones, lo que seguía, sin descuidar los procesos electorales, era empujar con mucha fuerza los acuerdos para sacar las reformas que el país reclamaba. Pero nos quedaba también muy claro que teníamos que corregir el método: no ya con el secretario de Gobernación, Santiago Creel, sino forzando, de alguna manera, al presidente, desde la presión de los grupos empresariales, sociales y políticos interesados en los acuerdos y las reformas.

En ese contexto, muy estéril por cierto, se reunió el "Grupo Por México" con el presidente Fox. Un grupo de destacados mexicanos comprometidos con la economía, la sociedad y el desarrollo del país. Y ese mismo día me buscaron. Yo me dirigía a abordar el avión con motivo de una jira programada para esa tarde, pero la retrasé y me reuní con algunos miembros del

Grupo Por México, quienes me confiaron que el presidente ponía como argumento que era muy difícil localizar a Roberto Madrazo, casi imposible. Para esto, con el grupo habíamos tenido una muy grata relación y comunicación, y todos entendíamos que era ya el momento de lograr acuerdos con el gobierno. Vicente Fox les dice que está dispuesto, y entonces el grupo le propone: "Presidente, si usted quiere que busquemos a Roberto Madrazo, nosotros lo localizamos, porque es indispensable alcanzar consensos". "Sí, sí, por favor, búsquenlo. Yo también quiero alcanzar acuerdos, y me interesa saber si él está dispuesto." Había dos o tres temas que estaban en la mesa en ese momento y el grupo de inmediato me habló por teléfono. Platiqué con ellos, redactamos una carta, y esa misma noche la tuvieron en su poder todos los miembros del Grupo Por México. Al día siguiente le hablaron a Fox: "Presidente, tenemos una carta importante que usted debe conocer. Platicamos dos horas con Roberto Madrazo. Y él está dispuesto". Desayunaron con el presidente y le entregaron el documento. Consecuencia de eso: un encuentro, en el que estuvimos Beatriz Paredes, presidenta de la Fundación Colosio, Enrique Jackson, nuestro líder del Senado, Emilio Chuayffet, nuestro coordinador en la Cámara de Diputados, David Penchina, secretario técnico del Consejo Político y yo. Del otro lado estaban Diego Fernández de Cevallos, un político profesional y confiable que fue a petición mía, el secretario de Gobernación Santiago Creel, el subsecretario Ramón Martín Huerta, el presidente Fox, y no me acuerdo bien qué otro personaje. Una de las condicionantes, muy clara, fue que no estuviera Elba Esther Gordillo. Y se dio el diálogo. Se hizo una agenda, y como siempre, nunca pasó nada. Hasta el día de hoy no ha pasado nada. Cero. Ese fue el sello del gobierno de Fox y de Santiago Creel como secretario de Gobernación. Cero.

¿Realmente no pasó nada? ¿Estando el presidente?

¡Estando Creel! Si ya lo he dicho: Creel, y me temo que también el presidente, tenían la cabeza en la sucesión presidencial. Era lo único. Por eso, Creel sólo quería aparecer en la foto. Recuerdo que sólo para hacerlo enojar, el presidente me tomó del brazo y caminó conmigo a la foto, y ahí estamos nada más el presidente y yo, a Creel lo hizo a un lado. Porque bueno, el artífice de ese encuentro no había sido él, sino el Grupo Por México. ¡Y no pasó nada! Creel y Fox no amarraban ni las agujetas de sus zapatos. Se llevó a cabo la reunión, nos tomamos la foto, elaboramos un documento, y nada. ¡Inconcebible!

¿Qué decía la carta?

Lo decía todo. Es un documento importante, abría posibilidades, mostraba que en el PRI estábamos por los acuerdos. Pero las cosas fueron de tal manera decepcionantes, que llegó un momento —cuando el presidente les pidió que me buscaran—, en que los integrantes del Grupo Por México le dijeron claramente que no, que por favor ya no utilizara ese conducto. El presidente les preguntó por qué. Y escuetamente le respondieron: porque no se cumplen los acuerdos. Y tenían toda razón. Porque hubo reuniones para discutir la agenda a las que se invitó no sólo a algunos miembros del grupo, también a representantes de la Cámara de Senadores, de la Cámara de Diputados… Beatriz Paredes asistió a una reunión, Emilio Chuayffet asistió a otra en Gobernación, pero al final nunca pasó nada.

¿Recuerdas quiénes estaban del Grupo Por México?

Estaban Juan Francisco Ealy Ortiz, Olegario Vázquez Raña, el cardenal Norberto Rivera, Miguel Rincón, don Antonio Chedraui. ¡La directiva! Yo, por mi parte, había dialogado con los presidentes de todos los partidos, en especial con Rosario Robles, presidenta del PRD, con Dante Delgado, de Convergencia, y con Alberto Anaya, del PT. Ese fue también mi primer encuentro con Jorge Emilio González, del Partido Verde.

Dices que el gran tema eran las reformas. ¿Hubo alguna propuesta concreta en materia de reformas?

El tema eran las reformas y por eso mismo pienso que el presidente Fox tuvo ahí, con el Grupo Por México, la posibilidad de una reunión histórica. Nosotros propusimos la reforma que mandó Santiago Levi, entonces director general del Instituto Mexicano del Seguro Social. Más aún, logramos convencer al sindicato de que le entrara con ánimo constructivo a la propuesta de Levi. Pero la bloqueó Creel.

¿Cómo sabes que fue Santiago Creel quien la bloqueó?

Porque la noche previa a su aprobación, Ramón Muñoz, hombre muy cercano al presidente en Los Pinos, y Santiago, mandan llamar a Levi para exigirle ¡que no haga la reforma! Levi nos informó de inmediato y entonces yo le digo: "¡Pero la reforma es imparable...! Nosotros ya la acordamos en la bancada, y mañana jueves la vamos a sacar adelante". Así fueron las cosas. Y lo sé porque, como presidente nacional del PRI, tuve una participación directa junto con el Grupo Por México.

El punto es que el propio gobierno federal intentó detenerle la reforma al director general del Seguro Social. Y digo que lo intentaron porque en la Cámara de Diputados finalmente fue aprobada por el Pleno, contando con la iniciativa y un gran trabajo del diputado Emilio Chuayffet para lograr los consensos necesarios. Así la sacamos. Sin embargo, no debe quedar en el olvido la mezquindad política incalificable de Santiago Creel, porque después de regatearle al país este, que era un gran paso adelante, filtró toda una campaña para hacer que se vieran como responsables el PRI y, desde luego, su dirigente nacional Roberto Madrazo.

LOS EMPRESARIOS

¿Cómo se lleva Roberto Madrazo con los empresarios?

Muchos me caen muy bien en lo personal. Hay "química", empatía, pero ellos en lo suyo y yo en lo mío. No me meto en sus cosas. Veo con mucha simpatía a Ricardo Salinas Pliego, es un tipo muy derecho. Si le caes bien, te lo dice, y si no es así, también. No habla con medias tintas. Ricardo es un cuate que se la jugó con el país cuando se le vino encima aquel conflicto de las televisoras. No lo conocía y lo veía enfrentando el pleito con una enorme desventaja, y entonces yo me decía: "¿Qué trae este cuate en la cabeza?" El día que lo conocí, se lo pregunté, y me dijo: "Ideales". Entonces pensé: "Con este tipo sí me puedo entender. Es claro y trae algo más que interés monetario".

Carlos Slim ha tenido conmigo una relación muy amistosa, en cierto modo especial porque me ha permitido entrar a su casa. Y, según pienso yo, cuando alguien te invita a su casa es porque hay algo más que una relación, es más privado, más íntimo, y han sido pláticas con Carlos muy amenas. Creo que Slim tiene una inteligencia privilegiada para hacer negocios, es un fuera de serie. Con una visión impresionante. Tiene muy claro lo que pasa en el mundo. Es un hombre agradable, de una gran sencillez, pese a la fortuna que ha forjado. ¿Te imaginarías a un Carlos Slim platicando sin calcetines en su casa, tomando un buen vino y queso? Así me ha permitido conocerlo en la intimidad de su hogar. Como un hombre de lo más natural. Más allá de las vanidades de carácter personal, en mi opinión tuvo un gesto que habla mucho de cómo es él: cuando murió Soumy, su esposa, le hizo un museo. Y con ese gesto inmortalizó a Soumaya. Ese es Carlos Slim, un hombre cuya fortuna la ha reflejado en el amor a su mujer, a sus hijos y a su país.

A Carlos Hank Rhon lo quiero muchísimo por razones de historia personal. Es una gente a la que me une una amistad verdadera, no de intereses, sino muy añeja y muy sincera. Creo que es un político vestido de empresario. Un hombre con grandes dotes políticas, que puede hacer mucho, y que enfrenta lo mismo que su padre: celos y envidia. Carlos es una persona culta, preparada, muy dedicada.

Hay empresarios con quienes no tengo una entrañable amistad, pero lo que he conocido de ellos me gusta. Con

Gastón Azcárraga, por ejemplo, tengo una relación personal, es un empresario que le apuesta al país, que cuando otros sacan dinero de México, él lo mantiene acá, como los González, de Comercial Mexicana. Tampoco tengo una relación de amistad con ellos, pero sí de mucho reconocimiento a lo que han hecho. "¿Vas al súper o a la Cómer?" Eso define muy bien cómo siguen jugando a la competencia, y en un mundo muy complejo.

¿Qué te puedo decir de Valentín Díez Morodo? Conocí a su padre por Valentín. ¡Un gran viejo! A veces demasiado cauto, prudente en lo que hace, muy exitoso también, orgulloso de lo que hizo con la Corona, con todo el grupo. Son empresarios que admiro. Gente como Alberto Bailleres, Germán Larrea, que no son amigos propiamente. El mismo Bernardo Quintana, a quien admiro, y mucho, como ingeniero, por lo que hizo en ICA. Son talentos, personalidades que respeto porque unos se la jugaron con el país, y tuvieron éxito bajo las condiciones de una economía cerrada, y otros, sus hijos, en las condiciones todavía más adversas de la competencia internacional abierta. Son grandes hombres, pero te aclaro: no son amigos personales.

¿De veras no tienes un amigo personal entre los empresarios?

Sí, Carlos Hank Rhon. Te diría que me llevo muy bien con Carlos Peralta, voy a su casa, me tomo un tequila, es un tipo espléndido. Con Mariana, su esposa, han hecho una gran pareja. Hemos estado en su casa en Miami, muy bien. Con Alejandro Martí conservo una verdadera y añeja amistad. No sólo con él, con toda su familia. Con muchos, debo reconocerlo, tengo gratitud, porque sin pedírselo se han interesado por lo que pienso, por lo que quiero hacer. Y todos ellos saben, los que me conocen, que soy muy independiente y autónomo, porque no formo parte de la Coca-Cola ni formo parte de la Pepsi-Cola, ni estoy en ningún grupo económico. Todos ellos me conocen muy bien, y saben que tengo ideales.

Los empresarios saben de la seriedad de Roberto Madrazo. Me conocen, por ejemplo, por el proyecto que les presentamos durante la campaña, un proyecto que aun nuestros detractores en el gremio empresarial tuvieron que reconocer, porque les parecía confiable y serio. Cuando lo presentaba en campaña hubo muchos que se quedaban sorprendidos: "Oye, yo no sabía que Roberto conocía de estas cosas, sabe muy bien lo que pasa en China, conoce el papel de la tecnología". Aquellos discursos con mucho contenido y muy concretos en la campaña creo que le daban seguridad a la clase empresarial. Porque, sin tener que manipular al presidente, con Madrazo iban a tener un aliado en la Presidencia de México, un aliado confiable para sacar al país adelante, para generar empleo desde la perspectiva del desarrollo regional. Creo que sabían que conmigo ganaban, que Madrazo los iba a apoyar para competir en el mundo. Así estaba establecido el proyecto, y les daba confianza.

Esos empresarios hicieron este país. Fernando Senderos, con él también tengo amistad personal. Su padre, don Manuel, Pepe Carral, Isaac Saba, Alberto Saba y sus hermanos, Lorenzo Zambrano, Lorenzo y Roberto Servitje. Dionisio Garza Medina, Miguel Rincón, Toño del Valle, Nacho Cobo, José Antonio Fernández Carvajal, el Diablo famoso. A ninguno de ellos le puedes escatimar nada. Alfredo Harp Helú, don Emilio Azcárraga Milmo y Emilio Azcárraga Jean, Claudio X. González, don Antonio Ariza Alducin, Alonso Ancira Elizondo, Antonio Chedraui Obeso, Juan Diego Gutiérrez Cortina, don Joaquín Vargas y sus hijos. A Roberto González Barrera le tengo aprecio, desde luego porque guardo con él una relación de amistad, y segundo porque en el medio empresarial siempre tiene una opinión y una valoración responsable y experimentada. Es un consejero de alta calidad. Esos tipos siguen pensando en México. Están invirtiendo en el país. Ojalá el presidente Felipe Calderón entienda que tiene grandes aliados en ellos. Nomás que hay que apoyarlos, porque el empresariado estuvo seis años sin gobierno, sin socio.

Y necesita un socio, que debe ser el gobierno, un socio serio y visionario, que juegue sin complejos con ellos. Nuestra estrategia era muy puntual en ese sentido.

¿Has visto alguna vez en los empresarios una actitud de desconfianza hacia Roberto Madrazo?

No, nunca. Lo digo con absoluta seguridad. La única vez que se molestaron conmigo, en verdad se molestaron muchísimo, fue cuando el famoso IVA, porque el presidente Fox se encargó de llenarlos de información manipulada. Después, a medida que me fui reuniendo con ellos, y les fui aclarando que no tenía yo ningún compromiso en sacar el IVA, pasó la tormenta y las cosas se recuperaron. Luego, cuando les presentamos nuestro Proyecto de Gran Visión, los Cuatro Motores para el gran despegue de México: 1] *Crecimiento y competitividad,* 2] *Reducción de la pobreza y la desigualdad,* 3] *Reconstrucción institucional,* y 4] *Desarrollo regional,* ¡hombre!, yo creo que ahí vieron la seriedad, la profundidad, el alcance de nuestra visión de país, para tres décadas hacia adelante.

Nadie tenía un proyecto como nosotros. Ni Obrador ni Calderón. Ninguno de ellos. Tampoco nadie tuvo un proyecto sobre cultura o un proyecto sobre tecnología, o un proyecto de fondo sobre educación, o sobre salud. Madrazo incluso presentó un libro completo con su visión y programa de gobierno, que titulamos *Bases para un gobierno firme y con rumbo.* Es tan importante esta obra que hoy el presidente Felipe Calderón está abrevando en ella para armar lo que nunca tuvo en la campaña: un proyecto integral y coherente.

Nomás pregunto: ¿quiénes fueron los presentadores de esos temas en nuestros foros temáticos? ¿Quién podía tener en educación, ciencia y tecnología a un mexicano de la talla de Francisco Bolívar Zapata? Por sólo citar un ejemplo. ¿A poco no podíamos formar un gabinete de primer nivel? Teníamos a los mejores hombres y mujeres del país, muchos jóvenes universitarios ayudándonos a construir el proyecto que

México requería para salir del estancamiento en que lo dejaban Fox y el PAN.

¿Qué pasó, entonces, con el proyecto o con el discurso de Roberto Madrazo, que no permeó a la sociedad?

Aquí lo definitivo fueron algunos medios. Todo ello muy acorde con la visión que salía de Los Pinos. Y no sólo no pasó la propuesta. También el discurso fue tergiversado, ridiculizado, difamado. En este sentido tendría que hacer algunas excepciones, entre ellas *La Jornada*. Este medio fue siempre muy profesional, de lo más serio. A Ciro Pérez Silva le reconozco la pulcritud, la objetividad con que abordó siempre nuestro trabajo. Pero en general la sociedad no vio, no escuchó, no supo del proyecto del PRI, de la Alianza por México. Supo que Madrazo era "gandalla", "mentiroso" y después supo que estaba fuera, en tercer lugar. ¿Por qué, con qué bases? Eso sí nadie lo supo. Este es un tema que tendríamos que abordar en México, si no queremos que la incipiente democracia en el país quede aprisionada entre los intereses de las grandes corporaciones de comunicación que hacen y deshacen figuras públicas.

Regresando al tema de los empresarios, en lo personal, ¿habría alguno que te pudiera descalificar directamente?

Ninguno. Lo digo enfáticamente. Ni un empresario de cuantos invirtieron en Tabasco cuando fui gobernador, como los empresarios de Nuevo León, de Sinaloa, ni uno de ellos podrá decir que Madrazo le pidió un peso para que abriera su negocio en la entidad. Y menos mis paisanos, los empresarios tabasqueños. Una vez oí a alguien que dijo: "Hay que dar el 10 por ciento para que el gobierno te dé la obra". Entonces reuní a todos los constructores y les dije: "Yo sé que aquí se acostumbra a dar el 10 por ciento. Y quiero decirles que esa regla no se va a romper en este gobierno. Van ustedes a seguir dando el 10 por ciento. Nada más que lo van a dar en obras cuando lo necesitemos para más banquetas, más pavimento, para un puente que urja. Así es que vayan juntando el

10 por ciento para cuando vengan las emergencias de Tabasco". Pueden preguntarles a los empresarios durante mi gobierno y verán que lo que digo es cierto.

¿Lo puede confirmar cualquier empresario?

Cualquiera. Incluso un secretario de Obras Públicas que duró apenas dos meses, porque vinieron dos constructores a decirme que les había pedido el 10 por ciento. O el director de Adquisiciones, a quien cesé por lo mismo y se le abrió proceso penal. Como dicen en Tabasco: "Se la pellizcan". No hay nadie que pueda afirmar que le pedimos algo.

No goberné con intereses creados. Los empresarios lo saben. Si le preguntas a un empresario, te va a decir: "Sé quién es Madrazo, tenemos buena relación, pero nunca he hablado con él de negocios. Es muy orgulloso. Madrazo no pide favores".

¿Por qué entonces hay gente que afirma que Madrazo es corrupto?

Simplemente porque no me conocen. Conocen el mito, la leyenda negra que se ha inventado para descalificar políticamente a Roberto Madrazo. En eso hay una trama muy perversa, que toca también a los empresarios, que los hace aparecer a ellos mismos como seres despiadados, materialistas, insaciables, "vendepatrias", en fin. Ya en el trato en corto, las personas reales muestran lo que son y cómo son. En este sentido subrayo lo que te decía: nunca he hecho un negocio desde la política, tampoco pido nada, menos favores, porque se tienen que pagar desde el poder. Puede haber compromisos, eso es una cosa, pero no complicidades. Si haces negocios o pides favores, estás perdido. Bueno, esa es mi manera de ser y de pensar en política. Los pocos que sí me conocen saben que así es Roberto Madrazo. Por eso mis amigos no vienen de la política. Y los pocos que tengo se cuentan con los dedos de una mano. Madrazo es difícil de manejar. No tiene agarraderas. Es muy independiente.

ELBA ESTHER GORDILLO.
EL TEJIDO DE LA TRAICIÓN

¿Por qué Elba Esther Gordillo como compañera de Roberto Madrazo para la presidencia del PRI en 2001?

Por una razón: la oposición contra Madrazo de parte de un grupo de gobernadores del PRI. A partir de la experiencia de 1999, en la contienda interna con Labastida, tuve claro que debía montar una estructura muy sólida frente al poder de esos gobernadores, capaz de resistir la presión que ellos ejercían. Una estructura para lograr que se respetara el voto. Hablé con Elba Esther en esos términos y alcanzamos un acuerdo para buscar juntos la dirigencia nacional del partido. Era una situación complicada, porque ella nunca había tenido un jefe. Siempre había sido el Uno, nunca el Dos. Y yo nunca había tenido un Dos. Más bien estoy acostumbrado a la responsabilidad en la toma de decisiones, al orden y la disciplina que garantiza la cabeza que dirige. He tenido colaboradores, pero nunca un segundo al mando. Era una situación incómoda y un momento difícil, pero logramos entendernos y ganamos de esa manera.

Elba, claro, aspiraba a ser la presidenta del partido. Incluso hubo un momento inquietante en las conversaciones, cuando los gobernadores me dijeron que tampoco querían a Elba Esther, pero que no se atrevían a decírselo. Por eso, yo mismo provoqué el asunto cuando les dije: "Muy bien, no voy, que vaya Elba Esther como candidata a la dirigencia y yo la ayudo". Entonces Beatriz Paredes, los gobernadores y Heladio Ramírez, de la CNC, brincaron y dijeron: ¡No! Fue un momento clave, porque no la iban a dejar pasar como posible presidenta del PRI. Hubo sesiones muy duras en la casa de Miguel Alemán, donde casi se trenzan a golpes el gobernador de Oaxaca y el gobernador de Tamaulipas por ese tema. Trabajábamos hasta altas horas de la madrugada. En algún descanso, Beatriz Paredes y yo hacíamos el recuento y nos decíamos: "Estamos empatados". Antes de la votación ella y yo siempre supimos quién estaba con quién. Y ante eso, claro, con una actitud muy sensata de parte de ambos, queríamos evitar la votación, porque sabíamos qué iba a pasar.

¿Y no se planteó una fórmula Roberto-Beatriz?

La planteó Ángel Sergio Guerrero Mier, gobernador de Durango, pero no se aceptó. Y entonces surgió otro criterio: "Quien gane que sea el presidente, y el segundo que sea el secretario general". Tampoco pasó. Beatriz no podía ser secretaria general por el estatuto, pues ya había ocupado ese puesto. Estábamos entrampados. Una camisa de fuerza entre muchas otras que no permitían los acuerdos. Beatriz quería ser presidente del partido y yo también.

¿Hubo alguna otra opción?

Fíjate, Heladio Ramírez iba a ser la pareja de Beatriz en la fórmula, pero a la mera hora no aceptó y ella propuso a Javier Guerrero, de Coahuila. Él era gente de Carlos Rojas, quien a su vez pertenecía al grupo de Carlos Salinas. Y mira lo que son las cosas: luego los medios dijeron que Carlos Salinas estaba con Madrazo, cuando, en verdad, Carlos Rojas era uno de sus operadores en la elección interna. Por supuesto, no lo digo con ánimo crítico a Beatriz, sino para mostrar hasta qué punto algunos medios pueden llegar a desinformar a la sociedad.

¿Cuál fue el asunto de fondo en la ruptura de Roberto Madrazo con Elba Esther Gordillo?

El IVA. No la reforma fiscal. Fue el IVA a los alimentos y medicinas lo que determinó una ruptura absoluta, porque nunca estuve a favor de tal iniciativa. Y se lo dije al presidente Fox en una reunión en presencia de Elba Esther y Santiago Creel. Más aún, cuando platicamos el tema, sostuve que primero debíamos darle entrada a la reforma energética. Por lo demás, la reforma fiscal nunca se planteó como tal, sino como un mecanismo meramente recaudatorio, con base en un aumento en medicinas y alimentos. En mi opinión era intransitable, porque el PRI había ganado en 2003 la mayoría en la Cámara de Diputados con esa bandera contra el IVA en alimentos y medicinas. Y para nosotros era prácticamente un principio. Los medicamentos seguían subiendo en lugar de bajar de precio. Y los alimentos de la canasta básica igual. Entonces, ¿cómo le planteas a un diputado que traicione su consigna de campaña? Por lo demás, la sociedad estaba esperanzada en que el PRI iba a rechazar el IVA. Ese fue el motivo de fondo en la separación y la ruptura entre Elba Esther y Roberto Madrazo.

Por un lado, estaban los planteamientos del PRI. Por el otro, la relación de Elba Esther con el presidente Fox, a quien le interesaba el IVA en alimentos y medicinas. Todo eso se vio después, ya con toda claridad, en la elección presidencial de 2006. Elba traía un compromiso fuerte con el gobierno, y bueno, le cumplió al presidente, que era su amigo, y Madrazo le cumplió al partido y a la gente.

¿Qué pasó después?

Lo de siempre: otra campaña feroz contra Madrazo.

Pero, ¿era insalvable la situación con la Maestra? ¿No crees que si Madrazo hubiera llegado a un arreglo con Elba Esther hubiera ganado en 2006 la elección presidencial?

Tal vez sí, tal vez no. Y no es un juego de palabras. Porque Elba Esther tenía esto fraguado desde hacía tiempo. Ella trabajó para Acción Nacional durante mucho tiempo. No fue un asunto coyuntural, aunque así se presentó en los medios, como un rompimiento con Roberto Madrazo. Pero no, Elba venía desde hacía tiempo en esa línea, y su tirada era apoderarse del partido para subordinarlo a Vicente Fox y al PAN en la mira de 2006. ¿Por qué? Por sus intereses, por su fortuna personal "inexplicable", y por la situación tan vulnerable en que se encontraba al frente del SNTE.

Hay un dato concreto. Ya en la elección presidencial del 2000, cuando el candidato del PRI era Francisco Labastida, Elba Esther trabajó soterradamente por Vicente Fox. En ese entonces, ella llegó a considerar, incluso, y así se lo decía a sus amigos, que si ganaba Francisco Labastida pasarían a estar en riesgo su seguridad personal, la seguridad de sus intereses y la seguridad del SNTE. Y bueno, desde entonces le entregó todo a Acción Nacional y se dedicó a trabajar en eso. Obviamente, no en defensa de la educación de los mexicanos, que ya vemos el nivel de calidad tan bajo en que se encuentra, sino en defensa propia, y buscó la protección del presidente Fox y de Acción Nacional. Entonces, ¿qué posibilidades de un acuerdo político había entre Madrazo y Elba en 2006, con miras a fortalecer la candidatura del PRI contra la del PAN y el candidato de Fox? Ninguna. Y cuando te digo *ninguna* no es una apreciación subjetiva, no es un sentir.

¿Me quieres decir que tienes elementos?

Lo digo porque teníamos en la mano la información precisa: un día, a mediados de julio de 2005, la secretaria general del PRI, Elba Esther Gordillo Morales, comió en el rancho de San Cristóbal con Vicente Fox y Marta Sahagún, donde les dijo, palabras más, palabras menos, que "estaba lista para hacerse cargo de la dirigencia nacional del partido en los primeros días de agosto" y que, por lo tanto, se ponía a sus órdenes, "dispuesta a apoyar a Creel de manera discreta y a promover que el candidato priista a la Presidencia de la República resulte el más débil de todos".

Si Elba Esther hubiera sido sólo una militante o dirigente *disidente* dentro de las filas del PRI, por supuesto que Madrazo hubiera estado obligado, como dirigente o como candidato a la Presidencia, a negociar con ella, como con cualquier militante del partido. Pero no era el caso de una *disidencia interna*. Se trataba de una *traición* probada con hechos y documentos.

Esos eran los planes de Elba Esther. Y bueno, la militancia del PRI no la dejó. La base del partido sintió, por su experiencia, que se perfilaba la entrega del partido si la señora Gordillo se quedaba al frente de la organización, y no lo permitió. Lo sabía Fox, Marta Sahagún. Todo el mundo sabía lo que iba a pasar con el PRI en manos de Elba... Y no pasó.

Sin embargo, entiendo que a ella le correspondía la presidencia del partido, ¿no? Te lo pregunto atendiendo a los acuerdos entre ustedes dos, cuando compitieron por la dirigencia, y por lo que plantean los estatutos del PRI.

El problema es que se cruzó con los intereses particulares que ella misma comprometió con la "pareja presidencial". Elba, en ese trance, había dejado de ser una militante del partido y había pasado a ser una pieza del presidente Fox y de Marta Sahagún para dividir al PRI. Entre tanto, la militancia había recuperado al partido y lo había convertido en una clara opción de gobierno. ¡El PRI podía ganar la elección presidencial y regresar a Los Pinos! Por eso fue un tema mayor la presidencia nacional del PRI en manos de Elba Esther Gordillo. Hoy está claro que estábamos entrampados. Y acaso más que ayer, y más allá del PRI, Elba Esther se ha convertido en un dilema para el futuro del PRI y en un obstáculo para los anhelos democráticos de millones de mexicanos.

Admítelo al menos como especulación: un acuerdo de Madrazo con la Maestra, ¿no te hubiera dado la victoria en 2006?

Ni como especulación. Por la sencilla razón de que ella ya no estaba con el PRI. Bueno, estaba y no estaba. Los "papeles" decían que estaba "casada" con el PRI. Pero, de hecho, dormía con el enemigo. Y se confirmó. Hizo todo para que el PRI perdiera la elección. Los propios medios lo registraron así: *Ganó Elba, perdió el PRI.*

Perdió Madrazo…

Perdió Madrazo. Es lo mismo, porque Roberto Madrazo era el candidato del PRI. Pienso en el caso de Fox y Calderón. Felipe no era el candidato del presidente, pero cuando el PAN le impuso la candidatura de Calderón, Fox no dudó siquiera en poner todo a su alcance para la victoria de Felipe Calderón. Con Elba no fue así. Ella, adentro o afuera, era lo mismo y fue lo mismo. Adentro iba a vender al PRI y afuera lo vendió de hecho.

¿No había de por medio algún asunto de orden personal?

No. Era un tema claro de intereses políticos y económicos. En ese sentido fue una secretaria general funcional a ella, más que institucional. Estaba del lado del PRI en tanto las posiciones del partido no interferían con sus intereses y los de su amigo el presidente de la república, y en estas circunstancias, funcionalmente, siempre tomaba bando contra el partido.

¿Y eso está mal? ¿Está mal que Elba Esther Gordillo privilegiara sus intereses, tratándose de política, que es donde reinan los intereses?

En el contexto donde tú lo pones, y así como defines la política, no está mal. Siempre que sus intereses hubieran respaldado las aspiraciones de nuestra militancia y cumplido con los mandatos de Asamblea del partido. Porque el punto en materia política es que, cuando eres dirigente nacional de un partido, dejas de ser un ciudadano cualquiera para defender los intereses de la colectividad que representas. Entonces, ¿cómo no íbamos a ver mal que Elba Esther, en su calidad de secretaria general y coordinadora de los diputados del PRI, privilegiara la aplicación del IVA a las medicinas y los alimentos, cuando el partido tenía una clara posición en contra, porque afectaba la economía popular? ¡Cómo no lo íbamos a ver mal, si se nos había convertido en nuestro "caballo de Troya"!

En este sentido, en breve verá Felipe Calderón cómo juega la Maestra. Por lo pronto, ya lo forzó en la Secretaría de Educación Pública, donde nombró como subsecretario de Educación Básica a su yerno. ¡Imagínate nada más, la Iglesia en manos de Lutero! También en el ISSSTE, donde reinan los negocios de la vivienda, manipulando los créditos para el magisterio y los demás sindicatos de la Federación. Lo mismo en la Lotería Nacional. O sea, dinero y más dinero, todas posiciones clave para la defensa de sus intereses.

Así que si está mal o está bien que ella defienda sus intereses, por encima de todo, es algo que se resolverá cuando el presidente Calderón tenga que enfrentarse a un dilema muy parecido al del PRI: o los intereses de Elba Esther Gordillo o los intereses nacionales en materia de educación.

¿Qué pasó en las reuniones con el presidente cuando se trató la reforma del IVA?

Hubo varias reuniones para eso, incluso con los gobernadores. El presidente llamó a varios de ellos para presionarlos con el IVA. Y hubo otras en las que me tocó participar directamente. Y siempre el rechazo fue unánime. No pasaba el IVA en alimentos y medicinas. Sin embargo, no sé bien por qué, él creía que yo estaba comprometido con su aplicación. Por alguna razón Fox creía eso. No sé si la Maestra lo engañó con esa idea o con algún compromiso en ese sentido. Es algo que ocurre a menudo. Que alguien te venda algo para sacar provecho personal.

Me queda claro que el PRI no apoyó el IVA en alimentos y medicinas, pero ¿por qué no pasó la reforma energética, si ustedes tenían una clara posición a favor?

No sólo a favor, sino abiertamente comprometida con la reforma energética, al grado de que saqué por unanimidad un acuerdo del Consejo Político Nacional, a través de la Comisión Política Permanente, con los lineamientos bajo los cuales los senadores y los diputados debían discutir la reforma energética. Ese sí fue mi compromiso con el presidente Fox, y lo cumplí.

Pero, ¿por qué no salió?

Hubiera salido de no haberla bloqueado Santiago Creel. Habíamos trabajado más de un año con Ernesto Martens, un buen secretario de Energía en el gobierno de Fox, pero el mismo día que había fijado el presidente para explicar la reforma, ese día destituyó a Martens. Fíjate cómo sucedieron las cosas: le hablo a Ernesto Martens para confirmar la cita, y Ernesto me dice: "Roberto, no puedo ir en la tarde". Yo le respondí: "¡No puedes hacer esto! Yo ya cité a gobernadores, senadores, diputados, alcaldes, congresos locales, ex secretarios de Energía, ex directores de la CFE, todo mundo está citado para oír tu propuesta". Entonces Martens me explicó: "Ya no soy el secretario, hay uno nuevo, se llama Felipe Calderón. Pero te mando a Nicéforo Guerrero a dar la explicación". Y fue Nicéforo, una gente muy querida dentro del PRI. Pero no era lo que se esperaba. Dos meses después Felipe Calderón estuvo en el salón Presidentes del PRI explicando su reforma energética. Y tampoco pasó nada, esta vez porque la paró Creel, para no darle una victoria a Calderón.

¿Cómo lo leyó el PRI?

Como lo que era. Un conflicto interno en el gobierno, que atoraba las reformas que el país necesitaba. Sin embargo, la discusión creó dos alternativas: o la modernización del sector energético o seguir en el atraso. Lo importante para nosotros no era Felipe Calderón, tampoco si la reforma le ayudaba o no a convertirse en el candidato de su partido a la Presidencia. Lo que estaba en juego era el sector energético del país y esa discusión que se dio en el salón Presidentes del PRI fue por eso tan importante. Porque ahí manejamos un documento del PRI con los lineamientos centrales para la apertura del sector.

Sin embargo, Creel le metió el pie a Calderón y el presidente se fue con la finta. Entretanto, Elba Esther, como una panista más, también presionó y privilegió la reforma del IVA antes que la energética, que ya estaba en la mesa con amplias posibilidades de salir. No olvidemos que hasta ese momento el candidato de Elba Esther era el candidato de la "pareja presidencial": Santiago Creel. ¿Qué te quiero decir? Que el camino estaba trazado, porque luego hubiera podido salir la reforma fiscal integral, que no el IVA. Y después, la reforma de pensiones y jubilaciones. En el PRI teníamos una ruta muy clara en materia de reformas estructurales. Pero se necesitaba proyecto y visión de gobierno, lo que nunca tuvo el gobierno de Fox ni su aliada Elba Esther.

¿De dónde sale entonces la imagen o la versión de que Roberto Madrazo se opone a las reformas estructurales?

La clave está en la Secretaría de Gobernación, y se llama Santiago Creel. Porque se entrampó solo y de alguna forma tenía que encubrir la trampa del gobierno contra Calderón, quien se perfilaba ya como adversario de Santiago para la candidatura del PAN a la Presidencia. Y la forma de encubrir el pleito interno fue pegarle a Roberto Madrazo. Una estrategia permanente, porque a Madrazo le pegaron antes de ser el candidato del PRI a la Presidencia, durante el proceso de selección del candidato, luego cuando fue elegido candidato, y así hasta el final, hasta el día mismo de la elección y el siguiente, el lunes 3 de julio de 2006. Creel tenía que encontrar o fabricar un culpable.

Dices que Vicente Fox privilegió la sucesión antes que las reformas...

Exacto. Y al anteponer la sucesión, privilegió el golpeteo político, el pleito con los adversarios. Por eso jamás hubo acuerdos, sólo confrontación. Porque el gobierno no tenía en la frente más que el escenario de una contienda. Y por eso la descalificación. Fue el más grande error que pudo cometer entonces, puesto que estábamos en medio de un arduo proceso de construcción de un clima que nos llevara a los acuerdos y desde ahí a las reformas. El gobierno fue muy errático y muy irresponsable en ese sentido. Careció de rumbo, no tuvo claridad de qué quería, y como no lo sabía, tampoco supo con quién y cómo abrirle paso a las coincidencias. Privilegiar la sucesión fue fatal para Fox y para el país.

Yo recuerdo un desayuno que tuvimos en Los Pinos, en la cabaña, cuando vino la destitución de Elba Esther por parte de los diputados del PRI. Estaba sentado a la mesa el presidente, a su lado derecho Creel, junto a él Elba Esther. Y del lado izquierdo yo y Emilio Chuayffet. La reunión era importante, porque ahí lo que estaba planteando Emilio era que el primer punto del Orden del Día de la sesión legislativa, donde se formalizaría el cambio de nuestro coordinador parlamentario, lo reconociera como tal al frente de los diputados del PRI en la Cámara. Fue complicado, pero después de una larga discusión, Elba Esther aprobó que así se estableciera el Orden del Día.

¿Aceptaba entonces la Maestra, ante el presidente Fox, su salida como coordinadora de la bancada del PRI?

Tan lo aceptó que Emilio le dijo, con un gran espíritu de conciliación: "Maestra, usted está a punto de sacar alguna de las reformas. Es diciembre. Yo no le pongo fecha a su salida, pero si usted quiere vamos a ponerla. Le ofrezco que sea cuando concluya el mes de diciembre, dado que usted se puede ir a un periodo extraordinario para sacarlas". Y agregó Chuayffet: "Yo no deseo quitarle ningún mérito al trabajo que usted ha hecho. Entonces, entro en enero como coordinador. Ponga usted que a partir de enero seré el nuevo coordinador de los diputados".

Era diciembre de 2004. Y en esos términos se tomó el acuerdo. Sin embargo, el secretario Creel no logró instrumentarlo. O bien el panista Juan de Dios Castro, presidente de la Cámara de Diputados, no le hizo caso —al menos es lo que se dijo después—. Y entonces, en el Orden del Día que elaboró

Juan de Dios Castro apareció en el último lugar el reconocimiento de Chuayffet como nuevo coordinador de los diputados del PRI. Y el tema era clave, porque sin el reconocimiento de Emilio como nuevo coordinador, ninguna reforma iba a pasar. Todavía hablé yo con el presidente Fox, busqué a Creel, me dirigí a los líderes de las cámaras empresariales, a todos les expliqué el problema. Me aseguraron que se iba a cambiar, pero nunca se hizo. Y entonces el último punto, y no el primero, como era el acuerdo, fue el reconocimiento de Emilio Chuayffet como coordinador en sustitución de Elba Esther. Y bueno, eso frenó la posibilidad de sacar lo que el gobierno llamaba la "reforma hacendaria". Muy mal manejo. Nula operación. Cero conocimiento de cómo lograr acuerdos en política.

Fue un gobierno sin vocación conciliadora, porque no hubo proyecto. Lo dijimos muchas veces en campaña. Tampoco hubo oficio político. Un gabinete donde cada quien hacía lo que quería. Creel cuidaba su candidatura, y Fox cuidaba a Creel. A esto jugó el gobierno durante tres años clave. Después, ya caído Creel, Elba Esther se posicionó en la campaña de Calderón. Y ahí está…

Cuando fracasó el IVA, la Maestra se empezó a ausentar del escenario nacional. Se habló de una enfermedad. ¿Estaba realmente enferma?

Yo creo que sí estuvo enferma. Por la información que tuve y porque platiqué con ella en varias ocasiones. Dos de ellas cuando la fui a visitar a San Diego acompañado por Manuel Gurría, y ella por Francisco Yáñez, hoy director general de la Lotería Nacional. Creo que sí había una dolencia que la tuvo en dos ocasiones al borde de la muerte. Se recuperó y volvió a la política, pero ya no a la política con el PRI. Ella lo hizo para formar un nuevo partido, que a la postre sería el Panal, el Partido Nueva Alianza.

Ya que mencionas al Partido Nueva Alianza, ¿de dónde surgió esta nueva organización política?

Tuvo su origen en tres APN: la Asociación Ciudadana del

Magisterio, Nueva Generación, y Conciencia Política. Entre las tres solicitaron el registro como partido político, aunque trabajaron la pinza engañando a los maestros. Fue una maniobra muy burda, porque se les invitó a las asambleas constitutivas de un nuevo partido político bajo el engaño de que sería para construir una alianza electoral con el PRI. A otros se los convocó sobre la base de que asistirían a diversas convenciones del SNTE. Después se dieron cuenta de que eran acciones para formar un partido político nacional. Bueno, de hecho, el Panal se forma con la asistencia de maestros pertenecientes a diversas secciones del Sindicato Nacional de Trabajadores de la Educación, sin registrar integrantes de la población abierta. Es un partido político privado de la presidenta del SNTE. Un instrumento sustentado con fondos públicos para la representación de los intereses particulares de Elba Esther Gordillo.

Eran tiempos de un gran activismo en el PRI contra Elba Esther. Te pregunto: ¿por qué Madrazo no aprovecha la Asamblea del partido en Puebla para expulsar a la maestra Gordillo estando ella ausente?

Me opuse a que eso sucediera. Incluso yo mismo tomé la palabra y propuse un punto de acuerdo para que se llevara hasta el Consejo Nacional el tema de Elba Esther, a fin de que fuera el Consejo el que lo decidiera. Ahí están los documentos que consignan lo que digo. Me parecía y me parece que toda persona dentro del partido debe tener el derecho a ser escuchada. Para eso hemos creado órganos de justicia partidaria. Para mí no era correcto que una Asamblea juzgara en ausencia a Elba Esther. Yo tenía y tengo mi propio criterio personal en el sentido de que ella había traicionado al partido, pero no me correspondía a mí, sino al órgano de justicia partidaria y al Consejo Nacional escucharla, ahí donde ella podía defenderse. Desde luego, ni con eso el PRI quedaría a salvo, porque hubo muchos maestros que se vieron obligados a trabajar para Nueva Alianza siendo priistas. Hay una base de maestros muy amplia dentro del PRI y como simpatizantes del PRI. Entonces, por respeto a los maestros priistas —incluidos aquellos que engañados se los habían llevado al Panal— fue que tomé la decisión de que a una maestra no se la juzgara en ausencia, que no le atropellaran sus derechos.

A partir de la Asamblea de Puebla, Roberto Madrazo encontró siempre grupos de maestros en abierta provocación para sabotear sus jiras. ¿Qué pensabas de eso?

Que había que ganarles la batalla, porque eran grupos de golpeadores. Hubo algunos maestros obligados a comportarse como porros, y demeritaban mucho la profesión del magisterio. Maestros pagados para insultar, gritar, levantar pancartas, hacer plantones. Me parecía denigrante ver a los maestros en eso. También hubo un grupo muy cercano a ella, muy radical, el núcleo más duro y conflictivo, ante el cual los maestros se sentían avergonzados al verse obligados a levantar la pancarta y a gritar, porque de lo contrario les descontaban el día o los corrían. Elba contaba para eso con una gran cantidad de maestros que carecían de plazas, y la base sindical se las ofrecía en la medida en que atacaran a Roberto Madrazo. Por su parte, el gobierno de Fox apoyaba con todo la estrategia de la Maestra. Sobre todo en los medios. Yo confiaba en que les iba a ganar la batalla, aunque siempre estuve consciente del enorme daño que estos hechos le hacían a la campaña del PRI.

¿De dónde la confianza de Roberto Madrazo, si no tenía ni el aparato ni las alianzas eficaces para contrarrestar el poder y la alianza de la Maestra con el gobierno? ¿No fue Madrazo un poco o un mucho ingenuo en este sentido?

Quizá subestimé el poder destructivo de ese aparato corporativo que es el SNTE en manos de Elba Esther Gordillo contra el PRI. Sin embargo, yo confié en que podía demostrarles a los maestros que en el PRI había respeto para ellos. Los eventos tenían unos cuantos maestros afuera gritando, pero adentro había muchos trabajando en mi campaña. Yo quería demostrarles que tenía planteamientos para la educación, y que el grupo que estaba movilizado respondía a todo un aparato, con toda clase de recursos para golpear al PRI. Porque el PRI estuvo sujeto a un golpeteo permanente durante toda la elección presidencial, desde la interna hasta el 2 de julio, y en eso un actor importante fue la señora Gordillo, ya adherida, con todo y ese aparato, a las filas del PAN.

¿No olvidas que ese aparato durante muchos años estuvo al servicio del PRI?

No lo olvido. Al servicio del "viejo" PRI. Por eso me parece inquietante la regresión autoritaria y caciquil en el gobierno de Felipe Calderón. Hay que ver nada más los enclaves de poder de la señora Gordillo en el gobierno federal.

¿Alguna conversación reveladora con Elba Esther Gordillo?

Varias muy importantes, que se sostuvieron en presencia de Arturo Montiel, de Mariano Palacios y de Rafael Rodríguez Barrera, cuando en aquel entonces yo todavía era el presidente del partido. Mariano era el secretario técnico del Consejo; Rafael, el presidente de la Comisión de Procesos Internos, y Montiel y yo, los aspirantes a la candidatura del PRI. En varias ocasiones nos reunimos con ella. En esas reuniones, Elba mostró siempre una serie de contradicciones, porque decía que no le importaba el cargo de presidente del partido, y por escalafón, ante la ausencia del presidente, ella tenía que llegar a la dirigencia, pero para convocar en un plazo no mayor de 60 días, de acuerdo con el estatuto, a una elección de la dirigencia nacional, en la que ella misma podía participar. El problema es que Elba pretendía llegar directo a la presidencia, quedarse en la dirigencia y llevar adelante el proceso interno de elección del candidato a la Presidencia de la República. Ese era el punto. Toda una maniobra. No aceptaba llegar para convocar a una elección interna de la dirigencia.

Entonces fue una larga discusión. Muchas veces estuvo a punto de llegar a un acuerdo, con base —como decía ella— en que no le importaba ser la presidenta, sino buscar una figura que conciliara, desde luego aceptándola Arturo y yo. Ella decía: "Pónganse ustedes dos de acuerdo. A mí me da igual". Cuando encontramos a Sergio García Ramírez, Elba se inconformó, y Sergio no aceptó. Y así, cada vez que buscábamos otra personalidad, enredaba el tema y volvía a tratar de ser la presidenta del partido. Y lo único que no querían los priistas era eso. Como una salida extrema yo llegué a plantear: "No me voy de la dirigencia del partido y busquen otro candidato. No hay condiciones para que deje la dirigencia y contienda a la vez por la candidatura presidencial". Sin embargo, como se sabe, porque fue público el pronunciamiento, hubo una corriente muy fuerte que se opuso. Pero insistí: "Me quedo al frente. No participo en la candidatura del PRI a la Presidencia de la República". Hasta ese grado jugué mis cartas en busca de blindarnos, en busca de evitar que la señora Gordillo llegara a la presidencia del partido.

¿Cuándo fue esa reunión?

Fue el último encuentro en la oficina de Arturo Montiel en Avenida de Las Palmas en la ciudad de México. Cuando Elba Esther planteó el rompimiento absoluto y salió después a dar una conferencia de prensa. Nos había dicho que lo iba a pensar, que le diéramos 48 horas para pensarlo, y en menos de dos horas estaba declarando a la prensa el rompimiento absoluto. Se había realizado una cena en casa de Rafael Rodríguez Barrera. Habíamos tenido reuniones en las oficinas de Arturo Montiel. Nos habíamos encontrado muchas veces. Y siempre ella decía que no le importaba, pero también siempre se oponía a que cualquier otro, que no fuera ella, llegara a dirigir el partido. Era un juego, porque en el fondo funcionaba su compromiso con Fox para la campaña presidencial.

¿Y le creía Roberto Madrazo cuando Elba Esther Gordillo manifestaba no estar interesada en asumir como presidenta del PRI?

En el partido había la certeza de que Elba Esther jugaba con las declaraciones. Era su estrategia, pues a los medios les encantaba también ese juego. El hecho es que quería conseguir la presidencia nacional del PRI al costo que fuera. Estaba de por medio su promesa al presidente Fox y a la señora Sahagún para que el candidato del PRI fuera el más débil de todos. Por eso, cuando me separé de la dirigencia nacional y el Consejo Político eligió a Mariano Palacios como presidente del PRI, ella acudió de inmediato al órgano de justicia partidaria, como paso previo para luego apelar al Tribunal Electoral, a fin de echar abajo la nueva dirigencia. Presionó con todo, y por eso es que en esos días, a principios de septiembre de 2005, el entonces subsecretario de Seguridad Pública, Miguel Ángel Yunes Linares, un incondicional de Elba Esther, citó a desayunar en su casa al consejero presidente del IFE, Luis Carlos Ugalde. Elba iba con todo, utilizando incluso al IFE, para tomar la presidencia del partido. Al fin que con ella al frente el PRI sería una posición de Vicente Fox.

Después del desayuno, pero en el curso de ese mismo día, al salir también de una reunión privada con Luis Carlos Ugalde, el magistrado Eloy Fuentes Cerda dio a conocer que el caso Gordillo-PRI sería resuelto por el Tribunal Electoral del Poder Judicial de la Federación. ¡Todo el mismo día! Fueron tan burdos y evidentes los movimientos, que Yunes Linares tuvo que adelantarse a negar en los medios que el gobierno de Vicente Fox estuviera trabajando en favor de la dirigente magisterial para llevarla a la presidencia del PRI.

Fue suficiente para que el nuevo líder nacional del partido, Mariano Palacios Alcocer, junto a otros ex dirigentes del PRI, alertara sobre el riesgo que representaba el hecho de que el presidente Vicente Fox pretendiera influir en la decisión de los tribunales para favorecer a Elba Esther Gordillo.

Así estaban las cosas cuando el PRI era el partido que en ese momento se perfilaba con las mayores posibilidades para ganar la contienda presidencial de 2006. Y esa era la trama del gobierno, muy tupida, para lograr que Elba Esther Gordillo le entregara el PRI a la "pareja presidencial".

EL DESAFUERO DE LÓPEZ OBRADOR

¿Cuál fue la lectura de Roberto Madrazo sobre el tema del desafuero de Andrés Manuel López Obrador?

Para nosotros debía ser un tema en el ámbito de la legalidad. Pero, tal como lo manejó el presidente Vicente Fox, se asoció con la sucesión presidencial, en razón de que Andrés Manuel era uno de los precandidatos más importantes, por su popularidad y por lo que revelaban las encuestas. Parecía el candidato a vencer. Creo que el error del gobierno fue mezclar ambas cosas y no hacer nada por evitar la confusión entre el desafuero, que tenía un sustento legal, y la sucesión presidencial, que era una materia eminentemente política. Para el PRI el desafuero procedía por motivos de atropello a la legalidad. Pero el gobierno lo planteó de tal manera que buena parte de la sociedad lo percibió como un intento de sacarlo de la elección presidencial de 2006.

Un error que, en todo caso, le redituó bien a López Obrador, ¿no crees?

Sí, porque lo hizo víctima de lo que se percibió como una arbitrariedad del gobierno. Sin embargo, a mí me parece que el error de Andrés Manuel fue no actuar con seriedad en el asunto.

¿A qué te refieres con la palabra "seriedad"?

A que él hubiera podido cumplir con el mandato del juez.

Hasta donde yo recuerdo, fueron nueve o diez comunicaciones las que el juez le envió ordenándole suspender las obras que cruzaban el predio de un particular, y él, en lugar de pararlas, las continuó. En el fondo, porque no le reconocía ninguna autoridad al juez. Esa es la posición a la que siempre nos lleva cualquier reflexión que hacemos sobre Andrés Manuel. A eso le llamo falta de seriedad. Porque no reconoce ley ni autoridad alguna. Y claro, el asunto fue creciendo a tal punto, y de tal manera, que dentro del escenario político alcanzó una dimensión de carácter electoral.

Tal pareciera, según tu perspectiva, que entre el presidente Fox y el jefe de gobierno de la ciudad de México, los dos llevaron el asunto al terreno de lo electoral. ¿Estoy en lo correcto?

Sí, porque tanto el presidente como el jefe de gobierno se vieron entrampados en sus propias estrategias de adelantar la sucesión presidencial. El presidente para despejarle el camino a Marta Sahagún, y Obrador para sortear el impacto negativo provocado por el desafuero de René Bejarano mediante una estrategia que lo ubicara en el papel de víctima. El resultado fue una profundización del clima de efervescencia y confrontación. Un clima que le servía a los dos, metidos como estaban en la lógica de la sucesión.

¿Y cómo viste en esto a los diputados en la Cámara?

Pienso que los diputados actuaron con toda responsabilidad en el ámbito de su competencia institucional. Jurídicamente lo hicieron de forma impecable. Porque el jefe de gobierno de la ciudad había desacatado el mandato del juez en nueve o diez ocasiones, y eso lo llevaba a una obligada separación del cargo. El tema se volvió complicado porque era un actor importante que estaba aspirando a ser presidente de la república, pero jurídicamente no tenía vuelta de hoja. El Congreso, en ese momento, estaba muy golpeado y necesitaba hacer valer la ley y hacer respetar su autoridad. Yo creo que la Cámara actuó con gran autonomía, y los partidos dejamos en una gran libertad a los legisladores para que aplicaran estrictamente la ley.

¿Crees que la sociedad, o una buena parte de ella, y también los medios en alguna medida, compartieron la percepción de que una vez más se apelaba a las instituciones con un fin político?

Creo que sí. Y lo grave en ese sentido es que México ha llegado a un extremo muy peligroso en términos de credibilidad, tanto en las personas como en las instituciones. Es una historia larga, que viene de muy atrás, y que hoy funciona como una cultura donde todo parece tener un propósito escondido, alguna perversidad. Te pongo un ejemplo. En política, lo común son las negociaciones, y muchas de ellas, para ser exitosas, requieren un ambiente de cierta privacidad, sobre todo mientras se están "cocinando" los acuerdos. Y eso, que es algo inevitable y hasta necesario en política, en México tiene siempre un carácter deleznable, debido a que se negocia "en lo oscurito". En el caso del desafuero, el gobierno contribuyó a esa percepción, porque buscó sacar a López Obrador de la contienda y para ello no vaciló en usar, para colmo con una torpeza enorme, el mecanismo legal.

Pero al final, el presidente Fox echó marcha atrás…

Esa fue la "cereza del pastel" en materia de torpeza y simulación institucional. Un enorme retroceso. Porque lo que hizo el presidente fue rajarse a la hora de aplicar la ley, no quiso entrarle. Al grado de que el principal actor legal en el procedimiento judicial, el procurador Rafael Macedo de la Concha, renunció a su cargo: "Si no van a aplicar la ley, me voy. Presento mi renuncia si no se aplica la ley". Y lo cumplió. A ese extremo llegó Fox. Pero los empresarios estaban en favor del desafuero, algunos partidos, la sociedad también en una buena medida. Yo recuerdo encuestas que hablaban del 50 y 50 por ciento. Y eso que no se había dado una explicación adecuada sobre los motivos del desafuero. No hubo ningún criterio del gobierno sobre el tema en el exterior. Casi se volvió un mártir de carácter político López Obrador, por falta de un buen manejo en la operación política. Para mí, el hecho de que el presidente se haya echado para atrás, le dio a Obrador la cancha y el impulso que le faltaba rumbo a la sucesión presidencial.

En tu opinión, ¿no era una estrategia para "sacar a la mala" a López Obrador de la campaña?

Él nunca ha cumplido con la ley. En este mismo sentido recuerdo la gran debilidad del presidente Zedillo al no aplicar la ley, cuando Obrador no reunía las condiciones legales para ser candidato a jefe de gobierno de la ciudad de México. No cumplía con la obligación de haber vivido los cinco últimos años en la ciudad de México, un requisito que él no cumplía porque vivía en Tabasco. Más aún, como te decía anteriormente, ahí estaban las fotografías y los documentos que mostraban que había votado en la última elección de Tabasco. Así que yo diría que siempre se le han hecho concesiones por encima de la legalidad, y lo que estaba en juego en ese momento era el respeto al Estado de Derecho. Yo sostuve y lo mantengo: Andrés Manuel podía entrar a la competencia electoral habiendo cumplido con la ley. Nada le impedía ser candidato, ni el desafuero. Pero lo que él quería era no cumplir con la orden del juez. Lo mostró también después de la elección de 2006. Voy a tu pregunta acerca de si se le estaba sacando "a la mala" de la contienda. Fíjate que, más bien, es Obrador quien siempre quiere ganar "a la mala", desde fuera de toda legalidad.

¿Crees entonces que López Obrador jugó con las circunstancias adversas en términos estratégicos?

Por supuesto. Él jugó estratégicamente con eso y para beneficio personal, al precio que fuera. Es un político mañoso. Se hizo víctima, en buena medida también porque ahí lo puso Fox.

Así planteadas las cosas, tal parece que Andrés Manuel y Vicente Fox tienen, a fin de cuentas, un punto en común: el no cumplimiento de la ley.

No lo había pensado. Pero es cierto. Fox y Obrador, tan contrapuestos entre sí, muestran la misma irresponsabilidad ante la ley. Uno como presidente, porque cuando no la ignoró, la usó como instrumento político contra sus adversarios. Y el otro, Andrés Manuel, violando sistemáticamente la legalidad. Aquí los extremos se juntaron. En el caso del desafuero, Obrador se puso al margen de la ley. Pero Fox tuvo responsabilidades muy delicadas por no hacer que se cumpliera. Y los dos fueron autoridades de la república. ¡Cómo va a creer la gente en las instituciones!

La falta de confianza en las instituciones es un tema que me recuerda a Octavio Paz, quien dejó páginas muy duras y muy críticas sobre la condición premoderna de la sociedad mexicana. Premoderna en el sentido de la ficción institucional que ha prevalecido, y prevalece aún, en México.

Al leer *El laberinto de la soledad*, Paz nos hace un retrato muy descarnado como mexicanos, nos desnuda por dentro. Creo que la ficción institucional es nuestro mal casi de origen. Vicente Fox, por ejemplo, en el inicio del siglo XXI, es de una simulación vergonzosa. Por eso el reclamo más sentido de la sociedad es acabar con la impunidad, que es una de las formas que asume la ficción institucional. Y ve a dónde hemos llegado: no hay en México quien considere con valor el fallo de un juez, de un Ministerio Público, de un policía. La vida institucional ha perdido valor. Si tú te vas a la parte judicial, el rezago de las procuradurías es impresionante. Ahí se encuentra el mayor rezago por la no aplicación de la ley. Nadie quiere hacerlo. Les da miedo, y eso que es la única manera de gobernar una sociedad tan heterogénea como la nuestra.

En el caso de Oaxaca, lo que el año pasado comenzó como una mala broma de Elba Esther Gordillo con fines electorales, llegó a convertirse en un verdadero conflicto de gobernabilidad por la falta de aplicación de la ley. Vamos, el gobierno dejó correr las cosas para perjudicar al PRI, a Roberto Madrazo y a nuestros demás candidatos. Y al final, lo más caro lo pagó la gente. En términos de credibilidad, en Oaxaca perdimos todos: las autoridades y las organizaciones. ¿Quién va a creer en las organizaciones sociales después de ver en acción a "líderes" como los de la APPO, la Asamblea Popular de los Pueblos de Oaxaca?

Volviendo al caso del desafuero…

El caso del desafuero confirma lo que he dicho, porque lo que puso en juego el presidente Fox no fue la aplicación de la ley, sino abiertamente el tema de la sucesión presidencial. Mira: la elección presidencial es una de las más importantes instituciones de la democracia mexicana y el presidente Fox la puso en riesgo con su permanente intromisión. Entonces vuelvo a lo mismo: ¿quién va a creer en la próxima elección en México? De seguir así, ¿sabes cuál va a ser la respuesta a esta pregunta? El abstencionismo.

¿Estableció Roberto Madrazo un compromiso con Vicente Fox sobre el tema del desafuero?

Yo platiqué el tema, primero con las bancadas del partido, porque era muy importante sentir el pulso de los grupos parlamentarios, y estaban convencidos de que el desafuero era lo procedente. Había expresiones menores, que preferían no "alborotar la gallera", "no hacer olas", para que transitara con calma, apegado a derecho. Sin embargo, la gran mayoría veía un riesgo en la debilidad del gobierno para aplicar la ley, un tema muy delicado, porque estábamos en el preámbulo de la sucesión presidencial, y por ello no era un tema aislado. En el fondo, se trataba de ver si durante el proceso electoral se iba a aplicar la ley o no, si el marco del Estado de Derecho era respetado por los partidos y los actores o no. Ese era el tema.

Yo, como abogado, tenía una firme determinación: que se aplicara el Estado de Derecho, y que a la vez pudiera competir Andrés Manuel. Lo declaré varias veces. Pero el presidente creó un *Frankenstein* político gigantesco, que de haber llegado a la Presidencia hubiera roto el orden constitucional. Y mira tú a dónde van las inversiones cuando no hay certeza jurídica. No a México, sino a nuestros socios y competidores comerciales.

Sí, pero ¿hubo de tu parte un compromiso con el presidente Fox sobre el desafuero?

No. Compromiso con Vicente Fox, no. Con él no se podía establecer ningún tipo de compromiso porque nunca fue confiable. Es muy serio lo que digo: el presidente Fox nunca fue confiable. Y eso es tan grave como el desapego a la ley de parte de López Obrador. Que tampoco es confiable en este sentido.

Recuerdo que hubo varios interlocutores del gobierno y del PRI para determinar si procedía o no el desafuero. Te pregunto: ¿hubo cabildeo, contactos, comunicación? ¿Había una estrategia, un plan a seguir?

Los contactos eran esporádicos, porque no había un orden. Lo increíble es que los tiempos se acercaban y no había una estrategia del gobierno para tratar el tema con los partidos y los legisladores. Pasaban meses, semanas sin que hubiera un nuevo contacto. No había una agenda para tratar el tema del desafuero, que era entonces el tema central de la vida política del país, y atañía a los partidos, al gobierno, a los actores políticos, a todo mundo, a los medios, a la sociedad. Todo era ocurrencias, nunca un plan. En este sentido, tengo la impresión de que el desafuero, ya en el ámbito de lo electoral, funcionaba como una *pasión* del presidente.

¿El manejo lo tuvo Los Pinos o Gobernación con Santiago Creel?

El manejo lo tuvo el presidente. Bueno, hasta donde se puede hablar de "manejo". El operador fue el secretario de Gobernación con los partidos, para consultar, para tener puntos de vista, juicios, opiniones, pero realmente la decisión estuvo en Los Pinos, tanto para echarla a andar como después para pararla.

¿Y la intromisión de la primera dama?

Absoluta. Ella sí es la figura que lo concibe, lo impulsa y lo mueve. Yo creo que motivada por el temor de que llegara alguien a Los Pinos que pudiera causarle problemas al presidente y a ella misma. Eran días de desasosiego político. Las cosas cambiaban aceleradamente de un momento a otro. Y los escenarios también. La señora Fox pretendía la candidatura, y aunque después fue derrotada por el panismo duro, en el tema del desafuero ella fue el mejor operador del presidente. Fue quien logró los mayores consensos, volvió una razón de Estado el tema del desafuero. También los medios de comunicación lo exacerbaron muchísimo. Yo diría que la señora Sahagún le puso la mesa al presidente para que aplicara la ley y él finalmente no lo hizo. Digamos que en este sentido, a quien primero deja Fox colgada de la brocha es a su "pareja presidencial".

Fue tan malo el argumento del gobierno y la impericia para manejar el tema, tan ineficiente, inexistente diría yo, que el tema legal se les va de las manos en un abrir y cerrar de ojos y se les vuelve político. Sin embargo, nuestros diputados hicieron todo lo posible por regresarlo al cauce de lo legal. Hubo momentos de discrepancias y mucha discusión interna. Y Emilio Chuayffet, como constitucionalista que es, como experto en Derecho, fue implacable en que había que aplicar la ley. Tan es así que su argumentación convenció a 212 diputados del PRI, dejándole a Emilio la argumentación jurídica. Porque el reto para nosotros era recuperar la argumentación en el terreno de lo legal.

¿Cuál fue el papel del Senado y de los gobernadores frente al desafuero?

El Senado acompañó el esfuerzo de Chuayffet en la Cámara. Discutió y revisó el tema. Los gobernadores hicieron lo propio, pensando en las consecuencias que podría tener una medida de esta naturaleza. En términos generales, frente al tema el partido llegó cohesionado en su gran mayoría. No hubo unanimidad, pero sí una gran cohesión. La gran sorpresa estuvo en Los Pinos. Frente al reto faltaron "cojones" para tomar las decisiones. Algo que le faltó al gobierno durante los seis años.

Entiendo que "falta de cojones" es una manera de decir. Sin embargo, ¿de qué careció en esencia el gobierno de Vicente Fox en este sentido?

Le faltó conocimiento técnico, jurídico y político ante un tema muy delicado. Estaba en juego aplicar la ley sin lesionar los derechos ciudadanos de López Obrador para ser candidato. Dicho de otra manera: sin causar un problema político mayor por tener que aplicar el rigor de la ley. Entonces, al presidente le faltó sensibilidad de Estado. Y por el contrario, el Estado de Derecho fue sofocado por la falta de profesionalismo para dirigir las instituciones de la sociedad. Fue como una cirugía a corazón abierto practicada con las tijeras de cortar el pasto.

¿Por qué entonces, en el tema del desafuero, Roberto Madrazo le creyó al presidente si, en general, como me has dicho, no era confiable, le "faltaban cojones" y carecía de oficio? ¿No es también una irresponsabilidad de Madrazo?

Porque junto a todo lo que le faltaba al presidente —y lo sabíamos—, los medios, los empresarios, una buena parte de la sociedad, exigían respeto a la legalidad. En esto todos estábamos de acuerdo. En este sentido no se trataba de confianza en el presidente, sino más bien de obligarlo a actuar conforme a su investidura de jefe de Estado. Por eso creo que fuimos muy responsables, porque sabíamos que Vicente Fox, al carecer de oficio, manejo y experiencia institucional, era muy proclive a "dar bandazos". Era tan importante el asunto que, si me permites un ligero matiz, lo diría de esta manera: estábamos obligados a creer en el presidente, más allá de la persona de Vicente Fox y sus debilidades.

Y desde esta perspectiva, nunca descartamos una salida institucional en el tema del desafuero: con aplicación de la ley y protección de los derechos de López Obrador para competir por la Presidencia de México. Quienes tienen un estudio muy bien hecho al respecto son Rebeca Godínez y Francisco Frías, como diputados federales en esa legislatura.

¿Tienes alguna idea de quién convenció al presidente de dejar el asunto?
Marta Sahagún.

¿No que ella era la más convencida?
Pero así era también de calculadora y convincente.

¿Y quién, o qué, convenció a la señora Marta Sahagún?
Me parece que fue la presión de algunos medios de información nacionales y de algunos actores políticos que le encontraron "inconvenientes" de carácter electoral, sin pensar en la legalidad, luego de las torpezas de Fox. Creo que eso terminó por convencerla de que al gobierno —y a su probable candidato presidencial— no le convenía seguir adelante. Todo ello en la lógica de la sucesión. También la prensa internacional cumplió un papel decisivo. Fueron factores cruciales. De ahí vino la marcha atrás del presidente y luego la justifica con una "razón de Estado" que no era tal. Me dijeron después que fue patético ver al presidente echando marcha atrás por la televisión.

¿Qué, no lo viste?
No estaba yo en México.

¿Cómo que no estabas en México? ¿Y entonces?
Por esos días tuve que ir a España, desde luego no sin antes haber checado con el secretario de Gobernación y con el presidente si no habría cambio de rumbo, si seguiríamos adelante con la aplicación de la ley. Y los dos me aseguraron

que no habría cambio de rumbo. Entonces yo salí del país, me parece que un viernes o un jueves en la tarde, y cuando regresé, un martes, me enteré por la radio de que habían dado marcha atrás.

¿Estabas consciente de que te ausentabas del país en un momento delicado?

Muy consciente. Y en un momento delicado. Pero todo estaba ya en manos del gobierno. No había más que hacer para que se aplicara la ley. Y me fui con la tranquilidad de que, en ese sentido, no habría cambio de rumbo.

¡Confiaste en el presidente!

Tenía que confiar.

¿Y luego?

El cambio de rumbo que se empezaba a dar en México lo comencé a percibir el domingo por la tarde en Madrid. Domingo en la mañana en México. El lunes fue un día de un gran descontrol. No sabía qué iba a pasar. Y el martes, cuando llegué, me enteré de que todo había cambiado.

¿Alguien del gobierno o de parte del presidente se comunicó contigo?

Nadie. Tomaron la decisión sin avisarme, tal como debía haber sido en mi calidad de presidente del PRI. El partido no fue advertido o notificado ni por Gobernación ni por el presidente. Me enteré por la radio. Así se las gastaba el presidente en materia de acuerdos.

Entonces sí hubo un compromiso con el presidente...

Por supuesto, el compromiso de aplicar la ley. No cumplió el presidente, y esa reversa del gobierno fue muy costosa para el PRI, obviamente también para Roberto Madrazo, porque quedamos como acompañantes de una decisión "errónea y arbitraria" del presidente.

¿Arbitraria?

Sí, arbitraria, porque el cambio de rumbo del presidente consolidó la percepción de que todo se había montado para dejar fuera de la competencia a un fuerte aspirante. Sin embargo, el presidente "arreglaba" un error en la televisión, pero condenaba al PRI a cargar con todo el peso de un acuerdo, no ya para hacer cumplir la ley, sino para "sacar a la mala" a Obrador de la contienda. Y así lo percibió la gente. Es más, después de la marcha atrás, López Obrador creció de una manera impresionante. ¡Un gran trabajo de Fox en favor de Andrés Manuel!

Entonces, ¿tienen razón quienes dicen que la idea del desafuero nació y murió en la oficina de Marta Sahagún?

Creo que sí. Fíjate que en una de las reuniones que tuvimos con Vicente Fox en Los Pinos, estuvo conmigo Leonardo Rodríguez Alcaine —dirigente de la Confederación de Trabajadores de México, CTM—, quien les dijo, con ese lenguaje florido que se gastaba: "Doña Marta, señor presidente, perdónenme los dos una pregunta. Se las hago con todo respeto a la investidura. ¿No le van a faltar *güevos?* Porque esto va a estar cabrón". "No, no. Ahora sí vamos pa' delante. Esto tendrá que llegar a sus últimas consecuencias", respondió el presidente.

¿Qué tanto jugaron los medios en esta coyuntura?

López Obrador fue apoyado claramente por algunos medios de comunicación para aparecer como "víctima" de un gobierno autoritario y torpe que "a la mala" pretendía dejarlo fuera, teniendo legalmente todo para ser candidato. Así creció también la percepción de que quienes buscábamos aplicar la ley sólo éramos comparsas de una acción política. Creo que en general los medios se pusieron del lado de López Obrador sin reflexionar sobre el fondo del asunto. Simplemente compraron la "teoría" de que el presidente lo quería dejar fuera. Sin preguntarse qué había atrás de la máscara de

Andrés Manuel López Obrador. De qué era capaz, a dónde quería llegar, y hasta dónde y con qué recursos políticos estaba dispuesto a llegar.

Déjame plantear aquí un tema de fondo. Creció López Obrador inflado por los medios y se derrumbó por una acción de medios. ¿Qué porvenir le ves a la política, a la democracia, en un contexto donde los medios, según parece, hacen y deshacen figuras públicas, no sólo en México, sino también en el mundo entero?

En México, en los últimos años, importantes actores políticos han quedado cada vez más a merced de los medios y menos bajo el escrutinio de los electores. Y lo mismo ocurre con los ciudadanos, quienes "actúan" en una buena medida manejados, manipulados, desinformados por los medios. En materia de figuras políticas, pasó con Salinas, con Fox y con López Obrador.

¿Pasó con Madrazo?

Pasó con Madrazo. Los medios, cuando van más allá de la libertad de prensa, dejan de ser profesionales y pierden objetividad. Vas a una entrevista en la televisión o la radio y no sabes si vas a salir "vivo". Por eso creo que ahora —siguiendo a Tomás Moro, cuya biografía, por cierto, me regaló Carlos Abascal— los medios son "el patíbulo donde mueren los políticos y la política".

¿No dirías también: "el patíbulo donde muere la democracia"? ¿Corre peligro la democracia ante los medios, ante la pantalla de televisión?

La influencia de los medios es una realidad en el mundo entero. En México, por ejemplo, jugaron un gran papel en la apertura del sistema político desde los setenta, aunque desde ahí en adelante es claro que hoy se corre el riesgo de una nueva cerrazón, esta vez no ante un partido hegemónico, sino ante una o dos o tres empresas oligopólicas en materia de comunicación. Es un asunto delicado. Yo diría que en las sociedades de hoy, un tramo importante del control político está "en otra parte". ¿Dónde? Tras la pantalla de televisión.

Pero los políticos, ¿no forman parte también de este juego perverso? ¿No les gusta, no les fascina a los políticos estar en los medios? ¿No entraste tú mismo a ese juego en la campaña?

Te decía que el asunto es complejo. Medios y políticos estamos como en un laberinto. No sé si atrapados y acaso sin salida. Porque medios y políticos, medios y política, compartimos lo que llamas "juego perverso". Y no sólo eso, compartimos incluso un espacio de negociación. El problema que yo veo es que, quien no participa de ninguna manera, más que como objeto y víctima, quien no participa nunca en una negociación en defensa propia, es la sociedad, los ciudadanos de a pie. Sociedad y ciudadanos quedan muy desprotegidos en ese proceso. Es cierto que la sociedad cuenta con el sufragio, que debería funcionar como la "revancha" del ciudadano. Sin embargo, dadas las condiciones del mundo de hoy, las elecciones, y hasta el voto, que es secreto, se encuentran demasiado influenciados, y a veces manejados, por los centros de comunicación mediática. ¿No fue así en la pasada elección presidencial? Y lo que hace todavía más peligroso el asunto es que los políticos somos parte de esta distorsión del papel de los medios en la vida social contemporánea. Somos parte del fenómeno.

Entonces, ¿cuál es, a tu juicio, el alcance del papel determinante de los medios en términos de riesgo en materia política?

Fíjate cómo a Vicente Fox lo hacen, lo fabrican los medios. A ese grado. Los medios le abren el camino para ganar en el 2000. Y también los medios de comunicación se lo acaban en 2006. Pero él decidió gobernar con base en sondeos y encuestas manejados mediáticamente. Vicente Fox, que llegó a Los Pinos con un apoyo mediático ofensivo por lo ilimitado, fue el presidente menos fuerte que ha tenido México en los medios de comunicación. Muy fuerte a la hora de llegar y muy débil a la hora de gobernar. Los medios lo hicieron "picadillo" en los últimos 60 días de su administración. No obstante que él fue el presidente que desde Los Pinos le entregó todo el poder a los medios. ¡Si hasta se casó con su vocera!

Por eso, cuando se habla de un peligro para la democracia o de un peligro para México, tendríamos que dirigir la reflexión no sólo a las figuras políticas, sino también a los medios. Sobre todo porque después de una elección presidencial como la de 2006, la gran pregunta es: ¿con qué grado de libertad y autonomía podrá expresarse en un futuro la voluntad de los electores?

Decías hace un momento: el control político ahora está en otra parte. ¿A qué te refieres?

A que en el pasado, cuando gobernaba el PRI, el "gran elector" estaba en Los Pinos, y hoy, fraccionado ese poder, una de sus partes son los medios de comunicación. A esta parte y su "poder elector" me refiero cuando digo que el control político ahora está en otra parte. Y no invento nada. Porque lo acabamos de ver en la elección presidencial pasada. Un "poder elector" que, por un lado, saca de la contienda a Roberto Madrazo. Por otro, descalifica a López Obrador. Y por último, construye a Felipe Calderón. Entonces, si bien votaron 40 millones de mexicanos, la pregunta está en el aire: ¿quiénes eligieron realmente el 2 de julio de 2006? De eso estoy hablando. De que un tramo importante del control político está en otra parte.

El Tucom

¿Cómo sentiste el ambiente interno en el partido, previo a la convocatoria para elegir al candidato presidencial? Hablo del tramo final de 2005.

Fue un ambiente complicado, desgastante, porque a medida que se acercaba la fecha para que el Consejo Político Nacional autorizara la convocatoria, se fue sobrecalentando y todo empezó a girar sobre quién lograría la candidatura presidencial del partido. Venían, además, las últimas elecciones de 2005 en Guerrero y Nayarit, donde percibíamos ciertos riesgos para el partido, y desde luego para mi precandidatura. Entonces, algunos de mis colaboradores me dijeron que Roberto Madrazo debía dejar la presidencia del PRI, antes de que esos riesgos de carácter electoral empañaran lo que Madrazo había ganado con las victorias de los años anteriores. Tenía lógica pensar de esa manera.

¿Y qué pensaba Madrazo ante esos riesgos?

Guerrero era una elección que veíamos muy complicada. Nayarit era otra. En esas condiciones surgieron algunas opiniones que, con gran sentido práctico, orientaban la posición del grupo para que llegara yo como un triunfador, y no cargando derrotas, a la contienda interna por la candidatura presidencial del partido. Habíamos venido ganando casi todos los procesos electorales y ese capital corría el riesgo de perderse en el último jalón. Sin embargo, yo no iba por ahí, respetaba la opinión de mis compañeros, pero mi convicción era llevar el partido todavía más adelante, asumiendo todos los riesgos con una gran voluntad de triunfo. En ese contexto, me parecía mucho más riesgoso mandar una señal de debilidad y derrota. Así que enfrentamos las elecciones en ambas entidades con voluntad de victoria y ánimo constructivo.

¿Fue correcta la posición de Madrazo ante los desafíos de Guerrero y Nayarit?

En Guerrero no pudimos ganar, pese a que aumentamos significativamente la votación. En Acapulco, que ha sido siempre nuestro hoyo negro, en esa ocasión pasamos de tener 37 mil votos a 109 mil. Y aun así no nos alcanzó para ganar la gubernatura, incluso con un buen candidato como fue Héctor Astudillo. Sin embargo, perdimos con un margen mucho más cerrado de lo que cualquiera hubiera imaginado. Y ganamos en Nayarit, a pesar de que Miguel Ángel Navarro, quien era entonces senador del PRI, se salió del partido y se fue como candidato del PRD. A pesar de eso, ganamos con Ney González, con una muy buena estrategia y un gran equipo formado por él.

¿Se acabaron ahí los riesgos para Roberto Madrazo y sus expectativas de convertirse en el candidato del PRI a la Presidencia de México?

Se terminaron esos riesgos, pero surgieron otros. La política no es un camino exento de baches y obstáculos. Es una relación de fuerza y de fuerzas. Y esto me quedó todavía más claro cuando, después de las elecciones en Guerrero y Nayarit, el tema que dominó la agenda pasó a ser quién sería el candidato del PRI a la Presidencia de la República. Por el lado del PRD, Andrés Manuel ya tenía meses recorriendo el país. Y había pasado el tema del desafuero. Por el lado del PAN, Felipe Calderón había logrado con éxito y credibilidad la candidatura de su partido, venciendo a Santiago Creel y a Fox, algo nada fácil. Pero el PRI iba rezagado cuatro meses después de López Obrador y dos meses atrás de Calderón, debido precisamente a las disputas propias de la contienda interna. Entre tanto, el mayor riesgo para Madrazo fue el desafío del grupo que en la jerga popular se conoció como "Todos Unidos Contra Madrazo" —el TUCOM por sus siglas—, oficialmente Unidad Democrática. Ese era el cuadro al interior del PRI, muy complejo, con ánimos muy encontrados, lo que anunció desde el principio un convulsionado y muy jaloneado proceso interno.

¿Cómo vio Roberto Madrazo la emergencia del TUCOM en el proceso interno?

Como un grupo concebido y diseñado para destruir, antes que para construir, porque tenía un objetivo y un nombre: sacar a Roberto Madrazo de la contienda interna o impedir a como diera lugar que alcanzara la candidatura del partido a la Presidencia. Fue tan evidente que cuando se integró el grupo, la gente y los medios lo bautizaron de inmediato como TUCOM, "Todos Unidos Contra Madrazo". Y así se le quedó.

¿Cuál fue tu reacción inmediata o visceral cuando viste nacer al TUCOM?

¡Qué poca abuela! Sí, porque Madrazo había sido, si tú quieres, una pieza clave para la recuperación del PRI después de la caída de 1997 y, sobre todo, después de como quedó el partido en el 2000, prácticamente en la lona, a punto de fracturarse y perderse. Y sin embargo, después de tres, cuatro años, el PRI no sólo estaba de pie, sino que era una clara opción de gobierno en 2006. Entonces, pretender dejar fuera de la contienda interna a Roberto Madrazo, sí eran chingaderas... Bueno, me pediste mi reacción visceral. Y así fue en mi fuero más íntimo. Aunque para afuera tragué pinole, como se dice, y aguanté vara.

¿Quiénes integraban el grupo del TUCOM?

Eran seis gobernadores del PRI, más el líder del Senado,

también del PRI, obviamente con todo el peso de sus aparatos y, entre todos y cada uno, con una importante cuota de poder y recursos. Eso era el TUCOM, un grupo de poder, así cabe definirlo. Ahí estaban Arturo Montiel, gobernador del Estado de México, Natividad González Parás, de Nuevo León, Eduardo Bours, de Sonora, Manuel Ángel Núñez, de Hidalgo, Tomás Yarrington, de Tamaulipas, y Enrique Martínez y Martínez, de Coahuila. Más Enrique Jackson, presidente del Senado de la República. Un grupo muy fuerte, de peso completo.

¿Nunca intentaste neutralizar la organización del TUCOM? ¿Te planteaste alguna estrategia con ellos o contra ellos?

Busqué establecer acuerdos —era lo adecuado. No se veía fácil, porque entre ellos traían el consenso básico que era cerrarle los caminos a Madrazo. Sin embargo, en varias ocasiones en que nos reunimos insistí yo en establecer acuerdos para evitar que lo desgastante del proceso se desbordara y terminara por hacernos un daño todavía mayor a todos.

¿Qué clase de acuerdos te planteaste con el TUCOM?

Acuerdos básicos sobre quién podía ser el árbitro de la contienda, de modo que cualquiera de ellos siete o yo, de ser el candidato, pudiera ser reconocido sin problemas. Así seleccionamos la figura de Rafael Rodríguez Barrera, que a todos dejó satisfechos. Otro punto de coincidencia muy importante fue el relativo a quién podía en ese momento, entre los consejeros, ser el secretario técnico del Consejo Político Nacional. Para mí era importante, porque se insistía mucho en los medios en que Madrazo se había apoderado del partido y controlaba a su antojo al Consejo. Y entonces acordamos que entrara Mariano Palacios, aceptado por todos. Logramos también que el responsable del Comité de Financiamiento fuera Roberto Alcántara. Todos esos acuerdos se alcanzaron por unanimidad. Después, el Consejo Político aprobó, también por unanimidad, las propuestas, y de ese modo salvamos un escollo muy difícil, al ponernos de acuerdo todos los aspirantes sobre el tema del árbitro, sobre quién iba a manejar las finanzas y sobre el secretario técnico del Consejo Político Nacional.

Entiendo que el TUCOM estableció, como grupo, sus propias reglas...

Es correcto, estableció sus propias reglas para definir quién de ellos iba a contender con Madrazo. Y resultó Arturo Montiel.

¿Lo esperado, o no? Pregunto porque la percepción decía que Montiel era el aspirante con más posibilidades dentro del grupo. ¿Salió lo que se esperaba?

Así quizá parecía, visto desde afuera, o desde los medios. Pero Arturo ganó para sorpresa de los propios integrantes del TUCOM. Les ganó la precandidatura al interior del grupo, porque quien se veía y se sentía seguro, con más posibilidades, era Enrique Jackson, apoyado por Elba Esther Gordillo y por el gobernador de Sonora, Eduardo Bours, al menos al principio. Así que Enrique debió haber sido el más sorprendido, porque era quien estaba más fuerte dentro del TUCOM.

¿Qué pasó entonces que Montiel le ganó la partida a Enrique Jackson?

Varios fenómenos. El primero, que yo identifiqué antes y hasta lo conversé con ellos, es que la fecha de su elección interna como grupo no resultaba apropiada para los llamados "cuadros distinguidos". Eran vacaciones y resultó que la mayor parte de estos distinguidos empresarios, intelectuales, a los que ellos consultaron, estaban de viaje. El segundo factor es que pareció confuso el porcentaje que le daban al voto de los notables respecto del voto directo de los militantes. Lo platicamos, pero no lo vieron así. Además, también tenía otro porcentaje el voto entre ellos como precandidatos. Y luego una serie de otros factores inesperados. Yo recuerdo, por ejemplo, que al final el gobernador Bours ni siquiera votó por Jackson, lo que motivó un serio reclamo de parte de Enrique, y con razón, puesto que era su aliado en el grupo. Y al final, perdió Enrique Jackson y ganó Arturo Montiel. Fue un golpe para el propio TUCOM, porque puso de manifiesto que entre ellos mismos no eran leales.

¿Y esos factores fueron así, tan determinantes, para que Montiel ganara esa partida? Quiero decir, ¿no hubo otros factores igualmente decisivos?

Creo que se confiaron. Lo digo porque estaban seguros de elegir sin mayores tropiezos a Enrique Jackson. Él mismo le invirtió una muy importante cantidad de recursos, sobre todo en la televisión. Igual Eduardo Bours. Recuerdo que fue debido a eso que se quejó públicamente López Obrador, argumentando el trato desigual, decía él, que le daban los medios, cuestionando sus gastos de campaña, sin reparar en las enormes inversiones de Eduardo Bours y Enrique Jackson. Y aun así, Jackson fue derrotado por Montiel.

Lo más importante, sin embargo, es que olvidaron que Arturo Montiel había conformado a lo largo de seis años una poderosa estructura que llamó "Fuerza Mexiquense". Un instrumento que lo mismo estaba ayudando a los candidatos locales, a diputados, a presidentes municipales, a gobernadores. Llegó así a tener una presencia muy importante, y como grupo respondía directamente a Montiel. Entonces, cuando llegó la elección interna del TUCOM, los demás aspirantes habían perdido completamente de vista que él disponía de una estructura real en el territorio nacional que no dependía de los gobernadores, ni de los comités directivos estatales. Era una estructura electoral nacional a su servicio desde el Estado de México, formada por él durante los seis años de su gobierno.

Arturo Montiel era sin duda el que menos posibilidades tenía dentro del TUCOM, pero era también el que más conocía al partido. Y por eso fue muy práctico, se preocupó menos de los "notables" y más de la militancia.

¿Y el caso de Enrique Martínez y Martínez?

Él logra un avance muy importante entre los "notables". Lo veían como un hombre serio, responsable, y mira lo que son las cosas: le divide votos a Jackson, porque le disputa a los "notables". Jackson, por su parte, siendo el líder de la cámara alta, confió en que sus senadores iban a hacer campaña en su favor, sin reparar en el hecho de que muchos de sus senadores dependían por completo de los gobernadores, y es muy complicado que un senador pueda hacer campaña sin el visto bueno de su gobernador. En cambio, la estructura de base de "Fuerza Mexiquense" era real y no dependía para nada de los gobernadores. La operaban desde el Estado de México. Y fue, creo yo, un factor importantísimo en la victoria de Montiel dentro del TUCOM.

Déjame volver a un punto que dejamos atrás. ¿A qué atribuyes que Eduardo Bours, finalmente, decidió no votar por Enrique Jackson?

Hay una pista que en su momento dio Jorge G. Castañeda. Recordarás que Castañeda buscaba convertirse en candidato independiente a la Presidencia de la República, y para ello consideró válida la ley aprobada por el Congreso local del estado de Sonora, que reglamentaba las candidaturas independientes. Bueno, con base en eso, Castañeda llegó a comentar, con mucha agudeza, que esa era una ley a modo para el TUCOM, pues Eduardo Bours guardaba así un "as" bajo la manga. De modo que si Jackson resultaba derrotado en el grupo, él mismo podría postularse como candidato independiente a la Presidencia de la República.

¿Y qué piensa Roberto Madrazo del comentario de Jorge G. Castañeda?

Que es real y muy agudo, al revelar que el gobernador de Sonora traía su propio juego. No hay que olvidar que después será el presidente Vicente Fox quien junto con Elba Esther Gordillo buscará lanzar a Bours como una "tercera opción" dentro del PRI. Puede haber mucha especulación en esto, pero lo cierto es que Bours traía su juego, y no era el de Jackson, obviamente.

Volvamos a la victoria de Montiel sobre Enrique Jackson. ¿Era Arturo Montiel el mejor candidato que podía escoger el TUCOM?

Me parece que entre los dos hubiera sido mejor Jackson. Siempre pensé que era más candidato para elevar la preferencia electoral del partido, porque de lo que se trataba era de que el partido terminara el proceso electoral interno en mejor posición. Sin embargo, el más consistente, el más hecho, el más preparado era Enrique Martínez y Martínez, más fraguado, con mejores resultados de gobierno en el estado de Coahuila. Un hombre muy bien aceptado por la gente, por los empresarios de todos los niveles en el país. Un político serio, con oficio, confiable. Con una visión moderna que sabe a dónde hay que ir. Un hombre no de conflictos, no de tenebras, claridoso y sin vericuetos en su forma de ser.

¿Y qué pasó con Enrique Martínez y Martínez que no llegó adentro del TUCOM?

A Enrique Martínez le faltó tiempo. Empezó tarde. Y eso pesó. Sin embargo, quien lo conocía, sin duda votó por él, porque es un hombre valioso.

¿Contó Montiel con apoyo, con recursos o con alguna liga directa con Elba Esther Gordillo?

Sí. Pero al final se pelearon.

¿No fue entonces Montiel uno de los candidatos de Elba Esther Gordillo en el TUCOM?

No, siempre fue Jackson, sin duda. Aunque al final, cuando resultó que Arturo fue elegido precandidato del TUCOM, entonces ahí ella apoyó a Montiel. El problema con Arturo se presentó cuando Elba vio que él no estaba a favor de que ella fuera la presidenta del partido. La verdad es que ella esperaba que Arturo presionara para pasar directo a la presidencia nacional del PRI. Entonces cuando se dan los desencuentros entre Mariano Palacios, Montiel y Rodríguez Barrera, y entre Elba y yo, entendió ella que, definitivamente, no contaba con Montiel para ganar la dirigencia del partido y entonces rompió con él.

¿Cómo que "definitivamente"?

Sí, porque las facturas pendientes entre Elba Esther y Arturo Montiel venían desde mediados de 2003, cuando Arturo le comentó a algunos gobernadores que no estaba de acuerdo con que ella fuera la coordinadora de los diputados del PRI en la Cámara. Elba Esther se enteró y le pidió a Eduardo Robledo Rincón que le dijera a Montiel que eran "fregaderas", y que se iba a arrepentir del comentario. Por eso digo que después, cuando Montiel se opuso por segunda ocasión, esta vez para impedir que asumiera como presidenta del partido en 2006, ya no lo perdonó, "definitivamente".

¿Y eso de que "Montiel se va a arrepentir"? ¿Qué pasó con la factura pendiente?

Se la cobró en cuanto Enrique Jackson perdió al interior del TUCOM. Hoy todo el mundo sabe que ella, Fox y Marta Sahagún filtraron a Televisa los documentos que acabaron a Montiel como precandidato del grupo.

En esto los propios legisladores del PAN no me van dejar mentir, porque a principios de octubre de 2005 el propio diputado panista Germán Martínez Cázares le decía a todo aquel que lo quisiera oír en la Cámara, que el día 10 de octubre de 2005 había sido la fecha elegida por Vicente Fox y Marta Sahagún para que Televisa filtrara las revelaciones contra Arturo Montiel. Y en efecto, fue ese día cuando, en un solo paquete de filtraciones, golpearon a Montiel, a Roberto Madrazo y al PRI en pleno proceso de selección de su candidato. Toda una estrategia para sacar de las notas principales de los medios el pleito entre los precandidatos del PAN y el tema de los hermanos Bribiesca Sahagún.

Y esto no es todo. Ahí está también el comentario de Jorge G. Castañeda a la periodista Olga Wornat y a su esposo Joseph Contreras, donde el ex canciller coincide con lo dicho por Martínez Cázares, en el sentido de que Televisa se vio obligada a difundir la información que recibió del gobierno, de Marta Sahagún, para desviar la atención nacional contra el PRI. Cito al ex canciller Castañeda porque en su comentario reconoce que no fue Madrazo quien filtró lo de Montiel, sino que Televisa se vio obligada a difundir la información en cuanto le llegó.

Fue un episodio planeado. Porque después, cuando Víctor Trujillo dio a conocer las irregularidades de Arturo Montiel en el noticiario *El mañanero,* en ese mismo programa realizó una encuesta entre el público para conocer quién podría ser una "tercera opción" como candidato del PRI a la Presidencia de la República, descartando así, de un solo golpe, a Montiel y a Roberto Madrazo. Entonces, queda claro el origen de la mala imagen, la mala prensa y, como se dice, los "negativos" de Madrazo.

Regreso al proceso interno. ¿Cuáles eran los argumentos o las exigencias del TUCOM para cuestionar la precandidatura de Madrazo a la Presidencia de la República por el PRI?

El TUCOM exigía que Madrazo se retirara de la dirigencia del partido para que no fuera juez y parte en el proceso interno. Ese mito del que hablamos antes. A mí me parecía no sólo inconsistente, sino también muy incongruente. Porque si era válido el argumento, ellos mismos eran juez y parte como gobernadores.

Ellos decían algo así: "Que renuncie Roberto, pero nosotros seguimos en nuestros cargos". Fue cuando hice una propuesta todavía más radical, y más equitativa: "Vámonos todos, que Enrique Jackson deje la coordinación del Senado, los gobernadores sus gubernaturas y Roberto Madrazo la presidencia del partido". Y concluí ahí mismo: "Así ya hay equidad, todos nos separamos de los cargos, nadie es juez y parte, y todos le entramos parejos a la contienda interna". Fue tan radical e inesperada mi propuesta, que Enrique Jackson, antes incluso de terminar la comida, se levantó y se fue de la reunión.

¿Abandonó la reunión? ¿Así nomás?

Se levantó y se fue. Aunque en el momento en que se retiraba fue reconvenido por algunos miembros del grupo, que le preguntaron a dónde iba, y entonces Jackson contestó que tenía otras cosas más importantes que hacer. Le preguntaron si a partir de ese momento iba a aceptar los acuerdos a que se llegara en la mesa de trabajo, que si no los iba desmentir después, a lo que Jackson respondió que aceptaría los acuerdos. Pero se fue de la comida.

¿Así fueron las reuniones de Madrazo con el TUCOM en pleno? ¿O fueron cordiales?

El ecualizador político que hubo en todas las reuniones fue Tomás Yarrington. Él jugó un papel muy importante, porque no permitió nunca que se rebasaran los límites. De manera muy cuidadosa, cuando las circunstancias se tensaban, intervenía y suavizaba. Pero, el más ausente, en efecto, fue Jackson. O estaba ausente, o estaba un rato y se iba, o estaba, pero muy ajeno. Como que se sentía muy confiado de que iba a ganar al interior del TUCOM.

Recuerdo haber leído en los medios, en algún momento, algo así como que habías tomado la decisión de renunciar a la presidencia del PRI… Incluso se hablaba de una fecha precisa…

Llegó a manejarse en los medios. Y es que al final de esa serie de reuniones llegamos a un consenso: fijamos efectivamente la fecha del siguiente Consejo Político, donde yo iba a renunciar a la dirigencia nacional del partido. Y fue curioso, porque cuando convoco a la sesión preparatoria del Consejo para darle cumplimiento al acuerdo, fue el propio TUCOM, en voz de Enrique Martínez y Martínez, el que me pidió que no renunciara, dado que no había condiciones para que Madrazo dejara la presidencia del PRI. Todo esto está en los medios. Fue público. Ahí está.

¿Tiene alguna explicación el cambio de posicionamiento del TUCOM con respecto a Madrazo, o al tema de que es "juez y parte" del proceso interno?

Quizá una. Venían de ver a Elba Esther Gordillo en San Diego. Entonces me pidieron que me quedara al frente del partido. Para mí fue un cambio radical: pasaban de la exigencia del "juez y parte", al "No te vayas, Roberto, porque no hay condiciones". Aunque en seguida mostraron la señal de fondo: "Hay que esperar a que Elba Esther mejore su salud y pueda estar presente para que diga qué quiere". ¡Salió el peine! Y así nos llevamos un mes, poco más, en esa circunstancia, a la que se sumó otra: una larga discusión acerca del método para elegir al candidato presidencial.

Con esa reunión donde el TUCOM te dice: "Quédate, Roberto", ¿se termina la exigencia de que debes renunciar a la presidencia del partido, o empieza otra: la exigencia de que debes renunciar a ser candidato?

La primera, "renunciar a la presidencia del partido", se termina en el interior del TUCOM, pero la continúan en los medios de comunicación, manejada como un "agandalle". De ahí nace la frase de Elba Esther: "Roberto se agandalló el partido". En lo cual fueron muy frontales Manuel Ángel Núñez y Eduardo Bours. Lo segundo, "renunciar a ser candidato", fue lo mismo: bajo perfil dentro del TUCOM, pero mucho golpeteo en los medios: "Roberto Madrazo no es el mejor candidato". Y así todo el tiempo.

Cuando dices coloquialmente "salió el peine", ¿a qué te refieres, cuál es el sentido? Me gustaría que fueras más directo.

Me refiero a la mano que mecía la cuna. Elba Esther había comenzado ya a manejar los hilos del TUCOM y necesitaba tiempo, obviamente sin apartar el dedo del renglón: reventar al PRI y a Roberto Madrazo. Hay un dato contundente al respecto, un hecho innegable: la comida que llevaron a cabo Elba Esther y los gobernadores del TUCOM con el presidente Fox en la hacienda La Concepción, propiedad del gobierno de Hidalgo. Ahí el tema de fondo fue la elección del candidato del PRI a la Presidencia de la República. Me pregunto, y se lo preguntaron los priistas: ¿qué hacían esos gobernadores del partido, qué hacía nuestra secretaria general discutiendo la vida interna del PRI con el presidente de la república, que era del PAN? No había duda, Elba Esther —aunque el TUCOM lo negaba— había regresado a México, entre otras cosas, para manejar los hilos del grupo en la dirección que a ella le interesaba.

Permíteme regresar al tema del "quédate, Roberto", pero recombinado así: "¡Quédate en el PRI, pero renuncia a la candidatura!" ¿Era esa la tirada en el cambio de postura del TUCOM frente a Madrazo?

Hay un viraje muy importante en la comunicación en esos días. El TUCOM, o una parte del grupo, se mueve en los medios y logra que la mayor parte de las columnas periodísticas opere conforme a la fracción de Jackson, sembrando una nueva idea: que por el interés superior de que el PRI gane la Presidencia, Roberto Madrazo debe permanecer como presidente del PRI durante toda la contienda presidencial, para dar paso a que surja un candidato viable —el propio Jackson, desde luego— como candidato del PRI a la Presidencia de la República. Es una suerte de segundo viraje del TUCOM, donde aparece el binomio Jackson-Madrazo como la solución para ganar la Presidencia de la República. Lo filtraron como un acto supremo de responsabilidad de Madrazo, al sacrificar su aspiración personal a la candidatura para seguir al frente del partido. El fondo era el mismo: sacar a Madrazo de la contienda interna, impedir a toda costa que Madrazo fuera el candidato del PRI a la Presidencia. No querían —y en eso Elba era punta de lanza— un candidato del PRI como Madrazo, independiente de los planes de Vicente Fox y Marta Sahagún.

¿Hubo algún gobernador que jugara un papel central o determinante en el TUCOM, algo así como la segunda voz del coro de Elba Esther?

Natividad González Parás, el gobernador de Nuevo León. Él siempre quiso tener un papel muy central en todo lo que hacía el TUCOM. El vocero era Genaro Borrego, que luego, en la campaña presidencial, se fue a apoyar a Felipe Calderón abiertamente. Pero quien manejaba los tiempos y el esquema era Natividad, desde luego a favor de Jackson, buscando en todo momento aislar a Montiel. Hay al respecto un detalle muy revelador: cuando fuimos a Coahuila al acto de toma de protesta de Humberto Moreira como candidato a gobernador, a Enrique Jackson lo subieron al presídium y a los demás miembros del TUCOM los dejaron abajo. Eso molestó mucho a Arturo Montiel. Eran señales muy claras de cómo Natividad manejaba las cosas en el TUCOM. Después fuimos a la comida, adonde llegó Elba Esther por primera vez desde San Diego. En esa comida estuvimos Mariano Palacios, Rodríguez Barrera, todo el TUCOM y yo. Ahí Elba se plantea como una opción de unidad dentro del partido: "Mi presidencia es la unidad del PRI. Soy la única capaz de unir al PRI". A lo que Mariano Palacios con mucho valor le contestó: "Usted no une al PRI. Usted lo divide. Usted no es factor de unidad del partido. ¿Cómo va a ser factor de unidad una persona que creó otro partido político? ¿Cómo va a ser factor de unidad una persona que se ha dedicado a desprestigiar al PRI, a sabotear las candidaturas de nuestros compañeros?" Fue una reunión difícil, donde Elba Esther empezó a sentir que no estaba tan fácil llegar a la dirigencia del partido. Incluso el propio Jackson tampoco vio la suya tan fácil.

Finalmente el TUCOM elige a Arturo Montiel. ¿Qué clase de adversario ve Roberto Madrazo en Arturo Montiel?

Un adversario fuerte. Con presencia nacional. Él venía de

ganar con Enrique Peña en la elección local en el Estado de México, y como segundo triunfo venía de vencer al TUCOM. Entonces traía un buen ambiente. Montiel era un gobernador económicamente muy poderoso y con una estructura nacional fuerte y eficaz. Un candidato con el que podíamos haber tenido una buena contienda interna, pero a quien el propio TUCOM —ya con Elba Esther a la cabeza y en contubernio con la "pareja presidencial"— deshace por medio de una jugada que busca destruir al PRI y a Roberto Madrazo. Todo de una sola pedrada. Yo diría que el golpe es tan certero que acaba con Arturo en unos cuantos minutos en el programa mañanero de Víctor Trujillo, de Televisa.

El golpe fue a Montiel —dices tú—, pero dirigido a destruir, sobre todo, a Roberto Madrazo. ¿Tiene Madrazo alguna evidencia en ese sentido?

He mencionado a Jorge G. Castañeda porque él sabe cómo estuvo el asunto, y por eso le confió a Olga Wornat que el plan de Vicente Fox y Elba Esther consistía en impulsar a Eduardo Bours como la "tercera opción" en el PRI, una vez caídos Montiel y Madrazo. Era un plan ya en marcha, puesto que Fox había encargado al presidente del Grupo Pulsar, Alfonso Romo Garza, la promoción del gobernador priista de Sonora. Más aún, el propio Romo Garza, por instrucciones de Fox, hizo un largo recorrido por el país, junto con Dante Delgado, para evaluar al gobernador priista Eduardo Bours como la "tercera opción". Por eso digo que el golpe a Montiel no sólo era un golpe contra Arturo. Tampoco una acción aislada, sino que formaba parte de la estrategia que buscó destruir a Roberto Madrazo y abrir con ello la puerta a un candidato a modo para Fox dentro del PRI.

¿Qué es un candidato "a modo"?

Un candidato débil, sin posibilidades de triunfo frente al candidato de Vicente Fox.

¿Cómo leyó Arturo Montiel lo que estaba pasando? Vamos, ¿advirtió Montiel lo mismo que veía Madrazo?

Arturo, creo yo, fue manejado en todo por Elba. Y en esa circunstancia hizo exactamente lo que en Los Pinos esperaban de él: culpar a Roberto Madrazo de los ataques personales que comenzó a recibir por su fortuna personal, sus propiedades y los negocios de sus hijos. A raíz de eso fue que me sentí prácticamente obligado a aclarar el asunto. Fui a un programa de televisión y decidí ser claro desde un principio. Dije que el peor enemigo de Arturo Montiel no era Roberto Madrazo, que el peor enemigo de Arturo Montiel se llamaba Arturo Montiel. Subrayé que Arturo se había metido solito en problemas, que en el fondo cargaba lo que finalmente resultó ser un largo sexenio de corrupción y desorden, en el que todo mundo estaba involucrado, y eso fue lo que aprovecharon Fox y Elba Esther para reventar su candidatura. Una casa que llamó "ruinas" resultó que era una mansión. Una casa en España, otra en París, una casa aquí y otra allá. Y acabó renunciando a la precandidatura del partido. No se pudo sostener. La verdad es que su gobierno, a lo largo de seis años, estaba muy cuestionado. Por la discrecionalidad de los hijos y por muchos problemas que había tenido en la administración pública local. Cambios permanentes en su gabinete: no duraban los funcionarios en el gobierno de Arturo. Mucho desorden. Faltó control.

Según esto, era evidente que Montiel tenía "cola que le pisaran". ¿Por qué entonces buscó la candidatura del PRI a la Presidencia de la República? ¿No era obvio que le iban a pegar?

Yo creo que él buscó la candidatura para protegerse. No veo otra explicación.

¿Y los miembros del TUCOM no lo sabían?

Todo mundo sabía, pero entre ellos no hubo claridad ni lealtad para evitar el problema. Se conocían las debilidades de unos y otros, pero mañosamente se tapaban. El propio

Bours, impulsado por Fox, tenía una historia larga de corrupción y nepotismo en su estado. Eso hoy está en todos los medios. En este sentido, también Bours era una carta débil como "tercera opción" dentro del PRI, pero era lo que querían Fox y Elba Esther, para facilitarle el triunfo al PAN en 2006. Ninguno de ellos puede argumentar que no sabía. Sin embargo, optaron por callar lo que era evidente en el TUCOM. Y Arturo era evidente. Después, cuando Montiel les ganó la candidatura, junto con Elba —que para entonces ya manejaba el grupo—, filtraron todo lo que tenían contra él. El TUCOM se había embarcado ya en la estrategia de la "tercera opción".

Pero también tú sabías lo de Montiel, o al menos lo sospechabas...

Siendo yo presidente del partido, permanentemente preguntaba si no había por ahí algún problema de carácter "personal", léase: corrupción. Algo que pudiera ser utilizado durante la campaña presidencial, porque de ser así nos iban a golpear con todo. Lo puse en la mesa en dos ocasiones y con toda oportunidad. "Vamos a revisarnos —los ocho, incluido yo— para que ninguno de nosotros pueda ser atacado." Pregunté puntualmente si no había riesgo en ese sentido. Y todo el mundo aceptó que lo no había.

¿Y Roberto Madrazo no corría el mismo riesgo que Montiel?

En política todos corremos riesgos, siempre. Y en mi caso quedó claro que mis adversarios nunca pudieron ir más allá de una descalificación por "gandalla", "mentiroso" y "seductor" —como dijo Elba Esther un día—, o por ser propietario de un departamento en Miami. Llegaron el extremo de buscar a mis ex esposas. No se detuvieron ni ante la vida íntima y personal de mis familiares, al grado de ofrecerles dinero a cambio de una declaración en mi contra. Me investigaron a fondo y no pasaron de "gandalla", "seductor" y "mentiroso". Desde Zedillo hasta Fox, Madrazo ha sido uno de los políticos más investigados de nuestro país, y no pasaron de eso.

Fue por esto por lo que se les vino abajo la estrategia de la "tercera opción". No tuvieron nada concreto para descarrilarme, algo fuerte y grave, un delito. De haberlo tenido me hubieran deshecho. Incluso, en uno de los dos debates, lo único que pudo exhibir Roberto Campa contra Madrazo fue un documento ilegal que jamás probó nada. Porque fue un simple golpe publicitario, que más bien al propio Campa lo tiene hoy acusado por un delito que se persigue de oficio.

Vamos a la entrevista de Madrazo con Joaquín López-Dóriga...

Joaquín se lanzó con todo. En los medios se había puesto a Madrazo casi en la misma situación que a Montiel. Quizá por eso Joaquín puso especial énfasis en la cuestión del departamento que tiene Roberto Madrazo en Miami. En esa entrevista se refirió directamente a ese asunto. Fue cuando advertí que era todo lo que tenían en mi contra. Entonces le aclaré que no era uno, que eran dos departamentos, y ambos perfectamente legales en todo sentido. Ahí murió el asunto. En términos de corrupción o algún delito, no tenían nada. Por la sencilla razón de que no hay nada. Y al gobierno, como a Elba Esther, le quedaron sólo tres palabras: "gandalla", "mentiroso" y "seductor".

¿Animado con qué sentimientos o emociones llegó Madrazo a la entrevista con Joaquín López-Dóriga?

Animado con un solo propósito: aclarar de tajo el asunto. Porque yo no podía aceptar que Arturo me culpara de lo que sólo él era responsable. Él tenía que asumir su responsabilidad y no desviar la "pelota caliente" a mi cancha. Y no estuve dispuesto a permitirlo.

¡Te molestaste!

Me encabroné, cómo no. Si Arturo parecía marioneta, actuaba sin control propio, como si le dictaran el guión desde Los Pinos.

Arturo Montiel soltó el tema en Coahuila. Recuerdo que lo hizo muy descompuesto, físicamente digo, con un aspecto personal algo descuidado y después de tener a López-Dóriga retrasando su aparición en el noticiero.

Es cierto. El asunto lo disparó Montiel en una entrevista que le concedió a López-Dóriga, desde Coahuila, para su noticiero de la noche. El TUCOM, con todos sus miembros, estaba allá, y desde allá me señalaron como el responsable de lo que le estaba pasando a Montiel.

Se sabe que en la mañana de ese día tuviste una reunión importante con Montiel en sus oficinas de Avenida de Las Palmas en la ciudad de México. ¿No la vio venir Roberto Madrazo desde ese momento?

No, porque a esas horas, antes de que Arturo partiera por la tarde a Coahuila, platicamos sobre lo que estaba pasando, y lo hicimos muy cordialmente. Ambos convinimos en que era evidente que el gobierno federal traía una estrategia muy bien elaborada para descalificar a los precandidatos del PRI. Dijimos que hoy era él, y que mañana iba a ser yo el descalificado, que de eso no nos libraríamos ninguno de los dos, y que era claramente identificable la mano del gobierno de Fox golpeando al partido. En esos meses, el PRI estaba mejor posicionado que cualquier otro grupo político. Así que no la vi venir. Montiel parecía tener claro el tema.

Entonces, ¿qué pasó en Coahuila?

Yo creo que bajo la presión del grupo, en Coahuila Arturo perdió claridad y no comprendió la dimensión, los alcances, de lo que comentó en el programa de López-Dóriga. Azuzado y "cilindreado" por Elba Esther —quien por cierto se encontraba en Coahuila—, Montiel cayó presa de su debilidad de carácter. Él tiene ese problema, y debido a eso cambiaba permanentemente de opinión, de criterio, de decisión. Y Elba lo manejó como quiso esa noche. Después López-Dóriga, un periodista inteligente y agudo, le puso la palabra "Madrazo" en la boca y Montiel cayó en el garlito.

*Te decía que la entrevista de López-Dóriga a Montiel se retrasó varios
minutos. Montiel, por alguna razón, no aparecía a cuadro. Finalmente, cuando el noticiero estaba por terminar, salió y acusó directamente a Madrazo. ¿Sabes qué sucedía con Montiel, cuáles fueron los
entretelones en Coahuila?*

El TUCOM, o al menos una parte del grupo, había preparado todo con Elba. Pero algo pasaba con Arturo esa noche.
No sé bien qué. Yo creo que la trama estaba ya tejida por
ellos, porque veían en Arturo a un hombre manejable, pero
también muy voluble, muy cambiante. Así que no descartaría también que pensaran en un riesgo para ellos a la hora
de que Montiel estuviera con Joaquín en el noticiero. Lo
cierto es que, a fin de cuentas, lo aprovecharon y lo manejaron, aunque sólo los enterados del tema podían imaginar
lo que había detrás. Y lo que había es lo que dice Castañeda
que filtró el gobierno de Fox y que Televisa se vio obligada a
difundir.

¿No buscó Madrazo a Montiel después de la entrevista desde Coahuila?

Platicamos del asunto, todo esto después de la entrevista
de él y la mía con López-Dóriga. Y ahí, una vez más, convino
en que era el gobierno federal el que estaba filtrando información para golpearnos a ambos por igual. Pero, como te
digo, eso fue ya posterior. Hubo también un desayuno con
Arturo, en privado, donde estuvieron Manuel Gurría y Manuel Cadena, donde platicamos ampliamente de estos temas
y coincidimos en que el gobierno y Elba Esther eran los que
estaban actuando.

Él estaba consciente de que traía cuentas pendientes con
la "pareja presidencial". Algunos de sus colaboradores en el
gobierno del Estado de México habían levantado denuncia
penal contra la señora Marta Sahagún y el presidente por
entrometerse en las elecciones locales en 2003. A ello se agre-
gaban los desencuentros en Atenco, por el fallido aeropuerto
internacional de Texcoco. Arturo le había dicho al presidente Fox que el proyecto estaba listo, debidamente "plancha-

do". Pero, cuando el gobierno federal anunció la obra, se vinieron los sucesos que desataron la inconformidad de los ejidatarios de San Salvador Atenco y que prácticamente la echó abajo. Era el mayor proyecto del gobierno federal. Se acumularon conflictos y facturas políticas pendientes de cobro, y todo eso seguramente obró también en contra de Arturo al momento de la caída.

Cayó Arturo Montiel. ¿Y luego qué? ¿Qué pasó con el TUCOM?

El juego contra Madrazo siguió adelante. Tanto en el gobierno como entre los priistas del TUCOM se activó la consigna de "cualquiera, menos Madrazo". Ese es el momento en que aparecen los planteamientos que dicen: "Que se retiren los dos. Vamos a buscar un nuevo candidato, un candidato de unidad", juego que propició que algunos personajes tomaran la iniciativa, debilitando con ello todavía más al partido. "Un candidato que no sea ni Madrazo ni Montiel." El juego patético de la "tercera opción", con Eduardo Bours y Enrique Jackson peleando los dos por el apoyo de Elba Esther. Juego que dio pie para que apareciera Everardo Moreno, también al quite por la candidatura del PRI a la Presidencia. Era el circo de Los Pinos con una carpa también en el partido.

Circo o no, supongo que muy costoso para el PRI, en descrédito y en todo...

En gastos, en perder tiempo, en hacernos tontos solos al interior del partido. ¡Everardo no ganaba un distrito electoral! Pero fue idea del TUCOM con tal de distraer para que, tras la caída de Montiel, no llegara Roberto Madrazo a la candidatura del partido. Por lo demás, siempre los encuentros con el grupo tuvieron ese objetivo: cerrarme los caminos, ponerme entre la espada y la pared. Primero había sido "Puesto que eres presidente del PRI, no juegas", después: "Dado que vas a jugar, renuncia y deja la presidencia del PRI a Elba Esther". Y por último, orillarme a ver si yo caía en la tentación de reaccionar de forma autoritaria: "Voy solo, y se amuelan". Quitarme del PRI y quitarme de la jugada de la candidatura. A eso se reducía todo. ¿Por qué? Porque el PRI y Roberto Madrazo les iban a ganar la elección. ¡Ya les habíamos ganado todo entre 2002 y 2005! El peor escenario para Fox era el regreso del PRI al poder, puesto que había fundado su gloria y trascendencia en haberlo sacado "a patadas" de Los Pinos. Cargaría así con una derrota histórica.

¿Eran amigos Arturo Montiel y Roberto Madrazo?

Tuvimos muchos desencuentros durante los seis años de su gobierno, acercamientos y alejamientos. Nunca nos herimos en lo personal, salvo cuando él me atacó directamente, y yo le contesté también en lo personal en la televisión. Fue la única vez. De ahí en fuera no había mayor indisposición, aunque Arturo tenía un "perro de caza" que se llamaba Isidro Pastor, quien permanentemente operaba la consigna de golpear a Roberto Madrazo.

¿Por qué Montiel no fue candidato a senador para la actual legislatura?

Era imposible que Arturo fuera candidato a senador o a cualquier otro cargo. No pasaba. Él mismo entendió que lo más sano era su retirada para que se calmaran las aguas y el ambiente político, a fin de aclarar lo que hubiera que aclarar. Y el único que podía hacerlo era él. Nadie más podía hablar por Arturo Montiel.

¿Cómo se da la declinación final de Arturo Montiel como precandidato del PRI a la Presidencia de la República?

El día que Arturo decidió renunciar, yo tenía que ir a los estados de Guanajuato y Querétaro, y me pidió el presidente del partido, Mariano Palacios, que me quedara para platicar con Montiel. Ahí se dio un encuentro y después anunció Arturo que se retiraba. Tuvo una atención conmigo: me platicó, antes de ir al PRI, que iba a renunciar a contender por la candidatura del PRI, porque no había condiciones para sostenerla. Esa reunión fue en la casa del hijo del secretario general de gobierno del Estado de México, Manuel Cadena, un político muy profesional, muy completo.

¿Cómo fue la reunión con Mariano Palacios en la que Arturo Montiel declinó?

Yo diría que fue triste, porque se dio cuenta Arturo, tardíamente, de que lo habían usado, de que era el gobierno federal el que nos estaba golpeando a todos, y que su defensa había sido equivocada al enfocar las baterías contra sus compañeros de partido y no denunciar lo que estaba pasando con el gobierno de Fox. Pero déjame precisar una cosa: al renunciar Montiel, el TUCOM sacó la idea de un tercero. Fue cuando filtraron el nombre de Eduardo Bours, y después el de Beatriz Paredes y Enrique Jackson.

El problema es que Madrazo dividía al PRI. Y en tales circunstancias no era competitivo.

Es lo que se dijo para justificar un tercero. Lo cierto es que Madrazo había tomado a un PRI prácticamente destruido y desencantado tras la derrota del 2000, para hacer un partido competitivo y ganador desde ese momento y consolidado en 2005. ¿Qué evidencia real existía para afirmar que Roberto Madrazo dividía al PRI? Ninguna. Lo que había era un hecho contundente: Madrazo había recuperado y levantado al PRI. Lo había unido parte por parte, de arriba abajo, de norte a sur, de lado a lado. Y por eso el PRI era entonces la más clara opción de gobierno para 2006. Muy por arriba de los otros partidos al inicio de la campaña.

En ese contexto, ya sin Arturo Montiel, ¿pasa por tu cabeza la idea de tener franca la candidatura del PRI a la Presidencia de la República?

En cierto modo sí, porque al renunciar Montiel se descartaba un competidor que concentraba mucho poder y recursos. Pero la idea de un "tercero" estaba viva y anunciaba una nueva batalla dentro de una "guerra", que no conocería final ni aun cuando Roberto Madrazo alcanzara oficialmente la candidatura del PRI a la Presidencia de la República.

Beatriz Paredes

¿Cómo ve Roberto Madrazo la figura política de Beatriz Paredes?

Beatriz y yo competimos por la dirigencia del partido en 2002, y después, a medida que se acercaba la fecha para que el partido decidiera la candidatura presidencial de 2006, Beatriz jugó un papel importante. Debo reconocer también que cuando la invité a participar en el Comité Ejecutivo Nacional del partido, lo hizo con entusiasmo, con emoción, con gran pasión. Se incorporó y presidió la Fundación Colosio. Y a medida que se acercaban las fechas, ella semblanteaba el ambiente, lo pulsaba, lo sentía, medía sus posibilidades para determinar si competía o no por la candidatura presidencial del partido.

Y al final no compitió. ¿Sabes por qué?

Creo que se desanimó. Y lo que desanimó a Beatriz de participar en la contienda interna fue la creación del TUCOM. Porque se dio cuenta de que los gobernadores del norte, que eran los gobernadores, digamos, "modernos", en la concepción de ella, ya se habían unido en torno a la figura de Enrique Jackson.

¿Crees tú que Beatriz se desanimó por eso?

Sí, porque los gobernadores, aquellos que ella consideraba más cercanos en afecto, no iban a estar con su eventual candidatura, y entonces concentró su atención en competir por la jefatura de gobierno de la ciudad de México.

¿Llegaste a establecer algún tipo de acuerdo con Beatriz Paredes ya como candidata a la jefatura de gobierno?

Llegamos a compromisos muy concretos. Necesitábamos elevar la votación del Distrito Federal a un millón de votos, y Beatriz ya como candidata lo logró. Contó ella con la absoluta responsabilidad de organizar al partido en el Distrito Federal, la selección de los candidatos, la conformación de las cámaras, la federal y la del Distrito Federal, la Asamblea, y lo hizo muy bien. Ella logró, en medio de aguas muy turbulentas en la ciudad de México, transitar sobre un escenario muy complejo. Baste recordar que tardamos dos años en posicionar a María de los Ángeles Moreno en la presidencia del PRI en el Distrito Federal. Una cantidad de tiempo impresionante, pero finalmente alcanzamos el objetivo de que María de los Ángeles fuera la dirigente del partido, porque era la personalidad más adecuada, la mejor para romper intereses y lograr convergencias de las diferentes expresiones y corrientes políticas en el Distrito Federal.

Durante la campaña circuló amplia y abiertamente la idea de que Beatriz Paredes había decidido no "contaminar" su candidatura ni con los emblemas del partido ni con la figura de Roberto Madrazo. ¿Qué hay sobre eso?

Hay quienes lo interpretaron de esa manera. Lo cierto es que Beatriz, cuidadosa del proceso en el Distrito Federal, decidió construir su candidatura de una manera novedosa y diferente a la tradicional. No desde adentro del PRI, sino más bien desde la sociedad, para luego convertirse en la candidata del PRI. Fue una decisión táctica y estratégica muy inteligente, orientada a abrir brecha contra el prejuicio antipriista en la ciudad de México. Y el resultado fue que hizo mucho más atractiva su personalidad, al grado de que grupos originalmente antipriistas comenzaron a apoyarla. Establecimos que no era bueno juntar nuestras campañas desde el principio, que lo mejor era que ella siguiera trabajando en la línea de la sociedad civil, y yo dentro del partido. Esto fue exitoso, porque Beatriz logró importantes acercamientos con grupos ajenos al PRI —algunos totalmente ajenos—, y lo logró con un lenguaje distinto, fresco, novedoso, con la claridad de un proyecto de gobierno para la ciudad. Con la sencillez que la caracteriza, Beatriz aterrizó bien en el Distrito Federal y se metió al cien por ciento en la ciudad de México. Obviamente, nunca fue la de Beatriz una estrategia contra el partido ni contra Madrazo. Aunque en los medios, conviene subrayarlo, se percibió y se explotó de esa manera.

¿Cómo evaluarías el binomio constituido por dos mujeres como Beatriz Paredes y María de los Ángeles Moreno?

Siempre he reconocido que Beatriz tiene una gran capacidad de trabajo. Sólo necesita encender el motor de la motivación y ya, porque cuando está motivada es imparable. Y en esta ocasión, creo que estuvo lo suficientemente motivada como para meter a la sociedad en la campaña, y lo logró. En paralelo, María de los Ángeles rompía los viejos intereses caciquiles del priismo del D. F., desde luego con todo el costo que ello implicaba, pero con una gran congruencia política con su posicionamiento personal en el ala progresista al interior del partido. Los tres estábamos convencidos de que la ruptura de esos cacicazgos tendría, en todo caso, un menor costo que mantenerlos dentro del partido. Fue así como Beatriz logró el millón de votos con que se había comprometido.

Teníamos también un segundo compromiso: si ella no alcanzaba el triunfo y yo sí como candidato a la Presidencia de la República, Beatriz iba a ser un miembro muy importante en el gabinete de Roberto Madrazo. Fue un compromiso muy puntual. Y así trabajamos, con entusiasmo y con una estrategia concertada, alegre y novedosa, porque así es Beatriz Paredes. En tanto, María de los Ángeles aportaba su experiencia en la ciudad de México, su temple y su carácter, que es muy sereno, sobre todo en las situaciones complejas, como era el caso.

Te pregunto: ¿cómo fue la integración entre Beatriz Paredes y Roberto Madrazo? ¿Fue fácil, difícil, forzada, áspera o suave?

Comentábamos juntos este tema. Ella y yo siempre hemos estado, por azares del destino, por las circunstancias y por nuestras convicciones, en posiciones encontradas desde nuestra participación juvenil. Nunca hemos estado del mismo lado en una competencia dentro del partido. Siempre compitiendo, ella con un grupo, yo con otro. Ella siendo cabeza, yo del otro lado. En esta ocasión, sin embargo, hicimos equipo, y debo reconocer que la estrategia dio frutos. Desde luego, desconcertaba a quienes internamente conocían esta historia. Pero Beatriz sabía bien cuál era su tarea y yo la mía. Ella llevaba al candidato Madrazo, sin mencionarlo, a una mejor percepción electoral, y así contribuyó a construirle una imagen atractiva a Roberto Madrazo en el Distrito Federal, que era el lugar donde más débil estaba. El reto no era sencillo, sin embargo, Beatriz fue facilitándolo en esos círculos de la sociedad, a los que posteriormente comenzamos a tocar de común acuerdo. Al final fue mucho más fácil, porque Beatriz ya se había reunido con ellos, promoviendo la imagen de que el país necesitaba liderazgo, proyecto, rumbo, mano firme, seguridad, y eso facilitó mucho la tarea. Se hizo una dupla muy interesante en el Distrito Federal, en donde por primera vez trabajábamos juntos, después de tantos desencuentros políticos. Agotábamos horas y horas de charla. Por lo demás, siempre es muy ameno charlar con Beatriz, porque es una mujer culta, preparada.

¿Por qué crees tú que siendo tan culta y preparada no llegó a la candidatura del PRI a la Presidencia de la República?

En mi opinión no se le dieron las condiciones, aunque está preparada, sin duda. Las cosas internas del partido no se le dieron. Después asumió de muy buen talante su responsabilidad en el D. F., una misión compleja, porque éramos la tercera fuerza electoral y a veces la cuarta en la capital del país. Hay que considerar que el PRI en el Distrito Federal se caracteriza por tener una estructura muy envejecida, anquilosada, con poca capacidad de movilización y muy poca flexibilidad para la incorporación de cuadros nuevos. Así, en tales condiciones, el trabajo de Beatriz durante la campaña adquirió todavía más relevancia, sobre todo porque la estructura del PRI en la ciudad de México fue prácticamente cooptada por el gobierno capitalino, por René Bejarano y Armando Quintero, y lo que queda del PRI es lo más viejo, con una estructura caciquil y clientelar. Imagínate entonces el trabajo de Beatriz para alcanzar la votación que le aportó a la campaña presidencial. Enorme, para decirlo con una sola palabra.

Pero, ¿cómo estuvo eso de que no se dieron las condiciones para que Beatriz Paredes fuera la candidata del PRI a la Presidencia?

El problema, como te decía, es que sus apoyos más importantes ya estaban comprometidos. Por un lado, algunos gobernadores, como Natividad González Parás, Ismael Hernández, Eduardo Bours, Arturo Montiel, Eugenio Hernández, el propio Eugenio Reyes Baeza, y por otro, los sectores del partido y algunas organizaciones como la CTM, la CNC con Heladio Ramírez, también estaban ya comprometidos. Por eso digo que las condiciones, en ese momento, no se le dieron a Beatriz. Pero no por falta de capacidad o de talento, sino porque la política es circunstancial, y en esas circunstancias no tuvo de su lado los soportes institucionales del partido.

Déjame decirte que más de una vez pensé que si en el partido los obstáculos para alcanzar la candidatura resultaban insalvables para Roberto Madrazo, el candidato debía salir entre Beatriz Paredes y Manlio Fabio Beltrones.

Manlio Fabio es actualmente uno de los políticos mexicanos más experimentados, y con mayor oficio político de Estado. Con su conocida sensibilidad para la concertación, hoy el partido está contribuyendo a la construcción de la gobernabilidad que el país necesita. Por eso pensé también en Manlio como un candidato presidencial alternativo del PRI. Y porque su formación de economista, aunada a su visión social, lo hacen hoy el mejor economista político del partido y, sin duda, uno de los mejores del país. Especialmente hoy, cuando lo que se requiere para lograr el desarrollo que demandan los mexicanos es, de entrada una visión de economía política y no sólo la que privilegia el funcionamiento de los mercados, a fin de alcanzar los equilibrios sociales que tanto deseamos.

¿Y entonces por qué no te hiciste a un lado? De hecho, los obstáculos para tu candidatura aparecieron. ¿Por qué no le abriste el camino a uno de los dos?

Porque los "obstáculos" procedían sólo de ciertas figuras del partido, pero no de los soportes institucionales del PRI, que se habían comprometido todos con Roberto Madrazo. Así lo constató el registro en el proceso de elección interna de mi precandidatura, sustentada por las dirigencias de 31 comités directivos estatales, con excepción únicamente de la de Sonora, donde gobierna Eduardo Bours. Estaban con Roberto Madrazo la Confederación Nacional Campesina, la Confederación Nacional de Organizaciones Populares, la Confederación de Trabajadores de México, el Organismo Nacional de Mujeres Priistas, el Frente Juvenil Revolucionario, el Movimiento Territorial y otros destacados órganos del partido. Por eso digo: si Roberto Madrazo hubiera encontrado obstáculos para reunir esos apoyos institucionales, yo me hubiera inclinado por Beatriz Paredes o bien por Manlio Fabio Beltrones.

CARLOS SALINAS DE GORTARI

¿Qué hay detrás de la relación de Roberto Madrazo con Carlos Sali-
nas de Gortari?

Un gran mito.

¿Un gran mito tus vínculos con Salinas de Gortari?

Bueno, hay una relación que yo nunca he negado entre
mi padre y don Raúl Salinas Lozano. Ambos trabajaron con
el presidente López Mateos. Mi padre en Tabasco y don Raúl
en la Secretaría de Industria y Comercio. Y se hicieron grandes
amigos. Los Salinas iban a Tabasco, a la Casa de Gobierno,
pasaban vacaciones en el estado y ahí nos conocimos. Pero
el amigo de Carlos Salinas es mi hermano, Javier Madrazo, el
arquitecto.

Yo no conocí bien a Carlos, sino hasta que fue secretario
de Programación y Presupuesto. Debo decir que en mi opinión, y en la de muchos, es un hombre muy inteligente, muy
preparado y bien formado, hecho para gobernar a un país
complejo y tan rezagado como el nuestro. Soy de los que
creen que Salinas hizo un buen gobierno y que le falló el último jalón. Mi opinión, también muy personal, es que Manuel Camacho lo llenó de miedos. A Salinas le impactó la
muerte de Colosio. No tengo duda de que quería que Colosio fuera el presidente. Ninguna duda. Pero le impactó mucho lo que pasó. En ese momento, quizá el país se le salió de

las manos. No puedo afirmarlo en forma categórica porque todo era de una complejidad muy grande. Me pregunto: ¿por qué en tales circunstancias no se le deshizo el país? Y la respuesta que encuentro es sencilla: ¡Salinas tenía el control! Por eso mismo después ganó Zedillo. Por eso tampoco hubo devaluación del peso cuando ocurrió la muerte de Colosio. Y me digo: México tenía gobierno. Eso ahora se ha perdido. México después del PRI carece de orden, de control, carece de gobierno.

¿Estuvo Carlos Salinas detrás de tu campaña presidencial en 2006?

Es parte del mito afirmar —desde luego sin ningún elemento— que Carlos Salinas estuvo detrás de mi campaña. Lo cierto es que lo conozco y que hablo con él, como lo hice cuando la muerte de Enrique, su hermano. También es cierto que tengo una relación de respeto por toda la familia, incluyendo a Raúl, por supuesto, para ser claro. Pero el mito es el mito, funciona a pesar de todo, terco como mula. De ahí viene el célebre aforismo de Einstein, ese que dice que es más fácil desintegrar el átomo que deshacer un prejuicio.

¿Te viste o no con Salinas durante la campaña? ¿Te interesan sus puntos de vista, aprecias su experiencia o con qué fin lo buscas?

¿Que si lo he visto? ¡Claro que lo veo! ¿Que si me interesan sus puntos de vista? ¡Cómo no! Cuando yo discutía sobre la competitividad me interesaba mucho su punto de vista. Voy a ir más lejos, me interesaba también el de Zedillo, pero él es "inalcanzable". Me interesaba el de Salinas, porque logró el acuerdo con el mercado más grande del mundo. ¡Cómo no me iba a interesar saber cómo le hizo! Quería conocer su opinión sobre el conflicto de Chiapas. Me interesaba saber qué pensaba sobre el manejo de la economía. Me importaba alguna clase de pronóstico acerca de qué tan rápido iba a alcanzar el pueblo de México el bienestar con una política económica como la que estábamos planteando nosotros. Salinas había dejado experiencias muy rescatables durante su gobierno. Yo nunca dejé de utilizar el programa de Solidaridad en Tabasco. La filosofía, el concepto de Solidaridad es lo mejor de ese proyecto, y por cierto también sus resultados. Me pareció un error que lo quitaran del resto del país. Por eso en Tabasco se mantuvo. Porque las cosas buenas hay que mantenerlas. Así que tengo una relación de respeto personal y de reconocimiento, y una valoración crítica de su gobierno, sobre todo con respecto a la perspectiva neoliberal en una sociedad como la mexicana. Lo demás es un mito que se ha ido haciendo con el tiempo. Salinas no es mi enemigo.

Entonces, ¿cómo ves desde hoy el sexenio de Carlos Salinas?

Como un periodo de progreso, de mucho avance, de consolidación económica, de respeto del mundo para México. Nos podíamos sentir orgullosos de ser mexicanos. Creo que ese fue un gran mérito de Salinas. Fue un presidente que llegó en condiciones difíciles, muy cuestionado, a Los Pinos, pero al final fue respetado por todos, porque logró sacar al país. Había un proyecto, una perspectiva. Hubo incluso indicadores mundiales sobre pobreza, economía, infraestructura, salud, que mostraban que México había despegado.

Con todo, Salinas no es la figura idealizada que sólo tuvo éxitos, tampoco la del villano ridiculizado constantemente. En este sentido, algo que jamás pensó Zedillo siendo presidente fue en las consecuencias de haber promovido y permitido la degradación brutal de la figura del presidente Salinas en las calles de nuestro país. Ha sido una autodegradación terrible de nosotros, un episodio de los más perversos y humillantes de los mexicanos contra nosotros mismos. El sexenio de Salinas fue un gobierno de claroscuros. Un presidente que tuvo aciertos, desaciertos, pero que en la balanza le fue bien, como no creo que le fuera bien ni a Echeverría ni a López Portillo, ni tampoco a Vicente Fox, que ha sido el peor de la historia moderna de México.

III. LA ELECCIÓN PRESIDENCIAL DE 2006

LA CAMPAÑA

¿Soñó o pensó Roberto Madrazo cómo sería su camino o cuán sinuo-
so podría ser para llegar a la Presidencia de la República?

Lo soñé y lo pensé en 1999. Lo tengo grabado. Porque ese
año comenzó lo más difícil del camino, y ya entonces era muy
complicado. Recuerdo que ese año, cuando competí en la
interna del PRI con Francisco Labastida, Ulises Ruiz diseñó
una gran estrategia. Tan exitosa que aun con todo el gobierno federal encima, con el presidente Ernesto Zedillo encima
y en contra, con los gobernadores y todo el aparato del partido alineado para frenarnos, aun así alcanzamos los tres millones de votos. Ya después, cuando perdimos, me entró una
preocupación muy grande, porque la gente me había dicho
en la campaña: "Si no eres tú el candidato del PRI, entonces
voy a votar por Vicente Fox". Y era explicable. En ese tiempo
la gente buscaba una alternativa de cambio, y todavía en ese
año, el 2000, la buscaba dentro del PRI. Y sucedió que al no
verla en el partido, al resultar Labastida el candidato, se decidió por una opción diferente, que a la postre fue Vicente
Fox. Y así levantó una buena votación entre los simpatizantes
del PRI que querían cambios y que no los veían con Labastida. Pero bueno, desde el principio, ya en 1999, sabía yo que
iba a enfrentar un camino muy complicado hacia la Presidencia de la República.

Después de esa experiencia, y ya de cara a 2006, ¿pensaste algu-
na vez que podrías perder la elección presidencial?

Nunca pensé perder la elección presidencial de 2006. Y
no era un acto de fe o de necedad. Estaba yo convencido de
que teníamos la propuesta más viable para el país. Quizá no
la más conveniente para el viejo PRI y algunos grupos de interés en torno al PRI, pero sí para el país. Teníamos que romper
viejos moldes, muchas posiciones tradicionales del PRI para
sacar al país adelante. Y así lo planteamos. Pero, sobre todo,
cómo iba a pensar que podíamos perder si el PRI era el partido mejor posicionado al inicio de la campaña. El PRI con
Roberto Madrazo se había levantado de la tumba y les había
ganado todo. Nada más entre 2003 y 2005 ganamos 12 gubernaturas, conservamos 18 de 26 que se disputaron, incrementa-
mos de 206 a 224 el número de diputados federales y ganamos
más del 60 por ciento de los ayuntamientos en el país. ¡Cómo
iba a pensar en la derrota en 2006! Y no era fe, eran números
reales, posicionamiento.

Estaba convencido de que si el PRI funcionaba como debía, y si operaba el equipo que tenía que operar, no teníamos
cómo perder. No había forma ante dos opositores como los
que estaban compitiendo. Uno, al que ya habíamos derrotado, que sabíamos perfectamente cómo actuaba, cómo pensaba, que repartía dinero. Y el otro que no crecía. Y que jamás
creció.

Nunca pensaste que podías perder, y sin embargo perdiste...

Perdimos. No hay vuelta de hoja. Fue más efectiva la estrategia del gobierno de Vicente Fox; al ubicarnos mediáticamente en tercera posición, de manera sistemática, soterró
la posición real que teníamos en los números. Tengo que reconocerlo. El gobierno, con ayuda de los medios, hizo que la
percepción ciudadana consolidara la idea de que estábamos
en tercer lugar cuando no era real esa posición. Acabó siendo real fabricada en los medios, algunos de los cuales jugaron
activamente en esa dirección. Fue así como la virtualización

de ese tercer lugar penetró en la opinión pública y esta acabó considerando que un voto para el PRI era un voto por una opción que no se iba a alcanzar, que no iba a remontar para ganar la elección presidencial. Crearon el escenario y lograron consolidarlo. Y no gané.

Me queda claro. Jamás pensaste que ibas a perder. Y tenías elementos o factores reales de tu lado. Sin embargo, ¿nunca advertiste un riesgo, algo que podía echar abajo la victoria, a pesar de tus números?

Todo indicaba que teníamos una posibilidad clara de victoria. Veníamos remontando y había pasado el proceso de Arturo Montiel; también habían sido superados otros problemas: el de Mario Marín, en Puebla, las dificultades previas con Elba Esther y los escollos internos para lograr la candidatura. Y el PRI seguía consolidado con un margen de preferencia electoral muy importante a su favor. Después de todo lo que habíamos vivido, seguíamos muy por arriba de los otros partidos.

Sin embargo, cuando nuestros gobernadores habían concluido su cabildeo para nominar a sus candidatos al Congreso de la Unión apareció entonces la primera señal de que podíamos perder. No era cosa menor. Era muy grave, porque la distorsión provenía de las entrañas de nuestros acuerdos internos fundamentalmente como partido. El riesgo se presentó al arrancar en los estados las campañas en fórmula entre el candidato presidencial Roberto Madrazo y los candidatos locales al Congreso federal. Ahí comenzamos a ver que en algunos estados el candidato presidencial era arropado sólo formalmente en ocasión de su jira de campaña, sin que hubiera una operación política real con las bases y dirigencias territoriales del partido. Aparecía así una primera señal interna de que Madrazo podía perder porque para los candidatos locales en fórmula, al parecer, no constituía una prioridad la campaña del PRI a la Presidencia de la República.

Lo peor de este fenómeno sucedió en Sonora, donde, con mayor o menor desaseo, se sabotearon abiertamente las actividades del candidato presidencial del partido. Hay una anécdota muy reveladora al respecto. Resulta que un político local sonorense, Samuel Moreno, aspiraba a ser candidato del partido a diputado federal, alentado porque encabezaba las encuestas en su distrito. El caso es que Samuel, a pesar de su popularidad, no logró la candidatura al ser vetado por el gobernador Eduardo Bours. ¿Cuál fue el motivo? Simplemente, ser amigo del ex gobernador de Sonora, Manlio Fabio Beltrones, integrante del equipo de Roberto Madrazo. Días más tarde, Samuel Moreno logró ser candidato por el Verde Ecologista y como tal comenzó a apoyar con toda determinación la candidatura presidencial de Roberto Madrazo dentro de la Alianza por México. Ya como candidato formal, Samuel Moreno, en un acto de mi campaña en Nogales, de entendible poca asistencia, tratándose de Sonora, solicitó hacer uso de la palabra en apoyo de mi candidatura, puesto que era yo el candidato presidencial del Verde, y por supuesto le concedimos la voz. ¡No lo hubiera hecho! El gobernador Bours reaccionó con tal desmesura que esta vez le ordenó al PRI local y a los sectores y organizaciones del partido retirarse en forma definitiva de toda actividad proselitista de Madrazo en su entidad. A partir de eso no conté más con la compañía de los demás candidatos de la fórmula priista, ni de las dirigencias partidistas locales en el estado de Sonora. ¿Se entiende esto? Claro que sí. Es la suma destructiva de soberbia más prepotencia, más inexperiencia, más falta de oficio político, más traición al partido, más una falta crónica de autoadministración de las emociones personales.

Esta anécdota me parece que ilustra muy bien un hecho que no fue aislado, ya que así se empezó a segmentar la campaña, al tiempo que nuestros adversarios consolidaban las suyas funcionando de forma armónica entre gobernadores, senadores, diputados locales, federales y dirigencias. Los nuestros no. Nuestros niveles de mando empezaban a atomizarse. El riesgo comenzó ahí.

Ante el riesgo, ¿le atribuirías a los medios un papel por encima de los factores Elba Esther, Montiel, Marín, los gobernadores…?

En el caso de Roberto Madrazo, en los medios se definió una elección virtual y se trabajó en eso hasta volverla real. Por su parte, ciertos actores políticos del partido, como algunos gobernadores, se sentían cómodos con un gobierno federal panista, con el que no tenían ni sentían un contrapeso institucional al que debían rendirle cuentas. Era su experiencia con Fox, lo cual equivalía al control absoluto de sus estados y municipios. Entonces actuaron bajo su propia línea, a costa de los acuerdos pactados, a costa de la institucionalidad del partido y de las posibilidades reales del PRI para regresar a la Presidencia de la República. Esto le hizo un daño enorme a la campaña. Así, por un lado, el papel de los medios, y por otro, la falta de compromiso partidista de algunos de nuestros gobernadores, se convirtió en una mezcla explosiva y fatal.

¿No sabías esto antes de ser candidato, no conocías la posición de los gobernadores con respecto a Madrazo?

Claro que sí, y por eso acordé con ellos. Negociamos todas las candidaturas al Senado y a la Cámara de Diputados. Establecí compromisos de uno en uno. Te lo pueden confirmar. Por primera vez tuvieron lo que nunca habían tenido en una campaña presidencial: respeto al liderazgo regional de los gobernadores. Y el compromiso era muy sencillo: sacar adelante estos liderazgos con candidatos ganadores, porque necesitábamos levantar votos. Y ellos mismos pusieron los nombres y al final no levantaron votos. Yo, Roberto Madrazo, pedí una sola posición entre todos los candidatos: para Alfonso Izquierdo, presidente de la Fundación Carlos Alberto Madrazo. Recuerdo aquí aquella reunión del Consejo Político, cuando los grupos interpelaron a Mariano Palacios en el momento en que se daban a conocer los nombres de los *pluris*. ¿Por qué no discutieron los de mayoría? Muy sencillo: porque los de mayoría estuvieron bien acordados y consensuados con todos los gobernadores, con riesgos de ganar o

perder. En cambio, ¿quiénes cuestionaron la lista de los pluri-
nominales? Los que no querían correr riesgos en una elección. Y por eso discutimos fuerte. Porque, quien quería ganar, debía competir. Y porque aquellos que a fuerza querían
ser candidatos, no levantaban votos. Entonces, claro que yo
conocía la posición de los gobernadores y por eso negocié
todo con ellos. Todo estuvo hablado y negociado, aunque al
paso de los meses nos fuimos dando cuenta de que en las jiras
por los estados, en unos más que en otros, nos íbamos quedando solos en la campaña presidencial.

*Le pregunto a Roberto Madrazo, ¿qué le faltó a Roberto Madrazo en
esta coyuntura?*

Siento que me faltó equipo. Fue más el interés personal
que movía a algunos de mis colaboradores antes que el interés de ir a fondo en lo que el partido necesitaba. Y es muy difícil trabajar una campaña política sin el equipo adecuado.
Creo que el partido fue un gran instrumento en tanto partido en el poder. Desde la oposición tenía que entender su
momento, cambiar o transformarse, ir a la vanguardia, marcar rumbo, señalar camino y despertar el ánimo de la militancia. Se logró sacudir un poco con las asambleas nacionales
y los consejos nacionales, pero no se logró consolidar. Al final, los intereses regionales de los gobernadores fueron más
fuertes que el interés nacional del partido, o el de algunos
miembros del Comité Ejecutivo Nacional prevaleció en lo in-
dividual sobre el colectivo institucional de la organización. Y
eso se reflejó negativamente en la campaña presidencial.

*Hay quienes han planteado, con una apreciación similar a la que tú
haces sobre los intereses de algunos gobernadores priistas, que Madrazo en su momento impuso también sus intereses individuales y de
grupo para apoderarse de la dirigencia del partido y después de la
candidatura presidencial del PRI.*

Reconozco que así parece, pero no es así realmente. Mi
elección como candidato del PRI a la Presidencia fue respal-

dada por un grupo muy amplio de priistas y dirigentes, una inmensa mayoría partidista, y no sólo un círculo de madracistas o un grupo personal de seguidores. Así lo demuestra mi registro como precandidato, respaldado —como te decía— por 31 de los 32 comités directivos estatales y por todas las organizaciones sectoriales y regionales del partido. El problema fue otro. Porque, si bien teníamos las bases y dirigencias del partido, no teníamos y no tuvimos capacidad financiera y mediática para contrarrestar a quienes desde adentro y desde afuera buscaban debilitar nuestra candidatura con el argumento, entre otros, de que Roberto Madrazo se había "apoderado" del partido y después de la candidatura.

En el caso de algunos de nuestros gobernadores, simplemente incumplieron su acuerdo orgánico con el partido: que las dirigencias estatales y municipales del PRI apoyaran no sólo a sus candidatos locales al Congreso de la Unión, sino también al candidato presidencial. Desde luego, aquí el asunto no es blanco y negro. Hay muchos matices en las formas como se dio el incumplimiento de ese acuerdo: simplemente relajaron la eficacia que se requería para operarlo; fueron presionados por fuerzas extrapartidistas, presumiblemente el gobierno federal por medio del chantaje presupuestario para desinflar la candidatura de Roberto Madrazo hasta desplazarla a un tercer sitio en la contienda; respondieron a otros acuerdos políticos personales de mayor prioridad para ellos, pero ajenos y contrarios a Madrazo y al PRI, o decidieron por cuenta propia sacrificar a Madrazo, su candidato presidencial, y preferir a Calderón frente a López Obrador, en un escenario de polarización que "vendía" una elección "sólo de dos".

Si tú quieres, no bloquearon directamente la candidatura presidencial, sólo dejaron de hacer lo que tenían que hacer durante la campaña y el día de la elección, y eso fue fatal y decisivo.

Cuando afirmas que Madrazo se iba quedando solo, y que desde adentro se buscaba debilitar la candidatura, ¿te refieres al abandono

de la campaña presidencial por parte de algunos gobernadores?
¿Crees que respondía a una acción concertada de otros actores políticos del partido en esa dirección? ¿Tienes algún elemento?

Conozco con todo detalle una conversación entre Enrique Jackson, Natividad González Parás y Francisco Labastida donde acuerdan "tener la cabeza fría para ir por la *medalla de plata*". Lo cual quería decir, en el contexto de la conversación, algo tan claro como esto: concentrarse en ganar las elecciones de diputados y senadores y dejar a su propia suerte la candidatura a la Presidencia de la República. Por eso digo que fue una acción concertada, aunque con matices en la operación local. Y a esto obedeció, por ejemplo, que el día de la elección, el 2 de julio de 2006, la candidatura de Madrazo no contara con la totalidad de funcionarios de casilla que requería el partido. Hablo de estados como Nuevo León, Sonora, Querétaro, Guanajuato y el Distrito Federal donde, según mis notas, faltó cubrir entre el 15 y el 46 por ciento de los representantes del PRI. Esto fue decisivo. Increíble en un partido de estructura nacional como el PRI.

En el fondo, no pudo sacudirse el PRI sus viejos hábitos, sus reflejos de siempre... ¿Tiene entonces destino el PRI?

Yo creo que el PRI, sobre todo después de la experiencia electoral de 2006, terminó un largo ciclo. Este PRI no encaja ya en nuestra sociedad. Tiene que proceder a una transformación profunda, muy profunda, porque no está dialogando con la sociedad. El partido y la sociedad están hablando de cosas distintas, hablan lenguajes diferentes. Tendría que volver a colocarse en sintonía con la sociedad. Es un reto gigantesco, porque no basta el cambio de siglas ni de colores ni de ubicación en la geometría política nacional. Ese no es el tema de fondo. El tema de fondo es qué partido se quiere para el México de hoy, para la sociedad contemporánea, qué partido y para qué sociedad.

¿No registra el PRI ningún avance en ese sentido en los últimos años, incluido el periodo de tu gestión al frente del partido?

Avanzamos, pero lo hicimos en medio de muchas ataduras. Por ejemplo, la lucha a partir del 2000 en adelante fue básicamente en función de la elección presidencial de 2006. ¿Qué te quiero decir con esto? Que el partido no vivió su *transición*. Que vivió la lucha por la *sucesión* desde el primer día que perdió la elección presidencial del 2000. Y la ha seguido viviendo. Fue demasiado grande el reto de la recuperación electoral de la organización. Más aún, ahora mismo ya está trabajando con miras a la sucesión presidencial de 2012. Para entonces, de seguir así, ya no va a haber partido. No habrá estructura posible capaz de sostener tantos intereses de carácter personal y local. Un partido fraccionado y anquilosado es un partido muerto, paralizado, sin movimiento nacional. Un partido así puede ganar elecciones locales, sin embargo, estará imposibilitado de recuperar su liderazgo nacional y, por ende, la Presidencia de la República. Un partido así puede ganar elecciones locales apostando sus fuerzas regionales a otros partidos y a otros candidatos, de acuerdo con los intereses de los gobernadores priistas en turno. En suma, no se ha dado el PRI la oportunidad de vivir un proceso de transformación, metido como ha estado en la lucha por la recuperación, la retención o la conquista del poder.

Esta visión que presenta Roberto Madrazo ahora, después de la elección de 2006, ¿la tenía cuando era dirigente? ¿Era la visión de Roberto Madrazo?

Sí, por supuesto, pero con muchos obstáculos en la práctica para poder llevarla adelante. Yo mismo como dirigente quedé atrapado en el proceso de lucha electoral, por encima de la transformación del partido. Déjame decirte que la lucha interna fue muy dura por la candidatura, y no para tener un partido. Y al final de la jornada, lo que vimos fue que hubo candidato, pero no hubo un partido pleno, a su máxima capacidad para ganar la presidencial. Cuando debimos haber desplegado toda la fuerza y potencialidad del partido en "la grande", no tuvimos ese partido. Hoy yo no le veo viabilidad a una campaña presidencial si no tienes un partido al cien por ciento. Así de simple y así de claro.

¿Hubiera ganado el PRI con otro candidato?

Sin la estructura no. Yo veo que el problema, más que en el candidato, que sin duda tiene una gran responsabilidad, radica en el conjunto, en todo lo que tienes que unir para ganar una elección presidencial. No basta el peso del candidato. Lo vivió Francisco Labastida teniendo al PRI en el poder presidencial. Teníamos el gobierno federal, teníamos más gobernadores, todo para ganar, y no ganamos en el 2000. ¿Por qué? Porque no estuvo el partido acompañando los esfuerzos del candidato —ya en esa elección— ¡y teníamos la Presidencia de la República! No se trata sólo del candidato. Definido el candidato, se trata del partido.

¿Crees tú que Beatriz Paredes, Manlio Fabio Beltrones u otro, de haber sido alguno de ellos la candidata o el candidato a la Presidencia en 2006, se hubieran visto afectados por los mismos problemas que Roberto Madrazo?

Es que eso estaba más allá de quién fuera el candidato. Se había diseñado desde Los Pinos, con la colaboración de alguna gente nuestra, un montaje enorme contra la posibilidad real de que el PRI regresara al poder. Contra eso chocó la campaña. Claro, junto a otros factores internos del partido, de la campaña y del equipo de Madrazo. Sin embargo, lo central es que se había montado ya toda una estrategia para que el PRI y su candidato no pasaran. Así fuera Beatriz, Manlio, Madrazo o cualquiera. En esa estrategia el asunto consistía en generar —junto al divisionismo en los soportes internos de la candidatura— la percepción mediática de que estábamos en tercer lugar, inamovibles, fuera de la contienda. Entonces, quienquiera que hubiese sido el candidato, se trataba de dejar al PRI con su candidato fuera de la contienda en la vía de la percepción política de los electores. De esto está hablando, en realidad, el TRIFE cuando consigna oficialmente la grave intromisión del Presidente de la República en la contienda electoral. Una intromisión que no hubiera sido posible sin los medios, que facilitaron la tarea. Y sin la colaboración de gente nuestra desde el interior del partido y los gobiernos estatales.

En materia de medios, eran sólo el "flashazo", las ocho columnas, la nota, la aparición en la televisión siempre en tercer lugar, y eso colocó a Felipe Calderón en un segundo sitio, primero virtual, y al final lo consolidó cuando la gente dijo: "Ah, no, yo quiero alguien que le gane a Obrador". Porque, además, la elección se volvió un referéndum contra Obrador, un sí o un no sobre Andrés Manuel. Hacia allá condujeron la percepción de que era Felipe Calderón, y en los medios lo construyeron muy bien. "Oye, pero tienen más experiencia el PRI y Madrazo." "Pues sí, pero está en tercer lugar, y yo quiero a alguien capaz de ganarle a López Obrador." Entonces, de hecho, la mitad del padrón, prácticamente, "votó antes" del 2 de julio.

¿Entonces el PRI ya estaba condenado a perder? ¿No es un tanto o un mucho fatalista la posición de Madrazo en este sentido?

No. Porque no estoy afirmando que estábamos irremediablemente condenados a perder. Por el contrario, he subrayado que teníamos todo para ganar. Pero que eso requería un partido entero, sin grietas, sin enemigos internos. Capaz de oponer toda su fuerza y experiencia contra el diseño, la experiencia y los recursos del adversario. El problema es que no fuimos capaces de tener un partido y una campaña con esas características. Lo que digo es que, en el contexto real en el que se dieron las cosas, con todas nuestras debilidades, sobre todo a partir del papel que jugaron algunos gobernadores que iban tras la "medalla de plata", cualquiera que hubiera sido el candidato se hubiera enfrentado a los mismos obstáculos.

No hay que olvidar que la misma alternativa que se buscaba para sustituir a Roberto Madrazo consistía en escoger al más débil de los aspirantes, al más vulnerable, para no ofrecer resistencia al triunfo del PAN. Ese es el fondo del asunto. Que Madrazo era fuerte y les iba a ganar la elección. Y por eso las alternativas eran prácticamente de risa loca: Eduardo Bours, Enrique Jackson, que no ganó ni la presidencia del PRI en 2007, Arturo Montiel, y ya ves qué le pasó.

Le hubiera pasado a cualquier candidato del PRI. Por la sencilla razón de que ya se había montado una elección de Estado. No era sólo Madrazo, en específico, el que no "pasaba", era que el PRI no debía regresar a Los Pinos. Fue una estrategia montada con muchísimo dinero, secundada por los medios de comunicación, debido a los favores recibidos de la señora Sahagún en la administración de Fox. Aquí lo lamentable es que los nuestros se hayan ido con la finta mediática cuando tenían sus propias encuestas locales y sabían que estábamos remontando, que no estábamos en tercer lugar, que estábamos en la competencia en sus estados, e incluso arriba en muchos de ellos.

¿Qué tanto también Madrazo se fue con la finta? Me refiero a la confianza del candidato del PRI en las televisoras. ¿No confiaba o no confió demasiado Roberto Madrazo en Televisa?

Visto hoy, a toro pasado —como se dice—, esta es una responsabilidad total del candidato. Hubo gente en mi equipo que me dijo, por lo menos en dos o tres ocasiones, mi hermano Carlos entre ellos, que Televisa ya tenía su candidato, que no era imparcial, que en Los Pinos con la señora Sahagún habían diseñado las líneas generales de una elección de Estado. Quizá, en un principio, no tanto para favorecer a Calderón, pues entonces no pintaba, pero sí para sacar al PRI de la contienda. Debo reconocer que yo confié en el papel abierto, imparcial y profesional de los medios. En cuanto a Televisa, me resistí, no quise ver lo que veían algunos colaboradores de mi equipo, que con mucha anticipación me lo advirtieron.

Comoquiera que sea, Madrazo alcanzó casi 11 millones de votos. ¿Qué significa para ti haber logrado esa cantidad en tales condiciones?

Para mí es una proeza del priismo de base, considerando qué entre nuestros gobernadores no se cumplió con toda la estrategia acordada para la tarea de organización electoral, diseñada como relojería por Fernando Moreno Peña, César Augusto Santiago y Carlos Flores Rico. Ellos se dedicaron a recorrer todo el país para ser testigos de que la estructura era real, que no estaba fraccionada, que era una estructura auténtica, que estaba capacitada. Se dedicaron todo el tiempo a eso y validaron la estructura. Nada más que, como lo he dicho, la estructura no fue movilizada en algunos estados clave. Vamos, la estructura existió y movió algo ella misma, pero sin organicidad para sacar a la gente a votar. Aun así, con la fuerza y los recursos del gobierno federal panista y los medios, más el freno activo de algunos de los nuestros, alcanzamos una muy buena votación en condiciones muy adversas. Es una proeza del priismo de base, de la militancia, objetivamente hablando.

Sin embargo, se dijo en los medios —y suele afirmarse todavía—, que fue la debacle del PRI con Roberto Madrazo.

Creo que no hubo tal debacle. Derrota sí. Una clara derrota, pero el PRI no se derrumbó el 2 de julio. Con ello no pretendo de ninguna manera minimizar la dimensión de las cosas, sino ponerlas en sus justos términos. Después de todo, en el resultado desfavorable para el PRI y Roberto Madrazo, jugaron un papel determinante la falta de movilización del partido en los estados el día de la elección y el bombardeo mediático, pero no se trató de un repudio de los ciudadanos al PRI. Ahí están los casi 11 millones de votos para Madrazo.

Los dos factores que menciono se tradujeron en una pérdida de tres millones de votos, sobre un universo de 40 millones de electores. Y creo yo que fueron tan determinantes que, en términos de números, definieron la elección. Platiqué este punto con María de las Heras, que es una reconocida experta en la materia, y me dijo: "No creo, ni veo, que hayas perdido la elección. Hubo mano negra con unos dos millones de votos que pasaron a Calderón y eso te mandó al tercer lugar, y a él a pelear el primero con López Obrador".

¿Dirías tú que perdió el partido, no el candidato?
Perdimos todos. También el candidato.

¿Qué le reprocharía Roberto Madrazo a Roberto Madrazo? ¿Qué le faltó en lo personal a Roberto Madrazo?
Ser menos condescendiente con los gobernadores. Yo creo que se les dio demasiado a los gobernadores, y a cambio de nada. Fue un error. Un grave error. Mencionaba hace un momento eso de la "medalla de plata". Mira, cuando yo negocié con los gobernadores, caí completito en ese juego. No lo advertí con la sagacidad que se requería. Jackson, González Parás y Labastida ya habían acordado ir por las candidaturas a diputados y senadores, a fin de que esas candidaturas fueran de ellos, los gobernadores, y no de Madrazo. La "medalla de plata" era esa. La de oro, la de la Presidencia, no les interesaba. En mi opinión, ya tenían candidato para la "medalla de oro". Y no era Madrazo. Ya tenían partido, y no era el PRI.

Recuerdo un artículo de René Delgado en Reforma, *creo que de febrero de 2006, donde sostuvo, palabras más, palabras menos, que si Madrazo daba muestras de debilidad ante los gobernadores, las candidaturas locales y regionales serían precisamente para quienes iban a sabotear su campaña presidencial. ¿No crees que se anticipaba a lo que ocurrió finalmente?*
Sí, recuerdo ese artículo. Fue una reflexión que me llamó mucho la atención, porque René Delgado identificaba con gran agudeza la mayor debilidad de mi campaña: la que venía de la deslealtad interna. Punto por punto él tenía razón. Sobre todo cuando afirmaba que Madrazo había apostado a incorporar a todos en la campaña, sin exclusión. Y así fue.

Teníamos muchos problemas, y yo quería fortalecer la unidad del partido. Para algunos, fue una muestra de debilidad ante mis adversarios internos y algunos gobernadores como Bours y González Parás. Para otros, fue indecisión. En todo caso, yo me equivoqué.

¿A Roberto Madrazo le cuesta trabajo tomar decisiones?

Soy un hombre de decisiones, acostumbrado a tomarlas. Pero algunas cuestan trabajo, sobre todo cuando el juego no depende enteramente de ti, cuando son decisiones, como en este caso, que tú tomas para que otros puedan y tengan que entrar en la campaña. Yo sabía con qué limitaciones nos estábamos enfrentando: no traíamos recursos, tampoco nunca vi durante la campaña a los gobernadores del PRI acompañando al candidato, nunca los vi juntos. Era muy complicado reunirlos. Sus agendas estaban primero. No había ese sentimiento de equipo. Y yo quería hacer equipo, incorporando a quienes no pertenecían a él. En ese sentido fui un candidato muy solitario. Entonces mis decisiones debía sopesarlas, porque en sectores y en organizaciones teníamos muchas dificultades. No estaban con la campaña. Coordinadores legislativos que no vi en las jiras. Miembros del Comité Ejecutivo Nacional que jamás estuvieron en la campaña. Entonces era un candidato sin partido. Pero cargaba el peso de los errores y las debilidades de ciertas figuras de un partido que no hacían campaña para el candidato. Entonces era muy difícil tomar decisiones en ese entorno. ¿Que había que tomarlas? Claro que sí. Pero, ¿en qué sentido, en qué dirección? ¿Ahondando la división? ¿Quitando o haciendo a un lado a mis adversarios internos? Aquí, por ejemplo, tomé la decisión de hacer a un lado, incluso, a algunos de mis amigos gobernadores, con la esperanza de unir, de hacer equipo con otros.

Pero te equivocaste. ¿No fue un error, un error grave?

Lo más grave ha sido comprobar, más allá de la derrota de Roberto Madrazo y, desde luego, del PRI, que el PRI como partido no fue capaz de integrarse como un solo equipo. Me parece grave, porque eso es la negación misma del PRI como partido. La derrota de 2006 es la evidencia de un hecho de fondo: la crisis estructural del PRI. Que si Madrazo se equivocó en esta decisión o no se equivocó no representa la más alta trascendencia. Por supuesto que la tiene, y es importante. Pero lo trascendente es la afirmación que dice que Roberto Madrazo erró al pretender incorporar, *incluso*, a sus adversarios internos a la campaña. Eso sí es una materia para la reflexión. Porque lo que se está diciendo es que el PRI tiene una falla estructural que no le permite ser un partido político incluyente. Claro que con diferencias internas, pero incluyente.

¿Y qué pasa con el priismo, con la base militante?

Eso es muy distinto. Aquí hablamos de algo muy alentador: ver que el partido sí existía, que estaba abajo, en las colonias, en los barrios, que había un gran priismo, una gran movilización social y comunitaria, que la gente, la militancia estaba. Yo veía cómo Mariano Palacios se enfrentaba a todo eso también. Él libró una lucha solitaria al interior del partido para ayudar al candidato. ¿Qué te puedo decir? Era muy complicado vencer a un gobierno con partido y a un partido monolítico con su candidato como era el PRD, donde el candidato tenía el control absoluto de todo. Nosotros nunca lo tuvimos.

A algunos de los nuestros hasta les daba pena aparecer en los eventos del partido. Les pegó la campaña mediática. Es explicable, no los culpo. Había amigos a los que yo mismo tenía que levantar. Mariano Palacios libró una batalla verdaderamente asombrosa. Si no tuviera el temple que lo caracteriza, hubiera tirado la toalla en plena campaña. Hubo quienes la tiraron, amigos que se dejaron vencer por los medios. Pero él tiene temple. Ha vencido adversidades personales muy, muy fuertes, tiene un carácter muy forjado. Mariano pasó horas muy ingratas como dirigente del partido, tratando de que los candidatos locales hicieran campaña por el candidato presidencial.

Más de una vez dijiste que al abrir espacios, dar capacidad de decisión a los PRI locales, estatales, pretendías fortalecer la integración del partido desde el sentido regional. Te pregunto, ¿qué piensas de eso ahora?

Siempre he creído en un priismo regional. Cuando fui presidente del partido en Tabasco —en dos ocasiones—, y luego gobernador, siempre intenté que hubiera un priismo regional fuerte. Por eso no me molestaba cuando se hablaba del PRI Sonora, no lastimaba mis fibras políticas, me parecía correcto que se hablara de un PRI Sonora. Aunque claro, ahí la intención de fondo, con Eduardo Bours a la cabeza, era otra. Pero hablar de un PRI Sonora no estaba mal, porque de lo que se trataba era de un fortalecimiento regional, más aún en la lógica de un candidato presidencial. En esta perspectiva, si yo lograba sacar candidatos regionalmente fuertes, le apostábamos al triunfo del PRI desde las regiones para construir así una victoria nacional. El gran fracaso vino porque no dieron resultados algunos gobernadores ni sus candidatos regionales. Por mi parte, sin embargo, el gran fracaso fue la condescendencia: les entregamos todo y ellos no entregaron los votos que el partido necesitaba, tanto para ganar la Presidencia de la República como para el Congreso de la Unión. Porque hay que decirlo: algunos gobernadores privilegiaron a tal grado sus intereses en la escena nacional que, a la postre, eso obró, incluso, en contra de sus candidatos locales. Obró, en suma, en contra de su propia "medalla de plata". Y así llevaron a la derrota a sus propios candidatos locales y regionales. A esos gobernadores les ganó la codicia y su propio subdesarrollo político.

Sí, pero ¿qué tanta responsabilidad tuvo Roberto Madrazo en ese proceso?

Mucha, porque cuando eres el candidato, eres la cabeza. Y la cabeza tiene que marcar los rumbos y los tiempos. Tiene que corregir sobre la marcha. Yo tuve una mala apreciación al pensar que concertando las candidaturas al Congreso de la Unión con los gobernadores obtendría mucha más fortaleza como candidato. Que por lo demás era lo lógico, lo esperable. Y, sin embargo, los resultados no fueron los esperados. Ahí soy el único responsable. Porque me fui con la finta de la condición "moderna" comprometida y capaz de esos gobernadores, sobre todo los del norte. Y me equivoqué. También otras decisiones que tomé, no las tomé a tiempo. Tardé en hacerlo y tuvieron un costo, porque cuando se tomaron ya no funcionaron igual.

¿Tuvo estrategia la campaña?

Sí la tuvo. Pienso que la estrategia global no fue mala, pero hubo dos partes que jugaron papeles diferentes: la campaña en tierra y la campaña de aire. La primera fue durísima. Y ahí el candidato dejó todo en cada evento, en cada encuentro con la gente. Trabajamos sin desmayo para conectar con el máximo de gente, llevándoles la propuesta, la visión de país, las soluciones concretas a sus problemas, municipio por municipio, localidad por localidad. La campaña de tierra fue, sin duda, lo mejor de la campaña. En esto tuvo un papel determinante Manlio Fabio Beltrones y su habilidad para desactivar riesgos y crisis políticas. En las reuniones de evaluación de los domingos mostraba toda su experiencia conciliando escenarios, criterios, tiempos y recursos de la estrategia, misma que después era bombardeada desde adentro del equipo y del propio partido.

¿Y qué pasó con la campaña de aire? Te lo pregunto porque era evidente que no funcionaba.

No, claro que no. Pero la campaña de aire tuvo las dificultades propias de la falta de recursos. Nos pegó fuerte la multa que nos impuso el IFE por mil millones de pesos.

Sí, pero insisto: era claro que no funcionaba por algo más que la falta de recursos económicos...

¿Qué te puedo decir? Demasiadas voces, muchos egos y poca efectividad. Pero en sí, la campaña en general contó con una estrategia, con un "cuarto de guerra", con un equipo, pero batallamos demasiado. Siendo un grupo tan heterogéneo, tan distinto, venido de diferentes lugares, no fue fácil hacer equipo. Se estorbaban unos a otros. Perdíamos mucho tiempo en discusiones internas que impedían avanzar con la gente, que es con quien requeríamos hacerlo. Afuera estaba la lucha contra el adversario. Afuera estaban los votos. Pero eran horas y horas interminables las que se perdían adentro, por las diferencias de criterios que querían hacer prevalecer el propio.

De la campaña de aire, ¿no se salva nada? ¿No salvarías nada?

Hubo un grupo que funcionó muy bien, el de las siete de la mañana. Y poco le hicimos caso. El de Fernando Solís Cámara, Juan Carlos Hinojosa, Jorge Viart, Manuel Añorve y Addy García. Ese grupo, con sus valoraciones, identificaba con mucha lucidez nuestros desencuentros. Pero era tal la polémica, que ellos mismos se cuidaban en el análisis o con la calificación, eran muy cuidadosos con la crítica, con la revisión de las cosas. No querían dividir más, pero tenían mucha razón. Ese grupo tuvo grandes aciertos en la línea de conducción mediática, era un grupo que desde las siete de la mañana sabía qué desmadre interno traíamos, porque se contradecían nuestros propios voceros, el del PRI, el de la Cámara, el del Senado, el de la campaña, el candidato y los demás candidatos. Y entonces hacían las consideraciones y las recomendaciones de por dónde irnos. Ese equipo funcionó muy bien.

¿No faltó unidad de mando específica, jerárquica, vertical, única, en el equipo?

Puede ser.

¿Puede ser?

Bueno, faltó unidad de mando. Sin embargo, yo estaba convencido de no duplicar las estructuras de la campaña con las del partido. Y eso me frenaba. Tenía en mente que uno de los errores graves del 2000 había sido no aprovechar la estructura del PRI, haberle quitado la responsabilidad a las dirigencias del PRI en los municipios, en los estados, en el nivel nacional, no haber aprovechado la presencia de los gobernadores. En el 2000 se trabajó sin partido y sin gobernadores. Entonces quise corregir esa parte, pero no dio el resultado que yo esperaba. Hubo demasiados problemas internos. Aquí sí, el PRI, sin la "unidad de mando" del presidente de la república, se atomizó en pequeños liderazgos locales, regionales, personales.

¿Dirías que en el 2000 el error fue sacar al PRI, sus gobernadores y dirigencias de la campaña de Labastida, y que en 2006, Madrazo, al pretender corregir ese error, habría cometido otro igualmente grave al incluirlos? ¿Sería correcto? ¿Podrías hacer esta correlación?

Yo lo veo de esta manera: ante los errores del 2000, la corrección en 2006 no funcionó. El tema es: ¿por qué no funcionó? Y, según yo lo veo, porque en 2006 los gobernadores y las dirigencias estatales, que por primera vez contaron con autonomía de gestión y decisión política, sin la imposición desde "arriba", usaron esa facultad, no para unir desde abajo, sino para dividir hacia adentro a partir de sus intereses más próximos y coyunturales.

Por eso te digo que, sin la "unidad de mando" desde la Presidencia de la República, esta clase política del PRI hizo de la autonomía un factor de división e indisciplina. No entendieron el momento nuevo del partido. Y en lugar de la transición, optaron por la traición.

¿Por qué Madrazo no logró imponerse y hacer el cambio?

Porque faltó un coordinador con el control general de la campaña. Fue una falla mía, de concepción y organización. Algunos compañeros me hicieron ver esta necesidad, y por eso estimé que la coordinación podía darse desde el interior del partido. Incluso a algunos miembros del grupo de campaña los metimos de secretarios en el Comité Ejecutivo Nacional para ver si hacíamos equipo adentro y no traer una estructura paralela. Ahí entraron César Augusto Santiago y Fernando Moreno Peña, con funciones claves y precisas. Pero no funcionó. De todas maneras, en los hechos, se dio una especie de estructura paralela, o dos estructuras, la de la campaña y la del partido, muchas veces peleándose entre sí. Entre ambas sucedió que Roberto Madrazo era candidato, dirigente y coordinador. Pero también, de pronto, como alguien dijo por ahí, ni era candidato, ni coordinador, ni dirigente del partido. Eso mismo, aunado a muchos coordinadores regionales, demasiados voceros, en fin.

Desde afuera nos estaban apuntando y tirando con bazucas, y acá adentro, en el grupo o en los grupos, se seguían peleando. Fue un acierto del gobierno encontrar ahí la veta de una gran debilidad y la explotó con eficacia.

Entonces perdió mucha consistencia el "equipo" de campaña. Al grado de que al final empecé a hacer mi campaña entregándome de lleno al contacto con la gente, sin asistir a las reuniones de evaluación de los fines de semana, convencido de que ahí se perdía mucho el tiempo en recriminaciones mutuas. Pero lo central es que nos faltó, sin duda, un coordinador general de la campaña. Yo no lo definí a tiempo. Después ya fue tarde.

Como consultor en tu campaña, recuerdo que conversamos en torno al carácter de la elección, a las condiciones en que se iba a dar, y en que de hecho se estaba dando. Hablamos de los "negativos" de Madrazo. Recuerdo haber dicho: "Afuera la gente piensa que los tres principales candidatos son malos, de los tres no se hace uno, pero uno de ellos se va a elegir". Recuerdo también este planteamiento: "¿En qué escenario ideal puede ganar Madrazo aun con los 'negativos' que tiene?" ¿Qué pasó con esa reflexión estratégica?

La llevamos a cabo. Hicimos la reflexión. Incluso la proyectamos en los términos de un escenario de riesgo. La propia elección se perfilaba en ese contexto, propiciado por una derecha intolerante y por una izquierda radical y conflictiva, proclive a salirse de la ley. De acuerdo con eso, nos posicionamos tácticamente en el centro. Centro para el diálogo, centro como un lugar de encuentro, centro para los acuerdos, centro para atenuar los riesgos de la confrontación y la polarización, que en el país estaban a todo lo que daban.

El reto, desde luego, era pasar de esa gran definición al terreno de los hechos, a la construcción del escenario de riesgo. Y esto, en una campaña política, que tiene mucho de mercadotecnia, significaba comunicación, un plan concreto, un plan efectivo para mostrar y posicionar el riesgo y, ante ello, posicionar a Madrazo en el centro, con su experiencia, su capacidad probada de gobierno, su firmeza y su rumbo.

Este paso fue el que no logramos realizar. Teníamos clara la concepción y el escenario en la cabeza, en el grupo, pero también algunos de nuestros comunicadores de imagen y contenidos se enfrascaban en discusiones bizantinas sin soluciones operativas. Contesto a tu pregunta: hubo mucha reflexión estratégica, muy clara y precisa. No hubo operación de la estrategia. Y la que hubo fue insuficiente y contradictoria. A raíz de esta falla, que fue grave, Calderón y el gobierno federal posicionaron un escenario sólo de dos candidatos, sobre un contexto de polarización, y haciendo de la elección un "referéndum" contra López Obrador. Y les funcionó.

¿Dirías que lo que le faltó a Madrazo le sobró a Calderón?

No lo sé. No olvides que el gobierno de Fox, ayudado por los medios, nos "sacó" de la contienda. Y entonces el concepto central de la campaña quedó en manos de Felipe Calderón. Más aún, lo que diseñábamos nosotros, lo decía Felipe y lo difundían los medios. A fin de cuentas los dos, Calderón y Madrazo, estábamos viendo el mismo escenario. Los equipos estábamos sobre la misma lógica.

¿Sobre la misma lógica?

Sí, porque la elección era muy clara: de riesgo como pieza central. Entonces, no es que no tuviéramos el concepto estratégico. Lo traíamos, pero no permeó suficiente en los medios ni pasó a la sociedad. Tan estaba el concepto que lo empleó Calderón. Pero nosotros fuimos los primeros en tenerlo y siempre abarcó al discurso, pasaba claro y directo en los eventos, pero en los medios nacionales no. Entonces, sí logró Calderón construir para su candidatura el escenario de riesgo y, con ayuda de los medios, creó la percepción de que él era el indicado contra el riesgo que representaba López Obrador.

Al final, la gente compró la estrategia de riesgo, pero no compró la solución con el PRI y con Madrazo, sino con Calderón y el PAN. Y esa fue la estrategia mediática que pegó.

Entonces, ¿el equipo de Madrazo no logró, no supo o no quiso contrarrestar la eficacia conceptual y operativa del aparato que apoyó a Calderón?

La armó muy bien el gobierno federal. La verdad, fue una estrategia muy bien planteada. Donde dialogaban el gobierno federal y el PAN. Nosotros, en cambio, no logramos ni supimos contrarrestar, tampoco contamos con los recursos para ello, el poder del gobierno federal, volcado con todo a la campaña de Calderón. Junto a eso no traíamos una buena campaña de aire. Sólo al final, cuando pusimos a Carlos Alazraki y a Carlos Flores Rico, fue cuando la campaña levantó. Nuestro gran problema fue la campaña de aire. No tenía concreción. No trasmitimos un razonamiento lógico que llevara al elector a decir por qué Roberto Madrazo sí podía resolver la elección de riesgo, mientras que a Felipe Calderón lo llenaron de atributos que no tenía para resolver la elección de riesgo.

¿Y las manos limpias? ¿No eran un atributo?

Las manos limpias son un atributo. Pero no era el tema ante los problemas tan profundos del país, ante la polarización social y política. El tema era la capacidad de gobierno. Y ahí lo que contaba y cuenta todavía es el valor de la experiencia, el carácter, el temple en la toma de decisiones, la sabiduría y el oficio políticos. No las "manos limpias", sino que no te tiemblen a la hora de actuar con arrojo, cálculo y apego a los intereses de la mayoría de los mexicanos.

Me acuerdo de lo que decían las encuestas, cómo contaba en la gente el valor de la mano firme, el profesionalismo, el conocimiento de los problemas y la decisión. Todo eso lo teníamos a favor, pero no aparecía en los medios. No lo tenía Calderón, pero se lo fabricaron. Por eso me pregunto cómo se van a comportar ahora las "manos limpias" del presidente Felipe Calderón ante el quebranto al erario nacional por 500 mil millones de pesos durante el gobierno de Vicente Fox. Me parece una gran oportunidad para ver si las "manos limpias" son o no un atributo a la hora de gobernar. Me gustaría verlas en acción desde la Presidencia de la República ante el informe sin precedentes presentado por la Auditoría Superior de la Federación hace unos meses. A eso se agrega el fiasco del Seguro Popular, los malos manejos en la Biblioteca de México José Vasconcelos y en el programa Enciclomedia. ¿Qué va a hacer el presidente Calderón con las "manos limpias"? ¿Tendrá la "mano firme" para sancionar un daño patrimonial tan grave contra la nación como el que ha hecho público esa institución autónoma de la república?

Hay un asunto que me parece inquietante. Voy a plantearlo. El país requiere, hoy más que nunca, acuerdos, diálogo, concertación, una posición equilibrada, lejos de todo radicalismo. Es una premisa sin la cual, me atrevería a decir, no hay futuro para México. ¿Estás de acuerdo?

Totalmente de acuerdo.

Bien. Roberto Madrazo le apostó al centro táctico, al centro político. Toda su campaña estuvo planteada en torno al centro como solución a la confrontación estéril. Son tus palabras. Sin embargo, Felipe Calderón le apostó todo el tiempo a la polarización. Diría que hasta fue consistente en ello. Y bueno, así ganó. ¿Dirías tú que la gente compró la confrontación?

Por desgracia, ganó la polarización. No la posición de Madrazo, que llamó siempre a resolver el problema con gobernabilidad y acuerdos. Ganó la polarización representada por Calderón y López Obrador. En este sentido, hay un dato inquietante: son más de 30 millones de ciudadanos llevados a decidir en un escenario como ese.

Pero también te diría que, definitivamente, la confrontación no es el camino para México. Sigo convencido de ello. Lo demostró en los hechos el gobierno de Vicente Fox. Fueron seis años de polarización extrema y esterilidad absoluta. Sin un acuerdo para sacar una sola reforma de las que tanto urgen al país. Sumió a México en el estancamiento, y ahí están para la historia los indicadores terribles en educación, corrupción, crecimiento del crimen organizado, violencia intrafamiliar, desempleo, competitividad... No es la confrontación el camino.

Por eso —en un escenario de polarización y riesgo como el que impuso Fox—, nosotros le apostamos al centro, a la moderación de los extremos, una posición que sintetizamos con la frase: "Ni populismo ni neoliberalismo". Una oferta de conciliación social y política.

Pero aquella posición de "centro" de Roberto Madrazo es ahora duramente criticada, incluso desde adentro del PRI.

Por eso quisiera detenerme aquí para hacer una puntualización importante. El centro como táctica en la estrategia de la campaña no buscaba ni expresaba posición ideológica entre izquierda y derecha, dentro de la geometría política conocida. Era más simple: con el centro nos referíamos a un posicionamiento táctico, coyuntural, en el contexto de la polarización alimentada por el gobierno del presidente Fox, y extendida por las campañas de mis dos principales adversarios. Después de todo, el centro como definición ideológica es completamente vacío. Y eso lo teníamos muy claro.

Por eso en tanto táctica de campaña, nosotros le apostamos con fuerza y mucha convicción al centro, dado que ante la polarización y la confrontación era lo único sensato. Quisimos ser responsables con el país y mostrar así nuestra visión de Estado, nuestra visión de futuro. Pues bien, esa propuesta de conciliación desde el centro para los acuerdos no pasó. Se ignoró en los medios, y a veces la silenciaron y tergiversaron algunos de nuestros propios compañeros, otros de plano no la comprendieron, y entonces poco, muy poco, se supo de la propuesta, del pensamiento del PRI y del de Roberto Madrazo en este aspecto.

Creo que nos estamos asomando a un fenómeno —el de la confrontación absurda— que en otros países, en Chile en los setenta, condujo hasta la eliminación física del adversario con Augusto Pinochet. Por eso no deja de preocuparme, como te decía hace un rato, que siendo tan necesaria una política de acuerdos y de consensos en el país, la gente haya votado por la confrontación. ¿Qué piensas de esto?

Es una dura realidad. Siendo tan dañina para México la confrontación extrema, al grado de que paralizó al país durante seis años, fue, sin embargo, lo que se le vendió a la gente en el pasado proceso electoral del 2 de julio de 2006. Le vendieron morbo, y la gente, acostumbrada a eso en todas partes, compró violencia y morbo. No me lo explico de otra manera. No pensaron en el país.

¿Se equivocó Madrazo con su estrategia, debió haber vendido morbo, se equivocó la gente?

Que si se equivocó Madrazo o si se equivocó la gente, yo diría que nos equivocamos todos. México ha sido envenenado. Te decía esto hace unos días. El país viene siendo envenenado con la guerra de todos contra todos desde hace ya algunos años.

Por eso no me arrepiento de mi campaña en este punto. Sigo pensando en el centro como un lugar de encuentro para una sociedad muy agraviada y lastimada. El problema, más bien, es de quienes le apostaron a la polarización. Porque lo que está claro, y siempre estuvo claro, es que se necesitan acuerdos, diálogo, mucho diálogo y consensos efectivos. Pero no es precisamente lo que Calderón y Obrador sembraron durante la campaña. Por eso, lo que sigue está en veremos. No sé si habrá o no diálogo. Diálogo de fondo, no simulación, un cafecito o una foto en los medios.

¿Dirías que ante la ausencia de diálogo, los medios desarrollan todo su poder…?

Diría lo que vi: sin diálogo político, los medios se apoderaron del escenario y condujeron las campañas. A tal grado que me atrevería a decir que decidieron de antemano, antes que los ciudadanos, quién iba a ganar y quién iba a perder, quién estaba dentro y quién estaba fuera, quién tenía buen mensaje y quién no lo tenía. Se volvieron los grandes jueces del proceso electoral. El hecho, para mí, es que, así como están las cosas, la sociedad se encuentra atrapada en el juego de los medios, los cuales van creando una agenda de crisis, una agenda de miedo, una agenda de caos, que no para, y no se ve que se vaya a detener.

¿Sí ve Madrazo a la sociedad atrapada o secuestrada por los medios? ¿Qué tanto influye la ausencia de diálogo en la sociedad política?

El meollo del problema, y así lo puso en la mesa el proceso electoral de 2006, es que fuimos testigos de un desplazamiento del poder político hacia las grandes corporaciones de comunicación. Yo no sé si la gente se da cuenta de esto y si la sociedad, la gente, el hombre de a pie, puede hacer algo. En el caso de México, la elección pasada tiene un significado histórico brutal en ese sentido, pues la gran decisión de los ciudadanos emigró de una manera escandalosa y abierta del espacio de la sociedad al de las corporaciones de comunicación. Es un hecho real, que impactó y seguirá impactando la vida diaria de millones de mexicanos. Y ante ello nadie pudo hacer nada.

Me dirás, entonces —al fin que el académico, el filósofo eres tú—, si la sociedad ha sido o no víctima de un secuestro masivo. Yo mismo, habiendo tenido elementos para impugnar la elección, decidí finalmente no hacerlo. ¿Por qué tomé esa decisión? Porque en alguna medida pesó en mí el contexto creado por los medios. ¿Qué estoy diciendo? Que también, en alguna medida, los candidatos fuimos presas del contexto mediático.

¿Qué futuro le espera a la democracia, a partir del papel de los medios en la pasada elección de 2006?

Con el poder de los medios de comunicación concentrado en unas cuantas manos, yo creo que van a seguir haciendo y deshaciendo figuras públicas de acuerdo con sus intereses, sean estos los propios de la libertad de prensa, los políticos, los monetarios o los ideológicos. En mi opinión, la sociedad mexicana no sólo está atrapada en la pobreza, que le quita libertades a la gente para hacer lo que le conviene en la vida. También está atrapada en el juego de los medios. Creo que en nuestro país necesitamos resolver muy bien el encuentro de los medios con las demandas e intereses de una sociedad tan diversa y plural como la nuestra. Porque, tal y como están las cosas, no descartaría que en algún momento se pueda dar un dilema radical y confrontador: o los millones de mexicanos o las grandes corporaciones de comunicación. Un dilema que, tal como está planteado, no ofrece el tipo de solución de centro político, como el que nosotros ofrecimos en la campaña. En México es claro que nuestros empresarios de la comunicación requieren condiciones adecuadas para el desenvolvimiento de su negocio, del mismo modo como la democracia y la sociedad necesitan de los medios para su desarrollo.

Hay también otro problema: no sé si existe verdadera conciencia en los dueños de los medios de lo que está pasando, o de plano nos volvimos locos o inconscientes todos. Pero el asunto requiere una reflexión muy de fondo.

En materia de medios, ¿no se salva nada?

Claro que sí. La revista *Siempre* con Beatriz Pagés. Ella es una mujer de temple, de convicciones, de carácter, de gran convocatoria con la sociedad, una mujer valiente. Beatriz Pagés es de esas personas que no se doblegan ante el poderoso del momento. Está hecha en la adversidad. Y bueno, también *La Jornada,* que en general fue un medio que no le entró al rollo de la descalificación de Madrazo. A nivel nacional es el único. Para mí, la sorpresa fueron los medios locales. Y claro, la radio. La Cámara de la Industria de la Radio y la Televisión (CIRT) desempeñó un papel muy plural desde la provincia. La radio en entrevista. Los jóvenes no me vieron en las noticias ni en entrevistas formales, más bien tuvieron una imagen de Roberto Madrazo por las entrevistas radiofónicas en programas musicales. Y fue asombroso porque, o tenían una idea distorsionada o no tenían ninguna. Entonces, entrar en esa franja desde la provincia nos ayudó a romper el bloqueo de los medios nacionales y de nuestros adversarios, porque estábamos cercados, no existíamos. No salía una línea. Y cuando salía era en páginas interiores. Rompimos la línea del adversario con los medios de provincia. Ellos jugaron un papel que para nosotros sirvió de apertura.

¿Citarías algunos?
Preferiría no hacerlo, pero nombro algunos, a riesgo de caer en alguna omisión que sería totalmente involuntaria: el *Diario de Yucatán,* que siempre estuvo muy bien. *Por Esto!,* también en Yucatán, *El Informador* y *Ocho Columnas,* de Jalisco, *El Imparcial,* de Sonora, *La Voz de Michoacán, Vanguardia,* de Coahuila, *El Siglo,* de Torreón, *El Dictamen,* de Veracruz, *El Diario de Colima.* Fueron muchos y todos muy profesionales. Personajes como Óscar Navarro Gárate, quien convocó a una gran reunión de medios de provincia, alentado por una vieja amistad que viene desde Colosio. No podría dejar de mencionar a la Organización Editorial Mexicana, con su cadena de periódicos a lo largo de todo el país. Aquí la gran figura es Mario Vázquez Raña, quien con sus casi 70 periódicos regionales se abrió a la campaña con una enorme generosidad y objetividad.

¿Y por qué Mario Vázquez Raña, la llevas bien con él?

La llevo muy bien. Pero eso es aparte. Lo importante en este caso es que él se dio cuenta de que estábamos prácticamente bloqueados, y entonces obró en consecuencia. Mario es un hombre de bien, muy derecho. Yo diría que actuó con apertura y compromiso con el país. Es este un caso excepcional. Y bueno, hablando de excepciones, creo que la mejor entrevista de televisión me la hizo Adela Micha.

Ahí estuviste muy relajado, por cierto.

Es que con una profesional tan guapa, tan simpática al frente, no sé si habrá alguien que no se relaje. Yo disfruté, y creo que ella también disfrutó la entrevista.

Me dijeron que Adela estaba sorprendida de que jugaras con ella, digo, del modo como lo hiciste en el programa.

Y lo decía ella. Recuerdo la risa, el relajo, el buen humor de todo el *staff* en la entrevista con Adela Micha.

¿Y la entrevista esa donde te agarraste del chongo con Elba Esther?

Ahí López-Dóriga hizo la "jugarreta". Lo digo hasta con admiración, porque Joaquín hizo gala de toda su habilidad. Más bien el error fue mío, al no decirle: "Joaquín, yo no pacté en esos términos la entrevista. Señora Gordillo, tenga usted muy buena tarde", y salirme.

Cuando irrumpió la ofensiva de medios para cuestionar la credibilidad de Madrazo y la confiabilidad del PRI, pegó también en Bernardo de la Garza y el Partido Verde. ¿Qué pasó con Bernardo que se fue de la campaña?

Yo creo que ahí metió la mano Elba Esther. Creo que ella lo compró. Y esta es la gran decepción de Jorge Emilio González, el presidente nacional del Verde, quien había contribuido mucho a la formación de Bernardo. Sin embargo, a mí me parece que le llegaron al precio, porque no es posible explicarse de otra manera su falta de compromiso ante la dirigencia de su partido, que venía construyendo la alianza con el PRI desde un año antes, y que habían lanzado la campaña de Bernardo de la Garza para subirle votos al Verde, sabedores de que harían alianza con el PRI, y que eso colocaba al Partido Verde en un mejor posicionamiento de negociación.

¿No se vio afectada tu relación con Jorge Emilio González?

En lo personal, creo en Jorge Emilio. Es una gente bien intencionada. Cuando te da su palabra, la cumple. Sorprendentemente para mí, siendo tan jóvenes, son gentes muy hechas en lo político. Quienes lo critican porque dicen que es un *junior* y tiene el partido a su servicio, en realidad no lo conocen. Platicar con él sobre los temas de fondo en el país es muy interesante porque los ha estudiado. Tiene una capacidad, una mente analítica profunda. Jorge Emilio fue un apoyo significativo a mi candidatura. Durante toda la campaña lo estuvieron bombardeando, en todos los sentidos: política y económicamente el Partido Verde estuvo severamente castigado, le hicieron repetir sus estatutos y algunas asambleas, lo quisieron quitar de la dirigencia. Todo para debilitar al PRI. ¿Qué buscaban? Entretenerlo tres, cuatro meses para que no trabajara a favor de la Alianza. El gobierno sabía que Jorge Emilio tenía que salvar a su partido, y lo salvó, de hecho. Pero lo que no valoró Fox fue el grado de compromiso y seriedad con que Jorge Emilio había asumido la Alianza y la candidatura de Roberto Madrazo.

¿Qué puedes decir de la gente del Partido Verde?, ¿realmente aportaron a tu campaña?

Es gente joven, valiosa, combativa y preparada. Gente emprendedora que tiene mucho que darle a México. Ver, por ejemplo, a Arturo Escobar junto con Sergio Martínez Chavarría recorriendo el país de arriba abajo como voceros de la Alianza por México, y además hacer la chamba del Distrito Federal, habla de un compromiso que iba más allá de los acuerdos partidarios. Era curioso ver en los eventos de algunos estados cómo las dirigencias del PRI estaban flojas y en cambio las del Verde, aunque en menor proporción y fuerza, eran más prendidas que las nuestras. El Verde se puso la camiseta de Roberto Madrazo. Por eso el gobierno de Fox buscó golpear a Jorge Emilio con lo de Bernardo y hasta cierto punto lo logró, porque Bernardo había adquirido una imagen, desde luego auspiciada con los recursos del Verde, en los medios de comunicación.

Fox y Elba Esther sabían que al pegarle al Verde, y renunciando Bernardo, le pegaban a la campaña de Roberto Madrazo. Un golpe más a Madrazo y al PRI. Nunca le perdonó Fox a Jorge Emilio no mantenerse en la alianza con la que ganó la presidencia en el 2000, a pesar de que Fox no cumplió sus compromisos con ellos. Vicente Fox creyó que los jóvenes, por ser jóvenes son ignorantes, inexpertos. Nunca le cumplió Fox al Partido Verde. Y así, poco a poco, se fue convirtiendo en un aliado del PRI y en un amigo de Roberto Madrazo.

¿Estuvo la Alianza en crisis con la salida de Bernardo de la Garza? Te lo pregunto porque en ese momento acababa de pasar la campaña de: "¿Tú le crees a Roberto Madrazo?" y porque parecía que Bernardo "tampoco".

Estuvo en riesgo hacia el interior del partido. Entre el Verde y el PRI nunca, por la relación personal de confianza, de reciprocidad, de amistad y de palabra empeñada y voluntad de respetarla. Pero hacia el interior del PRI sí, donde hubo voces que decían que nos salía muy cara la alianza, que el Verde no iba a llegar a los siete puntos porcentuales. Dentro del PRI fue un momento difícil, aguas muy turbulentas que hubo que *surfear* en esos días.

Bueno, el gobierno del presidente Fox fue muy activo en ese terreno.

Sin duda, buscaba siempre provocarle problemas a los partidos políticos en su vida interna. Suena increíble, pero es cierto, no cejaba Fox en crear desestabilización en los partidos, atacándolos todo el tiempo para desgastarlos.

PRIMER DEBATE

Después del primer debate todo mundo tuvo la percepción de que Madrazo había estado fatal. Irreconocible. Por lo tanto, la pregunta es obligada. ¿Cuál fue la estrategia o con qué estrategia se enfrentó el debate?

Déjame decirte de entrada que se nos complicó mucho el debate. Llegamos muy desordenados. Desde luego, fueron muchos factores, pero uno fue muy importante: nos faltó tiempo de preparación, porque le cargamos mucho a la jira y no le abrimos el espacio que se requería, el tiempo adecuado para concebirlo, pero sobre todo para organizarlo. Prácticamente, al menos en lo que a mí respecta, lo empezamos a preparar el domingo, cuando el debate era el martes, y trabajamos domingo y lunes, y luego el martes a marchas forzadas. Nos confiamos. Tuvimos o nos dimos poco tiempo para preparar un debate estratégico, aprovechando que no iba López Obrador, y nada más iba a estar Calderón y los demás.

Sabíamos también cuál iba a ser la función de Roberto Campa. Ahí sí no nos equivocamos, su posición era muy clara. Prácticamente un "patiño" de Calderón, subordinado a los fines y los intereses del PAN y su candidato. Pero más allá de esto, la estrategia, tal como la planteamos, nos dejó sin elementos para mostrar la habilidad del candidato, la experiencia política de Madrazo, su personalidad y carácter, ante la gente. Habíamos hecho una campaña larga manejando muy bien los temas. De hecho, los capítulos del primer debate eran los más usados por nosotros en las exposiciones, en las jiras, en los mítines, en las reuniones con empresarios, con la sociedad civil, con las mujeres. Eran los temas conocidos por nosotros, donde sin duda teníamos mucho que decir, pero nos enfocamos y nos empeñamos más en demostrar la inexperiencia de Felipe que en mostrar nuestra propuesta. Y luego yo perdí la capacidad de reacción, me sentí muy amarrado, con demasiados arneses para poder demostrar mi conocimiento de los temas.

Lo cierto es que Madrazo estuvo irreconocible...

Tampoco yo me reconocí. No es justificación, pero hubo motivos para que me sintiera amarrado. El más importante de todos: seguir puntualmente, con mucha disciplina, la lectura textual de ciertos párrafos para que esa fuera la nota en televisión. Y yo creí en eso sinceramente. Entonces bajaba mucho la mirada a la lectura del párrafo. No quería perderme en el texto y al final perdí concentración, espontaneidad, seguridad. Fueron errores de procedimiento que terminaron por amarrarme. Me concentré demasiado en mis notas, mientras Calderón, sin contestar siquiera mis planteamientos y señalamientos, se fue directo a la propuesta. Creo que ahí nos falló la estrategia.

¿No sientes, o no sentiste en el momento, que el debate te estallaba en las manos? Parecías un improvisado, alguien que no sabía qué hacer con lo que tenía enfrente. ¿Qué le pasó a Madrazo esa noche, a Madrazo en lo personal?

Que Madrazo dejó de ser Madrazo. Pero el fondo del asunto es otro. Y pensando en eso, me he quedado con la idea de que en la preparación del primer debate se pusieron de manifiesto todos los problemas que el grupo traía al interior. Y entonces el debate, como evento, fue como un crisol en el que se reflejaron los conflictos, las contradicciones y los problemas dentro de la campaña. Por ejemplo, la preparación misma contó con un grupo demasiado amplio y no necesariamente homogéneo en cuanto a la definición de lo que debía hacerse.

Entonces el debate sí te estalló en las manos...

Sí, porque no tenía un hilo conductor. Como equipo fuimos incapaces de definir una línea que le sirviera de guía al candidato. Fíjate que unos días antes tuvimos algunas reuniones clave, donde definimos la estrategia, eso ocurrió una semana antes de empezar a trabajar. Sin embargo, pude advertir en esos días que había quienes en el grupo guardaban algo bajo la manga. Después me cayó el veinte, porque me pidieron las tarjetas que se habían elaborado con algunas respuestas, con los temas tal como yo los iba a manejar y hasta lo que iba a decir. Tuve un presentimiento y me negué, pero después cedí y las entregué. Alguien estaba jugando "chueco". Todo esto lo vi más claro cuando advertí que Calderón, en el debate, se manejaba y contestaba como si supiera perfectamente lo que yo iba a plantear.

Pero, ¿qué le pasó a Madrazo esa noche? ¿Puedes indicar algún error personal, algo en lo que tú personalmente te equivocaste?

Cometí varios errores. Uno, no pelear con los organizadores para que me permitieran usar el auxiliar auditivo que necesito por una lesión en el oído. Era mi derecho y me sentí incómodo, hasta cierto punto inseguro, sin ese aparato. Otro error personal es que no presté atención al debate mismo, sino que me fui de corrido sobre lo que habíamos preparado. Y Calderón tenía tanta información acerca de lo que íbamos a decir, que cuando intentaba ponerlo en jaque, él tenía la respuesta oportuna. Sin embargo, Felipe decía tal cúmulo de barbaridades que sin duda tuve oportunidad de entrar con ventaja y precisión —eso lo vi claramente después, cuando me senté a estudiar el video—, pero la oportunidad que tuve me pasó de noche por atender más a lo que llevaba preelaborado en mis tarjetas. Simplemente no presté atención al debate mismo, al momento del debate. Cuando vi la repetición en el video, esa misma noche, me di cuenta. Ahí fue cuando tuve la certeza de que Felipe conocía incluso lo que nosotros llamábamos "frases puente", o sea: lo que íbamos a derivar o a ligar de una posición de él a la nuestra. Calderón conocía todo perfectamente bien.

Lo que me dices me deja la impresión de que para Roberto Madrazo prácticamente no hay nada rescatable en el primer debate. ¿Estoy en lo correcto? ¿No hay un momento para Madrazo durante esas horas, un acierto, una jugada a su favor?

La única vez que lo pude sorprender fue cuando usé un documento que conseguimos a última hora en la página de la Sedesol en Internet, donde teníamos la declaración de la propia secretaria, Ana Teresa Aranda, poniendo de manifiesto que más del 10 por ciento de los programas de la Secretaría se había usado en el proceso electoral a favor de Calderón. Con ese documento de última hora en la mano fue la única vez que lo pude sorprender. Evidentemente él no sabía que yo lo iba a usar en el debate, porque lo tuve de última hora. Por eso me parece todavía más claro que Felipe estaba al tanto de toda nuestra estrategia en el primer debate.

De ser así, no es un asunto menor...

No lo es, pero lo central es que yo no estuve cien por ciento en el debate. Demasiado atento a las notas que habíamos preparado. Tan desconcentrado que hasta se me cayó una hoja y luego me agaché a recogerla, a pesar de que el equipo me había advertido que, si eso llegaba a suceder, por ningún motivo debía salirme de cuadro. Y fue lo que hice: me agaché a recogerla y me salí de cuadro. Cometí muchos errores, como un novato en la tribuna, cuando yo no uso tarjetas, más bien los textos los veo, los siento, los hago míos y los digo. Así me comunico con la gente. Pero esa noche creo que no logré comunicarme con quienes estaban frente al televisor. No hubo un mensaje claro de lo que le queríamos decir. Y lo único que dije todo el tiempo fue: "Calderón es inexperto". ¿Y? Faltó la propuesta clara de Madrazo para aquellos que estaban esperando ver a un candidato capaz de ofrecerles seguridad y futuro, no más confrontación, sino acciones y proyectos muy concretos de bienestar y progreso en cada uno de los temas del debate.

¿No te dejaste provocar también por Roberto Campa?

Con Campa no nos equivocamos. Felipe y él jugaron el uno-dos tal como lo habíamos previsto. Campa golpeando y Calderón proponiendo. Esa fue una estrategia que definimos desde el principio. Lo pensamos desde el principio y se logró bien el control de daños tras el ataque de Campa. Incluso fuimos más lejos: interpusimos una denuncia contra Campa por uso y tergiversación de información fiscal de la Secretaría de Hacienda. Denuncia a la que no dio ni ha dado respuesta el gobierno. Lo curioso, y diría que hasta inquietante, es que Felipe Calderón lo haya nombrado en su gabinete a sabiendas de que Roberto Campa tiene una demanda penal en su contra. Y lo ha colocado, ni más ni menos, como secretario técnico del Sistema Nacional de Seguridad Pública. A pesar de que está sujeto a lo que establezca la justicia en este momento. Vamos, es un asunto delicado que con tal desparpajo forme parte del gabinete del presidente Felipe Calderón, cargando una demanda penal por un delito que se persigue de oficio: manejar públicamente información fiscal de uso reservado de la Secretaría de Hacienda del gobierno federal.

Vuelvo atrás. Dices que Felipe Calderón prácticamente conocía todo lo que tú ibas a plantear en el debate. ¿Lo adivinó Calderón o sugieres algo más, una filtración quizá?

Ahí falló el equipo, el grupo. Y yo también.

¿Nunca desconfiaste del equipo, de alguien en particular, no sé…?

Yo traía cierta desconfianza con una parte del equipo de aire. Veía en algunos miembros de la agencia que habíamos contratado demasiada terquedad para querer llevar al candidato por un camino donde no se sentía cómodo —por carácter, personalidad, por su propia biografía política. Y me preguntaba la razón de esa terquedad, y a lo más que me llevó fue a una cierta desconfianza. Sin embargo, quise cumplir los compromisos que yo mismo había establecido con ellos. Fue un error.

¿Un error o una ingenuidad de tu parte?

Te comentaba que algunos compañeros me habían hecho ver que algo no andaba bien con la agencia, que debíamos contactar de inmediato a un nuevo equipo de consultores. Y bueno, me reuní con ellos y vi que tenían muy claro el escenario, coincidíamos en lo fundamental, pero pospuse la decisión de quitar a la agencia. Y fue así que dimos el primer debate con la agencia dentro del equipo. Fue un error y una debilidad, porque por ahí se filtró todo hacia Felipe.

Es una afirmación delicada. Supongo que tienes elementos…

Sí los tengo. Mira, yo llegué con el tiempo muy quemado a las sesiones de ensayo. Trabajaríamos domingo, lunes y el martes en la mañana. El debate iba a ser el martes en la tarde. En todo caso, el grupo había trabajado durante una semana preparando los materiales y yo me incorporaría el domingo. El sábado por la noche yo tuve los documentos en mis manos: dos hojas en las que se concentraba todo el debate: temas, argumentos, propuestas. Eran una joya esas dos hojas. Un esquema muy preciso.

Pero el domingo por la mañana, inesperadamente, uno de los representantes de la agencia me invitó a desayunar y me entregó un fólder, supuestamente con los documentos y notas para el debate. Me di cuenta de que no coincidían con las dos hojas que había preparado el grupo. Ahí reapareció la desconfianza. Pero los tiempos estaban quemados. Y yo mismo no estaba en las mejores condiciones, traía una gripa brutal, me estaba medicando por mi cuenta a base de antihistamínicos, demasiada presión. Al final se mezcló todo, documentos, notas, tarjetas, criterios, gente, y el resultado fue lo que se vio en la televisión. Recuerdo que entretanto alguien me dijo: "Todo esto va a ir a parar a las manos de Felipe Calderón".

Perdona el símil, pero lo que me has dicho me recuerda la novela Crónica de una muerte anunciada, *de Gabriel García Márquez.*

¡Y anunciadísima! Porque le di entrada a la línea de conducción preparada por la agencia y porque Felipe Calderón conocía las respuestas y conocía esa línea. Así que el resultado estaba más que anunciado. Cuando hice el repaso, ya sobre el video esa misma noche, me puse furioso, muy molesto, pero conmigo, porque no presté atención al debate, sino a los textos que me habían dado. No estuve en el debate y no di debate. Si lo hubiera hecho hubiéramos salido muy bien librados, porque conocíamos los temas de fondo, las cifras, la propuesta, todo eso que estaba en el discurso de la campaña. Pude haberme parado en el podio en los tres minutos que me daban de exposición y sobradamente cubrirlo con lo que traía en esas dos hojas donde estaba el debate superconcentrado. Eran cuatro guiones para los veintitantos o no sé cuántos minutos que me tocaban. Pero por meterle al adorno retórico, a las "frases puente", a la ironía, a golpear a Calderón, a las frases para la televisión, a todo eso que me dio la agencia, me distraje. Me distrajo lo que no era importante. Y lo esencial lo perdí de vista.

Elias Canetti, en alguna de sus obras, habla del "interlocutor cruel" que toda persona trae adentro. Es como un alter ego, ese "otro yo" que ante el espejo puede llegar a ser duro y cruel en el diálogo consigo mismo. Te pregunto: ¿qué te dijo a ti el "interlocutor cruel" cuando lo enfrentaste después del primer debate?

Mejor no te digo. El interlocutor cruel no me bajó de pendejo. No fui yo esa noche. No estaba suelto. Demasiados arneses. Y lo que más coraje me dio es que conocíamos profunda y seriamente la problemática del país en los temas que se estaban tratando. Para mí el primer debate fue un gran fracaso, un gran error, que reafirmó la percepción de que Calderón era el segundo lugar y Madrazo el tercero. Mis errores en el debate ayudaron a reforzar la realidad virtual que estaban queriendo crear el gobierno federal y los medios.

Donde dimos una buena pelea, porque ya estábamos conscientes de los errores, fue en el posdebate. El día siguiente empezamos desde las seis de la mañana hasta las nueve de la noche, hablamos a todos los programas radiofónicos y televisivos y logramos un cierto control de daños.

Fíjate que la fuente de medios que cubría las jiras de Madrazo, y que conocía muy bien los contenidos de la campaña, se sorprendió muchísimo de que hubiéramos abandonado el discurso en el debate. Ellos se lo sabían casi de memoria. Incluso bromeaban entre ellos en las jiras y decían: "Ahora Roberto va a introducir la frase tal". Y por eso fueron los primeros sorprendidos de que yo no hubiera seguido el mensaje de la campaña. Todos aquellos que conocen a Madrazo se quedaron pasmados, porque esa noche perdí el discurso. Pero ahí estaba, en esas dos hojas que guardo todavía en la *egoteca* de mi casa. ¿Quieres algo más para tu "interlocutor cruel"?

Creo que sí, algo más sería en relación con otro interlocutor, no menos duro, no menos exigente, que es la sociedad. ¿Qué pasó con Roberto Madrazo que esa noche olvidó, como candidato, hablarle a la sociedad?

Demasiada gente alrededor, muchos papeles, un cúmulo de notas, colores y un surtido impresionante de frases, con lo cual perdimos orden, congruencia y dirección. A medida que pasaban los minutos, yo mismo me fui dando cuenta de que no conectaba con la gente que estaba atrás de la cámara. Ni siquiera con el que la movía. Sentía el vacío en el debate. Aunque tuve por ahí dos o tres "toques de balón" con Calderón, donde me sentí cómodo, pero nada más. Mira, ya sé que los "hubiera" no cuentan. Pero si en ese momento *hubie-*

ra mandado al carajo todo ese complicado esquema y *hubiera* empezado a dar debate, quizá *hubiera* conectado con la gente. Pero no lo hice, y los *hubiera* salen sobrando, porque lo cierto es que me perdí en el grupo y efectivamente no vi a la sociedad.

¿No preferiste hablarle mejor a los políticos antes que a la gente común?

Pero ni siquiera me fue bien con los políticos. Bajaba tanto la mirada para leer y leer que decían: "No conoce los temas. ¿Qué le pasa a Roberto? Roberto habla en un auditorio sin leer una hoja, y ahora no puede articular dos minutos y medio". La gente y los políticos estaban desconcertados. Quedamos mal con unos y con otros, a la gente no le gustó y a los políticos tampoco. Yo recuerdo las expresiones de Mariano Palacios, del propio Manlio Fabio, con sus ojos. No se atrevieron a decirme nada, seguramente para no lastimarme. Pero su mirada, cuando yo daba la entrevista a López-Dóriga y a Javier Alatorre en el posdebate esa noche, me lo decía todo. Y fue cuando me solté ante la pregunta obligada del conductor: "¿Qué le pasó a Roberto Madrazo anoche, que no era el Roberto Madrazo que conocemos?" Y yo dije abiertamente: "No lo di bien". Pero por mi mente pasaban muchas cosas: mis errores en primer lugar, y la confianza que tuve en una estrategia y unos contenidos que se suponían valiosos, confirmados, valorados, porque iban a desconcertar a Calderón. Pero nada, el adversario conocía puntualmente todo lo que íbamos a decir. Y nosotros nunca conocimos una línea de lo que iba a decir él. Aquí, en todo caso, el "contraespionaje" funcionó al revés. Pero regresando al posdebate —y más allá del control de daños que intentamos—, creo que hay dos cosas claras: mi desempeño, sin duda fatal, y una sobrexplotación de mi desempeño en los medios para hacer crecer a Felipe Calderón. Me parece que fue aquí donde se puso de manifiesto que se había perfilado ya una elección con una clara intromisión del gobierno de Vicente Fox en favor de Calderón.

¿Te refieres a una elección de Estado, como lo denunciaste en la campaña?

Creo que la estrategia general del gobierno en los medios nacionales ya estaba perfilada a la hora del primer debate. Esa misma noche Madrazo debía salir, a como diera lugar, en la tercera posición. Ese era el servicio por el que el presidente Fox había contratado a los medios. Y bueno, nosotros ayudamos. Esa sería la ponderación correcta de nuestros errores. Así que cualquier cosa que hubiéramos hecho no iba a cambiar esa definición. Tan fue así que esa noche, aun hablando con los dueños de algunos medios de comunicación, no logramos controlar del todo los daños, porque ya era una política de Estado. La percepción del debate ya estaba diseñada en los medios. Y nuestros errores ayudaron a que el gobierno consolidara su estrategia. En el fondo el triunfador fue el gobierno, operando el debate mediático. Ganaron también algunos empresarios, sobre todo de medios, ligados a los intereses de Fox y Marta Sahagún, y nosotros dimos todas las facilidades para ello.

En las ocho columnas de los diarios, de las televisoras y de las radios dieron ampliamente esa noche ganador a Felipe. Y no olvidemos que la gente esperaba encontrar a quien se encontraba en segundo lugar para ganarle a Andrés Manuel, porque era un referéndum. Y la gente dijo: "Ah, bueno, si este es el que le ganó a Madrazo, a este hay que apoyar para gane".

El debate fue un punto de quiebre. Fue central, porque lo que estaba buscando el auditorio y el televidente, entre Calderón y Madrazo, era alguien capaz de ganarle a López Obrador. El referéndum era ese. Y nosotros no estuvimos a la altura de ese desafío.

Entonces, nuestros errores ayudaron, pero el gran tema es que el gobierno y los medios llegaron con toda una estrategia elaborada. Basta ver que tan sólo entre enero y mayo de 2006, la oficina del presidente Fox pagó más de 1700 millones de pesos por más de 460 mil *spots,* que salieron al aire para inducir descaradamente el voto a favor de Felipe Calderón. De aquí procede el fallo del TRIFE consignando la intromisión de Fox en la contienda y el grave riesgo en que el presidente puso a la elección misma. Sin embargo, como se sabe, no pasó de ahí. El delito de Fox quedó impune. Por eso el tema es la equidad, y desde luego discutir y definir qué tipo de elecciones queremos en el futuro. Para que en el resultado final lo que cuente sea la gente, la sociedad, y no la manipulación gubernamental y mediática.

Segundo debate

¿Cuál sería la diferencia entre el primero y el segundo debate? ¿Hubo algún cambio importante en la estrategia?

En términos de diferencias, hay varias. Una de ellas es que el grupo se depuró y se redujo, lo que derivó en una sola estrategia que permitió definir campos y acciones con un claro hilo conductor. Otra diferencia radica en la preparación misma, con la incorporación de los consultores que siempre debimos haber tenido, más Carlos Alazraki y Carlos Flores Rico. La misma conducción de Carlos Alazraki, que me conoce perfectamente y sabe de qué soy capaz frente a una cámara y de qué no, fue una gran diferencia, toda la diferencia. Los resultados los percibimos en el ambiente con la gente que estaba en la calle cuando salimos del World Trade Center. Entre la gente que se congregó en el hotel sede del cuartel para el posdebate. Nada era igual al primero, porque llegamos con un equipo sólido y nos fuimos de la A a la Z. Para entonces ya había terminado la relación de trabajo con la agencia.

¿Cuál es tu evaluación del segundo debate, más allá de la mirada técnica? Tu evaluación de contenidos, diría yo.

El segundo debate lo dominamos nosotros y lo polarizaron los extremos. Y eso le dio certeza a nuestro mensaje de centro. La confrontación directa entre Calderón y López Obrador, junto a la falta de mensaje de los dos y ante la construcción sencilla y clara de los temas por parte de nosotros, le dio sentido a la gran propuesta de centro para la gobernabilidad planteada por Roberto Madrazo. Felipe y Andrés Manuel se agredieron con todo y con ello perfilaron con toda claridad el escenario de riesgo que siempre advertimos en la campaña. Por eso en el debate terminamos diciendo: "Se equivocan los que creen que esta elección es sólo de dos, en verdad es de tres... los extremos dividen, polarizan, y la derecha es esto, esto y esto, y la izquierda es esto, esto y esto, pero el centro es garantía de acuerdos, de diálogo. El centro es gobernabilidad, es progreso para la gente". Con esas palabras le dijimos a la gente en qué consistía la posición de centro de Roberto Madrazo en la contienda. No un centro ideológico, un centro etéreo, sino un centro activo, de diálogo y construcción de acuerdos. Yo creo que por eso remontamos en el segundo debate.

¿No era tarde para remontar?

Remontamos, no creas. Pero a la vez era tarde. Tarde para el posicionamiento mediático. Nos podía llegar a faltar tiempo. Pero íbamos hacia arriba. Nuestras encuestas nos decían que la elección se había empatado. Por esos días Roy Campos, de Consulta Mitofsky, reconoció con pocas palabras que estábamos en la pelea: "Madrazo puede ser la sorpresa en esta elección". Él nunca dejó de decir: "No hay nada para nadie". Claro, el segundo debate no cambió la impresión del primero, pero tuvo la virtud de mostrar el riesgo, la amenaza de la polarización entre una izquierda conflictiva y una derecha intolerante y conservadora.

Sin embargo, igual la gente terminó comprando la polarización.

El asunto no me parece tan simple. Si bien creo que la gente, en una buena proporción, se metió o la metieron en el escenario de la polarización, hubo sin embargo millones de ciudadanos —los que votaron por Roberto Madrazo— que más bien compraron el escenario de centro y conciliación, de propuestas y gobernabilidad que representaba el PRI y la Alianza por

México. Aunque la mayoría se fue con el escenario retratado en los medios, entre un Sí y un No frente a López Obrador.

¿Qué llevó a Roberto Madrazo a sacar a la agencia y meter a Carlos Alazraki? ¿Algún hecho en especial, acumulación de yerros, se convenció Madrazo de lo que le decían sus colaboradores?

Fueron muchas cosas. Pero hubo una en particular, casi anecdótica. Estábamos terminando una reunión de trabajo con el grupo, cuando el coordinador de la agencia dijo algo sorprendente: "Como las cosas no funcionan, creo que la siguiente etapa es sacar al candidato de la estrategia de aire". Recuerdo a un compañero que le preguntó: "¿Estás diciendo que para ganar la Presidencia hay que sacar de la campaña al candidato a la Presidencia?" Se hizo un largo y muy pesado silencio. Y ahí terminó la reunión. Fue cuando pensé que había que actuar inmediatamente. Hacer el cambio en ese momento.

¿Qué le aportaron al segundo debate Carlos Alazraki y Carlos Flores Rico?

Ellos lograron mover el voto hacia arriba, porque la polarización asustó a la gente, y la posición nuestra fue muy clara. Los dos Carlos aportaron una estrategia: una, no varias. Esa fue la clave. Ahí se dio una combinación sensacional en el trabajo de "Alazrico y Floresraki".* Una mancuerna con la tenacidad y la perfección de Carlos Alazraki en la conducción, y de Flores Rico en los contenidos. Los dos dándole la fuerza a lo que habíamos dicho en la campaña. Si revisamos el segundo debate, se verá qué es lo que decíamos en el discurso. Con una gran eficacia lo adaptaron al debate. Por eso fue tan exitoso. "Alazrico y Floresraki" no se iban de las sesiones de trabajo en tanto el candidato no les diera lo que querían, no me soltaban, y el resultado se vio esa noche. Y también en la

---

* Se trata de un juego de palabras originado en la campaña, con el que Roberto Madrazo hacía referencia a Carlos Alazraki y a Carlos Flores Rico.

percepción que le siguió, y que le dio a la contienda, prácticamente, un empate técnico.

Yo no tengo duda de que la incorporación de Alazraki y Flores Rico significó, de hecho, un relanzamiento de la campaña. Se complementó y se mejoró el eslogan, las fotografías, los espectaculares, con un contenido más claro: "Por ti". Todo esto es por ti. Tú que eres el elector, todo esto que estoy ofreciendo es para ti. La seguridad es para ti, el empleo es para ti, para que vivas mejor, y eso pegó con todo, con una gran eficacia en la gente. El elector empezó a ver que había alguien que le hablaba de su problemática y con *spots* muy bien realizados y contundentes. Fue cuando el electorado volteó a vernos y yo tuve la certeza de que íbamos a ganar, aun en momentos tan difíciles. Hubo también otra cosa que fue muy estimulante: con Alazraki teníamos un equipo de confianza al frente de la campaña de aire, y hasta la campaña de tierra empezó a funcionar aún mejor, y entonces ya se hablaba de una campaña armónica. En los eventos la gente se desbordaba en la calle, en los centros urbanos, donde es más crítico el voto. La gente quería que ganáramos. Concurría a los mítines un gran número de personas, incluso de niveles socioeconómicos más elevados, y se "soplaban" discursos de 40 minutos. La gente bailaba después del discurso, no se iba, se quedaba enchufada, conectada. "Caballo que alcanza, gana" surgió entonces como una frase durísima para nuestros adversarios, generando nerviosismo en Los Pinos, un nerviosismo que los llevó a aplicar todavía más la fuerza del Estado y más recursos a los medios.

¿Es cierto lo que circuló tras bambalinas, en ese contexto, en el sentido de que Elba Esther Gordillo y Vicente Fox buscaron tender puentes hacia el equipo de Madrazo?

En esos días todo mundo decía lo que afirmaba Roy Campos: podíamos dar la sorpresa. Y debido a eso recibí las llamadas más extrañas, de gente que no había aparecido a lo largo de toda la campaña. En verdad se sentía que íbamos a ganar, a tal punto que la propia Elba Esther tendió puentes pensando que íbamos a ganar la elección. Y Vicente Fox también. Todo ello sin abandonar, por cierto, la conspiración que se fraguaba al interior del partido operada por ellos mismos. Eran dos líneas en paralelo. Al final, la verdadera sorpresa fue que algunos de nuestro gobernadores no sacaron a la gente a votar. Y ahí murió la esperanza del priismo de base.

Dices que fue tardía la incorporación de Alazraki. Pero que, aun así, la campaña remontó. Te pregunto: más allá del triple empate señalado por Roy Campos a nivel de encuestas, ¿vio Roberto Madrazo algún indicador en la campaña, entre la gente?

Veía la fiesta en los eventos. Yo veía el entusiasmo en la campaña. Y la gente no te engaña, si no está a gusto se levanta y se va, no se espera a que termine el rollo, porque el camión se va a ir a su pueblo, y deja todo hasta ahí. Pero a mí me costaba trabajo salir de los mítines. La gente bailaba, seguía cantando. Todavía pasaba yo junto a los autobuses y era una fiesta. La fuente de los medios que cubrían la campaña también lo decía, convencida de que íbamos a ganar la elección. Varios reporteros habían estado cubriendo la campaña de Calderón y de Obrador y habían comparado los actos. Y es que llenamos espacios públicos que ellos no llenaban. Se generó un gran entusiasmo. Era la seguridad de la victoria. La gente olía, saboreaba el triunfo, le entró confianza en que habíamos remontado y que íbamos a ganar. Eso lo sentía la gente, el militante. "¡Y no te dejes! ¡Esta es la nuestra!" Y así, desde el "Dios te bendiga" y las oraciones, todo eso tan hermoso que hay en la parte humana de una campaña.

Sí, de acuerdo, mucha gente, mucho alboroto, pero los votos no aparecieron.

Mira, déjame plantearlo como yo lo vi. El segundo debate generó, sin duda, la sensación, la percepción de que Roberto Madrazo remontaba. Tal sensación o percepción fue un efecto real del segundo debate. Lo vi en el ánimo del equipo, en la actitud de la gente. Pero también es cierto que la elección no se iba a ganar con la sensación o la percepción de la gente, por muy estimulante que fuera para nosotros, sino con la movilización del partido el día de la elección. Y esta no se dio. Me pesa tener que decirlo, pero es un hecho real: mucha gente en los eventos, mucho alboroto, pero los votos para marcar la diferencia, a la mera hora no aparecieron.

¿No que el PRI es un partido con estructura?

La estructura del PRI es también un hecho real y cierto. Tanto así, que hasta estaba capacitada. Una estructura de carne y hueso, con nombres y apellidos. Pero la estructura es sólo una herramienta, si no se moviliza no funciona, y se quedó esperando la movilización. Tenían que moverla los gobernadores, que son los jefes políticos de los estados, y allí donde no somos gobierno tenían que moverla los comités directivos estatales, que hicieron todo lo que pudieron con los pocos recursos de que disponían. Por eso, cuando comparas las votaciones de los estados no gobernados por el PRI con los estados donde gobierna el PRI, en porcentaje están mejor los primeros, porque le pusieron todo, nomás que no tenían dinero. Ahí en los estados con gobernadores del PRI se fincó la derrota de Roberto Madrazo en julio de 2006. Ahí está la diferencia.

Pero hubo gobernadores que sí hicieron su tarea, ¿o tampoco?

Puedo mencionar uno, muy comprometido: el gobernador de Oaxaca, Ulises Ruiz. Pero le montaron una estrategia muy bien armada para distraerlo, golpearlo y sacarlo del proceso. Había que distraer a Ulises, y Elba Esther lo comenzó a hacer con el tema de los maestros, que después se le salió de control, al grado de que derivó en la crisis de gobernabilidad y violencia que desató la APPO. Una crisis fuera de control, incluso para el gobierno federal.

¿Tan importante era Oaxaca en la estrategia electoral de Roberto Madrazo que sus adversarios y el gobierno de Fox arriesgaron en su contra un conflicto como el que se dio?

Estaban en juego el poder y la "tranquilidad" futura de los Fox. Entonces, en la lógica del gobierno foxista, ganar la Presidencia de la República bien valía un conflicto, por arriesgado que fuera. Junto con el poder era también la impunidad de la "pareja presidencial" lo que estaba en juego. En ese sentido, yo te diría que Oaxaca era clave. Recuerda que la elección presidencial se gana prácticamente en cinco estados, y junto a esos estados, Oaxaca es fundamental. Pero no sólo eso, el Comité Directivo Estatal del PRI en Oaxaca era el responsable de ayudar al priismo chiapaneco. Entonces, la estrategia contra Ulises le pegaba a dos estados muy importantes donde Madrazo había ganado arrolladoramente en elecciones anteriores. Sin embargo, Ulises mostró una entereza que hoy en día poco se encuentra en la clase política. Resistió una embestida política de marca mayor.

De acuerdo, pero el problema se extendió más allá del objetivo de desfondar en Oaxaca la votación de Madrazo, y también más allá del 2 de julio. Entonces ¿no hay un problema real o de fondo tras el conflicto en el estado?

El problema real se originó cuando el gobernador Ulises Ruiz decidió emprender un cambio de fondo en el uso de los recursos públicos, que los gobiernos anteriores en el estado transferían a ciertos grupos de presión. Ese es el origen de todo. Porque Ulises se lanzó, sin ninguna vacilación, contra el subsidio que se venía otorgando a esos grupos para mantener ciertos márgenes de gobernabilidad en el estado. Había que corregir esta práctica con una decisión política de raíz. Yo diría que el gobernador decidió dejar de "comprar" gobernabilidad con fondos públicos. Dicho de otro modo: decidió corregir la fuga de recursos y reasignarlos a las tareas del desarrollo regional. Y claro, afectó los intereses de los grupos más radicales y conflictivos en el estado. Entre ellos el grupo magisterial y otros grupos políticos locales, incluso partidistas y guerrilleros. La apuesta del gobernador Ruiz fue que la gobernabilidad local resultara no del chantaje desestabilizador y subversivo de grupos que actúan violando la ley y los derechos de toda la sociedad, sino del desempeño de las tareas diarias del gobierno legítimo y legal.

Así las cosas, es completamente explicable que la figura del gobernador resultara incómoda, y que su continuidad como tal se antojara débil, hasta el grado de pretender su caída y con ello reavivar el retorno a los subsidios para esos grupos. Déjame decirte que a esta embestida contra Ulises se sumó casi todo mundo: empezando por los ex gobernadores Diódoro Carrasco y José Murat, el ex secretario de Gobernación Carlos Abascal, los medios de comunicación y todo grupo o persona pública que tuviera "facturas" pendientes con Ulises Ruiz.

¿No cometió errores Ulises Ruiz desde la gubernatura en Oaxaca o todo ha sido una embestida gratuita y sin motivos contra el gobernador?

La tarea de gobierno no te exime de errores. Sin embargo —en mi opinión, puesto que he sido gobernador—, al rescatar la gobernabilidad real y poner a salvo los recursos públicos, me parece que le cumplió a los oaxaqueños.

Chiapas, en cambio, le salió muy bien a la campaña de Roberto Madrazo.

Salió muy bien. Y eso tiene una explicación muy clara: algunos de nuestros gobernadores no trabajaron para el PRI. Los que mejor trabajaron fueron los comités directivos estatales del partido, ahí donde no teníamos un gobernador priista, como en Chiapas. Trabajaron libres, sin recursos, pero también sin freno. Y la votación que yo tuve ahí, como candidato a la Presidencia, es históricamente más alta que la de cualquier gobernador electo en el estado. Y ahí no teníamos gobernador del PRI. Te pongo otro caso: Aguascalientes. El padrón electoral en este estado no tiene nada que hacer con el padrón del Estado de México, y en Aguascalientes nos fue a todo dar. Fue impresionante lo que logramos con todo en contra. Todo, pero sin un gobernador priista que frenara al priismo. También en Baja California, un estado fronterizo con un padrón muy alto, donde obtuvimos una votación muy elevada.

¿Dirías que se armó todo un montaje para frenar la votación de Madrazo en los estados más importantes para el PRI?

Mira, la elección presidencial se gana en cuatro estados: el Estado de México, Puebla, Veracruz y Jalisco, y en el Distrito Federal. Refuerzan los estados de Nuevo León y Tamaulipas. Puedes perder todo, pero si ganas ahí, en esos estados, ganas la Presidencia de México. Ahora bien, el PRI cumplió bien en el Distrito Federal. Pero en el Estado de México nos pegaron con el efecto Montiel. En Puebla se la armaron a Mario Marín. En Nuevo León y Sonora fue escandaloso cómo los gobernadores frenaron al PRI. Basta una revisión de los números para observar que la votación real el día de la elección no concuerda con la fuerza electoral del partido en esos estados. Es en este sentido que María de las Heras dice que "no entiende" por qué perdimos. Y es que una buena parte de la explicación de la derrota de Madrazo estaba ahí, en ese montaje.

El tema parece revelador, porque sumada la estrategia del gobierno de Fox, más el factor Elba Esther, los medios, los factores Montiel y Marín, más el conflicto en Oaxaca y el freno de los gobernadores priistas, todo junto habría representado no más de tres millones de votos. Me llama la atención un montaje tan grande, prácticamente todo el poder en México, para alcanzar una diferencia sólo de tres millones de votos, en un universo de 40 millones.

Fíjate que ese análisis y con esos argumentos me lo presentaron algunos dirigentes del PRD, muy serios y responsables por cierto, por quienes tengo respeto. Claro, lo hicieron para pedirme que apoyara la idea de abrir paquete por paquete. Me dijeron: "Ahí tienes casi dos millones de votos, que son tuyos, y que se le dieron a Calderón, pero si abrimos paquete por paquete esos votos van a aparecer". En ese momento, para mí, era de un alto riesgo lo que había sucedido con la elección, por la ausencia absoluta de equidad, la grave irresponsabilidad del IFE, y desde luego la intromisión igualmente descarada del presidente Fox. Y entonces, cuando me dijeron eso, pensé que buena parte de la explicación que María de las Heras no encontraba, quizá estaba en los paquetes: tres millones de votos, muy pocos en realidad, para todo lo que tuvieron que hacer para sacar a Madrazo de la pelea.

¿Mucho montaje y pocas nueces?

Sí, pero aquí el gran mérito que hay detrás de los casi 11 millones de Roberto Madrazo corresponde a la base, a la militancia del partido. Abajo, el priismo está entero. Sólo en ese sentido entendería yo "mucho montaje y pocas nueces". Porque fue la base del partido la que resistió la enorme embestida del poder. El PRI está quemado arriba, no en la militancia. Prueba de ello es la votación de Andrés Granier en Tabasco, donde el partido arrasó dos meses después de la elección presidencial de 2006. Incluso en el quiebre por arriba, entre los gobernadores, yo diría que hubo márgenes distintos de maniobra. Unos deliberadamente negociaron, otros se confiaron, otros eligieron mal a sus candidatos al Congreso de la Unión. De modo que hubo deslealtades, negligencia, descuidos, errores garrafales de los gobernadores al promover sus candidatos al Congreso de la Unión, y hubo también exceso de confianza. Todo esto para decirte que sí, en efecto, mucho montaje y pocas nueces.

¿Y entonces…?

Entonces, la clave y la evidencia de la derrota están en otra parte. Una parte en los paquetes y otra en el anticipado montaje desde el poder contra el PRI y Roberto Madrazo. No en la base de su militancia. Así que nadie debe pensar en echar abajo la casa. Hay que transformarla. Yo diría que en la pasada elección presidencial hubo lecciones severas para los priistas, pero no debacle.

EL DÍA 3 DE JULIO

¿No crees que el día 3 de julio, el día después de la elección, amaneciste ante una tentación demasiado grande: la propuesta de los dirigentes del PRD de sumarte a impugnar los resultados y apoyar la estrategia de revisar voto por voto, casilla por casilla?

Tan grande que, si la hubiera tomado, se hubiera caído Calderón.

¿Y eso te detuvo? ¡Por favor! ¡Si para ti significaba entrar directo a la pelea! Realmente, ¿por qué no te sumaste, por qué no encabezaste la impugnación electoral?

Porque no entraba a la pelea. Mis propios números y los del partido me decían que en los paquetes no había dos millones de votos más para Roberto Madrazo, como aseguraban los dirigentes del PRD. Y mira que yo revisé todo. ¡Que si era una tentación! Se abría la posibilidad de anular la elección y pelear de nuevo, bajo nuevas condiciones. Por lo demás, había elementos suficientes, hechos irrefutables y preceptos jurídicos para anularla por la intromisión del presidente Vicente Fox. Pero se hubiera incendiado el país.

Me queda claro que se hubiera caído Calderón, pero ¿por qué se hubiera incendiado el país?

Porque el priismo de base, la militancia respaldada por esos casi 11 millones de votos de Madrazo, se hubiera alzado en masa, con todo y contra todo, y también las huestes de López Obrador hubieran arremetido con todo. Y no sólo eso: hubiera yo enfrentado al priismo con la sociedad, hubiera enfrentado a los priistas entre sí, porque los gobernadores presionaban para que Madrazo le levantara la mano esa misma noche a Felipe Calderón.

Pero, ¿no era anulable la elección? El propio Vicente Fox confesó abiertamente su intervención en el proceso contra sus adversarios. Como candidato, ¿no estabas en tu derecho de sumarte a la revisión voto por voto?

Sin duda, y con dos fuerzas políticas de base tan importantes, el PRI y el PRD, y sobre todo con dos candidatos, Madrazo y Obrador, pidiendo la apertura paquete por paquete, más la intromisión real del presidente de la república, reconocida por el TRIFE, más la inequidad y la irresponsabilidad del propio IFE, sin duda hubiera sido obligado abrir paquete por paquete.

Bueno, ¿y por qué no lo hiciste?

Porque Roberto Madrazo sabía, por sus propios números y por los números del partido que, aun abriendo paquete por paquete, no alcanzaba a los dos punteros. Ese fue el punto para mí, no otro, en esas circunstancias. Un dilema político y moral, y después de sopesarlo con toda responsabilidad decidí no pasarlo por alto. Sentí que no podía invocar el precepto legal, o mis derechos, sabiendo que los números no me daban. Ese fue el punto para mí. Sentir que con la invocación del Derecho le daba la vuelta a lo que no tenía vuelta y era claro para mí esa noche: nos habían ganado la elección.

Pero la elección había sido inequitativa, estaba la intromisión del presidente Fox, había elementos para anularla, no era sólo el conteo de los votos, estaban también las irregularidades del proceso... Mira: dejo de lado lo del conteo voto por voto. Voy a la anulación por las irregularidades del proceso. ¿Por qué Madrazo no impugnó atendiendo a estas otras irregularidades?

Porque la impugnación por las irregularidades del proceso, la inequidad y la intromisión de Fox eran sólo la otra cara de la misma moneda del conteo casilla por casilla. Las dos caras de la misma confrontación que dominó la contienda. Claro, la tentación política decía que tenía que apostarle a la estrategia de abrir paquete por paquete. Incluso a la anulación por las irregularidades del proceso. Pero, para mí, era aprovechar una circunstancia que se presentaba propicia para mi beneficio personal. Roberto Madrazo sabía que una acción como esa abriría de par en par la puerta a una ingobernabilidad imprevisible en el país. Y no me presté al juego.

¿Eso fue lo que te detuvo?

Eso fue lo que me detuvo. Y no creo haber cometido un error. Entre la impugnación, utilizando para ello la inequidad y la intromisión clara de Fox, y mi responsabilidad política, con base en los números que yo tenía en la mano, me detuvo el escenario de ingobernabilidad y caos que, en mi opinión, sumiría al país de una manera irremediable e imprevisible. Te digo: no me arrepiento de haber actuado como lo hice esa noche.

¿Y no te arrepientes ahora, después de lo que dijo Vicente Fox en Washington, en una conferencia a mediados de febrero de este año, cuando prácticamente confesó haber intervenido en el proceso?

No, no me arrepiento de haber actuado como lo hice esa noche. Y te subrayo: como lo hice *esa* noche. Porque en ese momento el expediente más fácil y al que todo mundo podía recurrir —conocida la intromisión del presidente, sobre todo— era salir a la calle y protestar, con bases y sin ellas, con argumentos y sin argumentos. Una posición, además, muy atractiva en términos de autodefensa política. Muy abanderable y redituable en lo inmediato, pero no necesariamente la más responsable. Lo difícil, en realidad, era decidir no sumarse a la protesta teniendo evidencias y argumentos, y sabiendo que, de hacerlo, podías contar con un ejército de seguidores. Así que no me arrepiento de haber actuado como lo hice esa noche.

Hoy es otra cosa. Pero esa noche, sobre todo la noche del lunes 3 de julio, el poder en México se encontraba en vilo, si bien estaba alineado para justificar la "victoria" de Felipe Calderón. Esa noche, el aparato del Estado y los medios no hubieran dejado pasar ni el agua contra Calderón, como sucedió hasta con el fallo del TRIFE que consignó la intromisión y el delito de Fox. Esa noche no estaba para aventuras.

¿Por qué dices que hoy es otra cosa, por qué es diferente?

Porque hoy Felipe Calderón ya es el presidente de la república. Y, por lo tanto, ahora todo el mundo puede darse el lujo de cuestionar todo, desde luego a Fox y las demás irregularidades del proceso, incluido el máximo dirigente del PAN, Manuel Espino, quien ha reconocido en el extranjero haber intervenido para torcer la voluntad de los ciudadanos, haciendo acuerdos con algunos gobernadores del PRI para que votaran por Calderón. Hoy todo eso es cosa pública y, lo más importante: no va a pasar nada, porque el poder, todo el poder lo tiene Calderón en sus manos. Esa es la diferencia. Pero esa noche del lunes 3 de julio de 2006, Madrazo podía haber abierto una verdadera caja de Pandora y desatar una crisis, sin la menor posibilidad de lograr más que la apertura del caos en el país. Mira, siempre he pensado que la política y las decisiones son de tiempo y circunstancias. Y aquella noche *esas* eran las circunstancias.

¿Y no crees que pasaste por alto la comisión de delitos que eran también tu deber denunciarlos?

Cuidado, no fue Roberto Madrazo quien pasó por alto las irregularidades del proceso electoral, incluida por cierto la más grave de todas, la intervención abierta del presidente Fox para hacer ganar a Felipe Calderón a como diera lugar. Quien pasó por alto la violación de la ley fue el propio Tribunal Electoral, el mismo que por una parte reconoció pública y oficialmente que Fox intervino hasta el grado de poner en riesgo la elección, y luego, por la otra, lo dejó impune.

Pero ahora es Vicente Fox quien declara que intervino abiertamente para desquitarse de la derrota que significó para él que López Obrador no fuera desaforado. ¿Qué piensas de esto?

Que una vez más la autoridad tiene los elementos para fincarle a Vicente Fox responsabilidades penales por su intervención descarada para hacer ganar a Felipe Calderón. Pero no olvides que quien tendría que hacerlo sería el propio gobierno de Felipe Calderón. Entonces, tampoco hay que ser tan ingenuos. Una vez más la autoridad no hará nada. Es la impunidad del poder.

Pero eso es grave...

¡Cómo no va a ser grave que Vicente Fox reconozca públicamente que siendo presidente de México se metió en el proceso! ¡Cómo no va ser grave que diga que retiró el juicio político contra Obrador y pagó el costo de haberlo hecho... pero que 18 meses después obtuvo *su* victoria! "Me desquité en la elección presidencial..." ¡Cómo no va a ser grave que lo confiese y siga tan campante! Es un hecho grave el reconocimiento de que las instituciones de la república fueron utilizadas para atacar a los adversarios políticos del presidente. ¿De qué democracia podemos presumir en México? Y vuelvo al punto anterior: ayer, hasta los medios que hoy se escandalizan con la confesión de Fox, la noche del lunes 3 de julio no hubieran movido un dedo para poner en riesgo la "victoria" de Calderón, aun con la intromisión de Fox, que también entonces ya se sabía y se dejó pasar.

Déjame decirte que si la democracia mexicana se respeta a sí misma, la autoridad debería ordenar de oficio la comparecencia de Vicente Fox ante un órgano jurisdiccional, ante la sola sospecha de que estamos frente una práctica claramente delictiva en el ejercicio del poder. Y también la de Manuel Espino, porque él mismo ha dicho en una de sus conferencias en el extranjero que "convenció" a algunos gobernadores del PRI para que indujeran el voto priista hacia Felipe Calderón en sus estados. Y bueno, no hay que ser adivino para saber cómo y con qué fue que los "convenció", siendo Espino un hombre clave en la estructura de poder de Vicente Fox en la Presidencia de la República. Obviamente no fue sólo con argumentos.

¿No fue un error el costo político personal que pagó Roberto Madrazo por su decisión esa noche?

Mira, yo anhelaba ser presidente de México, pero no a cualquier costo. Lo he traído en la mente toda la vida, y luché para ser el candidato del PRI y luego para ganar en las urnas, pero tengo límites. Y el costo, que esa noche quedó absolutamente claro para mí, era demasiado alto para el país y, por supuesto, también para Roberto Madrazo si cedía a la tentación y abría esa puerta en México.

Como te decía, para mí es claro el costo personal: no ser el presidente de México. Y, ante otros, quizá desaprovechamos la oportunidad jurídica de pelear en los tribunales. Porque la elección era anulable desde cualquier punto de vista jurídico. Por mucho menos se habían anulado las elecciones en Tabasco, Colima y otras entidades. Pero si me hubiera sumado a la voz y a las huestes del PRD, el priismo me hubiera seguido, me hubiera respaldado la base del partido, pero me hubiera enfrentado a los gobernadores del PRI, y entonces yo hubiera enfrentado también al PRI con la sociedad, y a los PRI regionales con sus gobernadores, y el país ahora sería un caos. Pude haber impugnado y tener así una segunda oportunidad para el partido. Pero no es mi estilo. Quienes me conocen saben que no me gusta ganar de esa manera.

¿Me estás diciendo que era una simple tentación aplicar el Derecho en tales circunstancias?

Era una tentación aprovecharse de las circunstancias. La tentación de pasarse de listo usando para ello el Derecho, cuando claramente habías perdido la elección.

Pero si lo hubieras hecho, ¿te hubieran apoyado los gobernadores?

¡Hombre! Me hubieran pegado con todo, me hubieran censurado, hubieran sido los primeros en levantarse para descalificarme, porque fueron ellos, algunos directa y otros indirectamente, quienes le quitaron al PRI esos votos que hicieron la diferencia. Por eso les urgía que yo reconociera la victoria de Felipe Calderón aquel lunes después de la elección. Vi el pánico en el rostro de algunos gobernadores, el miedo de que yo no reconociera la elección, que dijera que íbamos a pelear en los tribunales. Fíjate que algunos de ellos venían desde la Secretaría de Gobernación, después de haber negociado con Carlos Abascal, a quien le ofrecieron "doblar" a Madrazo para que reconociera a Calderón esa misma noche.

Es una afirmación delicada decir que habían negociado en la Secretaría de Gobernación. ¿Tienes elementos para sostener lo dicho?

Tengo lo que algunos gobernadores del PRI le comentaron directamente al presidente del partido, Mariano Palacios Alcocer, una vez que Madrazo se negó a darles "luz verde" para levantarle el brazo a Felipe Calderón. Conozco los alcances del compromiso de algunos gobernadores, encabezados por Natividad González Parás, con el secretario de Gobernación, a fin de publicar un desplegado en favor de Felipe Calderón después de la negativa que recibieron de Roberto Madrazo la noche del 3 de julio.

Poco se sabe de este episodio…

Sí, porque al final abortó, no se sostuvo entre la mayoría de los gobernadores. No había cómo publicar un desplegado como ese sin entrar en conflicto con la base del partido, ya que mostraba abiertamente las entretelas de la traición que algunos gobernadores habían fraguado en su contra. Pero el episodio está ahí, fue real.

Aseguras que conoces todo, toda la trama. ¿Algún "as" bajo la manga? ¿Qué tiene o qué sabe Roberto Madrazo?

Nada que no sepan los propios actores. La reconstrucción precisa de los ires y venires de Natividad entre la Secretaría de Gobernación, la consulta con otros gobernadores priistas, la preocupación de estos ante el presidente del partido, la "carta" que hablaba del reconocimiento anticipado a Felipe Calderón. Una "papa caliente", por eso tanto cabildeo, tanta consulta de un lado y otro, porque el proceso electoral no había terminado en lo legal, y no obstante a algunos gobernadores del PRI, sobre todo a los del norte, les urgía sacar adelante el compromiso con el gobierno de Fox, a fin de "capitalizar el momento vendiéndose bien", según la conocida frase de Elba Esther Gordillo a esos mismos gobernadores.

Dices: "por eso tanto cabildeo", porque era una "papa caliente". ¿Qué no había consenso entre ellos?

Lo había entre algunos. El problema era cómo lo presentaban sin ponerse en evidencia ante la base del partido. Por eso el gobernador Humberto Moreira, de Coahuila, fue con Mariano Palacios a exponerle su preocupación, porque sabía que Natividad había consensuado el texto del desplegado con Enrique Peña, pero ignoraba si el CEN del PRI conocía el asunto. Entonces, Moreira estaba preocupado porque "la única voz que está circulando en el norte es la de Natividad González Parás".

Después fue José Reyes Baeza, el gobernador de Chihuahua, quien se acercó a Mariano Palacios prácticamente con la misma preocupación, sobre todo por lo cerrado del cómputo y porque, en tales condiciones, le parecía anticiparse demasiado, violentando los tiempos de la ley cuando no había todavía una verdad legal. Y así el elote se le desgranaba a Natividad. Pero seguía en su empeño.

Luego fue el propio Mariano quien lo comentó con Natividad, puesto que eran varios gobernadores los que le habían hablado del asunto que el gobernador de Nuevo León venía encabezando, desde luego al margen del CEN del partido. Entonces Mariano fue directo. Le preguntó si sabía algo de esa iniciativa, a lo que el gobernador González Parás respondió que sí, que habían venido conversando con la Secretaría de Gobernación y que, incluso, ya tenían un primer borrador, donde el segundo párrafo decía que *"los gobernadores del PRI reconocemos el resultado electoral de la elección presidencial que ha computado el Instituto Federal Electoral, en el que la mayoría de los votos es para Felipe Calderón [Hinojosa], con quien, al concluir el proceso, habremos de establecer las relaciones de coordinación, colaboración y apoyo que demanda el Pacto Federal"*.

Así estaban las cosas al día 6 de julio. Les urgía levantarle la mano a Felipe. Pero el tema era complejo, muy delicado, porque el proceso electoral no había concluido. Y eso es lo que subrayó Mariano cuando le hizo ver a Natividad que le estaba haciendo un levantamiento anticipado de la mano a Calderón. Más aún, el presidente del partido le sugirió que, en todo caso, cambiara una parte del texto e incluyera mejor la frase: *"con quien resulte ganador"*, porque, de lo contrario, al priismo le crisparía los ánimos comprobar que muchos de los gobernadores que no habían hecho su "chamba" durante la campaña y el día de la elección eran los mismos que en ese momento estaban siendo obsequiosos con el adversario.

Déjame decirte que en este contexto se dio la exclamación de Manlio Fabio Beltrones cuando encaró a los gobernadores y les gritó: "¡Nalgasprontas!"

Mariano estaba preocupado, pero para Natividad el tema era otro. Más allá de la sugerencia del presidente del partido, a fin de evitar que la declaración de los gobernadores se leyera como una actitud colaboracionista con el PAN, la idea de

Natividad era "no desaprovechar la oportunidad... marcar un vínculo de continuidad en relación con el Ejecutivo".

Sin embargo, el texto no pasaba. Para Peña Nieto, el gobernador del Estado de México, el momento era difícil y resultaba muy complicado adelantarse. Coincidía con Mariano en que el texto iba a hacer ruido dentro del priismo. Reyes Baeza agregó que iba a generar una serie de sospechas y suspicacias. Y así también los demás gobernadores: Humberto Moreira, Eugenio Hernández Flores, Ulises Ruiz, todos en la posición de que había que esperar. El gobernador de Sinaloa, Jesús Aguilar Padilla, exigió cautela, reflexión y prudencia. Más aún, dijo que le extrañaba de "Nati", porque iban a salir en "algarabía". ¡Primero que todos! Uno de los más claros fue Silverio Cavazos Ceballos, el gobernador de Colima, porque al informarle a Mariano Palacios que no estaba de acuerdo con firmar "eso que le estaban pidiendo", le dijo muy directo que no lo iba a hacer porque no le gustaban las "chingaderas", que más bien iba a estar con lo que decidieran Mariano Palacios y Roberto Madrazo.

De todas maneras no me queda claro por qué no reconociste a Felipe Calderón. Después de todo, ya habías decidido no impugnar la elección... ¿qué más daba?

Por dignidad. Porque una cosa era reconocer en mi fuero más íntimo que nos habían ganado, y así lo hice público con toda claridad esa noche, y otra muy distinta que Roberto Madrazo se rindiera ante un grupo de poder dentro del PRI, donde algunos desleales y traidores al partido buscaban sacar raja de la última negociación con el adversario en la Secretaría de Gobernación. Por lo demás, tampoco le tocaba a Madrazo reconocer una "victoria" que sólo el Tribunal Electoral tenía que hacer oficial y legitimar por medio de la ley.

Y sin embargo, esa noche fuiste tú, el propio Madrazo, quien dijo en su discurso, y te cito textual, "que el proceso ha sido legal, como obra en nuestras actas, es legítimo, es un proceso claro... que no deja lugar a dudas". ¿No hay aquí una contradicción también clara con lo que me has dicho en esta conversación?

No, no la hay, porque si revisas todo el discurso verás que me estoy refiriendo al tema, al único tema del que yo decidí hablar esa noche: la derrota clara y transparente, según nuestros números, del candidato Roberto Madrazo. No estoy avalando, de ninguna manera, todo el proceso, me estoy refiriendo a lo que le toca al PRI y a su candidato.

Pero dijiste, y te vuelvo a citar textualmente: "el proceso ha sido legal, es un proceso claro, es un proceso transparente". Tres veces repetiste la palabra "proceso". ¿Y no te referías a todo el proceso?

No me refería a todo el proceso. Hablaba del proceso en cuanto al PRI, del proceso con referencia a Madrazo, que era legal, claro. Es más, dije también, y esto es también textual, lo recuerdo perfectamente: "no deja lugar a dudas". Me refería a nosotros, al PRI y a Roberto Madrazo, por eso mi insistencia en la frase, que también recuerdo muy bien, que repito a lo largo del discurso: "según nuestras actas... como obra en nuestras actas... no deja lugar a dudas en las actas en poder el PRI... el resultado no nos fue favorable".

Insisto en esto porque, visto desde otro ángulo, uno puede pensar que los gobernadores esa noche sí "doblaron" a Roberto Madrazo.

No fue así. Y los hechos, más que el discurso, no me dejan mentir. Porque no fue tramoya el encontronazo de Madrazo con los gobernadores, y en particular con algunos de ellos, porque no había reconocido yo el triunfo, la victoria, según ellos, clara de Calderón.

Entonces, ¿qué le pasó a Madrazo a la hora del discurso?

Yo reconozco que la improvisación, el ambiente que te podrás imaginar había esa noche, las presiones, las emociones y sentimientos encontrados, todo eso puede haber influido para que el discurso, que no estaba previsto, saliera con algunas imprecisiones, como la de emplear la palabra "proceso" cuando me estaba refiriendo claramente a la parte del proceso que correspondía al PRI.

¿Dirías tú que, al no impugar la elección, de alguna manera te la debe Felipe Calderón?

No, porque la mía fue una decisión pensando en el país, no en Felipe Calderón.

Pero es innegable que tu decisión le funcionó a él de maravilla.

Le funcionó al país. A él no sé, quizá de momento, pero falta mucho que ver todavía. El propio Vicente Fox tiene aún mucho que decir, mucho que ofrecernos con su elocuencia. Lo que sí tengo claro es que ahora, con algún margen de gobernabilidad y aun con la escasa legitimidad del proceso y sus resultados, aun así, creo que el país tiene una oportunidad para fincar acuerdos para el futuro, como la reforma del Estado que ha planteado Manlio Fabio Beltrones y que habrá de darle certeza jurídica y legitimidad política y social a los procesos democráticos y electorales del futuro.

¿Has tenido alguna comunicación con el presidente Calderón en torno de esa decisión que tomaste aquel lunes 3 que se antoja histórico?

No, ninguna. Yo creo que él no ha valorado dos cosas: la decisión de Madrazo y la declaración del partido el día lunes 3 de julio siguiente a la elección. No le ha dado la dimensión histórica que tuvo como partido, porque no lo hacía un hombre solo, lo hacía Roberto Madrazo a nombre del priismo, al decir: "No vamos a pelear en los tribunales lo que no ganamos en las casillas".

Y si por alguna razón se hubiera dado una nueva oportunidad, ¿hubieras seguido adelante como candidato o hubieras declinado? Sé perfectamente que la pregunta es especulativa, pero de todas maneras te la hago.

Para mí no es especulativa, porque las circunstancias me llevaron a pensar en un escenario como ese, un escenario que podía darse. Y te contesto con absoluto apego a la verdad, porque me puse en tal escenario. Si se hubiera dado, si por alguna razón se hubiera repetido la elección, porque así lo hubiese determinado la autoridad, no hubiera sido conveniente que el partido jugara con el mismo candidato. Las condiciones al interior del PRI lo hacía inviable.

Déjame decirte que tendrás tus razones, que yo respeto, pero hay también quienes sostienen que Roberto Madrazo "negoció" muy bien su silencio ante los resultados.

El chisme es tan elemental que, por lo mismo, es ciego: no ve lo que tiene enfrente. Y lo que Madrazo sopesó esa noche fue prácticamente todo el poder del lado de Felipe Calderón, absolutamente todo. ¿Qué te quiero decir con esto? Que Calderón, aun con ese pequeño margen de votos a su favor, tenía sin embargo a todo el poder alineado con él. No necesitaba, pues, negociar nada, sencillamente porque ya lo tenía todo. Tenía el poder y la fuerza. Era sólo cuestión de tiempo. El golpe ya estaba dado.

¿No negoció con Roberto Madrazo?

¡Por amor de Dios! Pero, ¿qué iba a negociar con Madrazo? ¡Con Madrazo! Si acaso, déjame decirte, Felipe Calderón "negoció", y muy bien, con algunos gobernadores del PRI, eso sí.

Tal pareciera que los gobernadores —y no hablaría sólo de los gobernadores del PRI— se han convertido en una suerte de casta por encima de todo, no sólo de las estructuras de sus partidos, también por encima del presidente de la república, como se vio con Fox. Hablo de los gobernadores como un poder paralelo muy poderoso en torno a sus propios intereses y la protección de los mismos.

El federalismo en México se ha desvirtuado. Hoy los gobernadores son pequeños grandes caciques con un poder absoluto. Leí hace poco un informe del Banco Mundial que plantea muy bien esta problemática. Dice que se trata de uno de los grandes rezagos institucionales del país, uno de los más serios obstáculos para el desarrollo democrático. Y es cierto, algunos gobernadores no han permitido, por ejemplo, que avancen los mecanismos de rendición de cuentas, de transparencia en el ejercicio y asignación de los recursos, las evaluaciones por desempeño y competencia, en fin. Y no tienen ningún interés en que eso cambie. Esto lo vemos tanto en gobernadores como López Obrador en la ciudad de México, o como Natividad González Parás en Nuevo León. Protegen sus intereses antes que cualquier otra cosa de interés público.

Esta fue la razón por la que se sintieron tan a gusto con la ausencia de un gobierno "federalista" en la administración de Vicente Fox. Con Fox se perdió el sentido y el orden de la república. Y una de las consecuencias de esto la puedes ver en la apropiación del territorio por el crimen organizado.

Por la misma razón, al menos algunos de los gobernadores del PRI, vieron en Roberto Madrazo una amenaza. Después de todo, traía una sólida visión de Estado, un sentido de la república, a partir de un gobierno ordenado y muy firme. Por lo demás, esa es mi carga histórica. Todo esto quedó claro en las horas posteriores a la elección, cuando los gobernadores parecían decir: "¡Uff!, qué bueno que ya perdió Madrazo, vámonos ahora a reconocer a Calderón". Si algunos hasta propusieron llevarme hasta las oficinas de Felipe Calderón, aun cuando los números todavía eran muy cerrados, incluidos los nuestros. "¡Nalgasprontas!", les gritó Manlio Fabio, y apenas se sonrojaron un poco. Y claro, Calderón era para ellos más manejable, menos hecho para el poder, más inseguro, más a modo con sus intereses.

Ese lunes vi con toda claridad que los gobernadores habían elegido a alguien a quien podían manejar, alguien que se rindiera a sus caprichos. En el fondo, no habían elegido a un presidente de la república. Tal es el poder de los gobernadores en México hoy en día, con un "federalismo" que da para todo, menos para el desarrollo regional. Un "federalismo" que multiplica por 32 los peores vicios del presidencialismo en México.

¿Dirías que la noche del lunes 3 de julio fue decisiva? ¿Un "lunes negro"? ¿Negro para quién, para Madrazo, para el PRI, para quién?

Negro para el país, sombrío para la democracia. Desde luego para Madrazo y para el PRI. Yo diría que negro para el priismo, para la militancia. Para Madrazo fue un día triste, lo reconozco. Dolía más que el resultado electoral. Sentir que había ido a la contienda de la mano con el enemigo. Eso sí dolió. Perder, no con la militancia, no con la sociedad, sino con unas cuantas personalidades políticas del partido, perder con un grupo de poder. Fue un "lunes negro" para el país, para la democracia. Un "lunes negro" para la militancia.

¿Qué más recuerdas de esa noche? Me refiero a un gesto, un detalle, algo que te haya impactado en lo personal. ¿Hubo algo esa noche que pueda rescatar Roberto Madrazo?

Se me ha quedado grabada la posición de firmeza de Mariano Palacios. Pocos saben que los gobernadores se reunieron esa tarde, previamente entre ellos, antes de la cita que tenían con Mariano en la sede del partido. Lo hicieron para tomar acuerdos entre sí, después de oír los planteamientos de la comisión que ellos mismos habían designado para ir con el secretario de Gobernación, Carlos Abascal. Y entonces, cuando tuvieron lista la estrategia, con el pretexto de conocer cuál sería la agenda de la reunión en el partido, le pidieron a Mariano Palacios que los alcanzara. Entonces Mariano se negó. Les dijo que la reunión sería en la sede del partido y que la agenda la tenía Roberto Madrazo, el candidato del partido. Fue debido a eso, a la firmeza y dignidad de Mariano Palacios, que tuvieron que ir al salón Presidentes del PRI a entrevistarse con nosotros. Ahí Mariano, mostrando su experiencia y habilidad política, invitó a algunos miembros de la dirigencia para que nos acompañaran y fueran testigos de lo que se trataría esa noche con los gobernadores. Eso es lo que me ha quedado en el recuerdo de esa noche, la hombría, la dignidad, la inteligencia política, la integridad de Mariano Palacios Alcocer.

IV. ¿QUÉ SIGUE PARA ROBERTO MADRAZO?

¿QUÉ SIGUE PARA ROBERTO MADRAZO?

Para cerrar quisiera entrar, con unas cuantas pinceladas, a la visión de futuro: lo que viene o lo que sigue para Roberto Madrazo y, desde luego, lo que piensa de México y su porvenir en el inicio de un nuevo siglo.

Voy primero con la perspectiva personal. En seguida viene el país. Y para terminar, el punto de partida: Roberto Madrazo.

Comenzamos, pues. ¿Se acabó o tiene continuidad la carrera política de Roberto Madrazo?

Tiene continuidad el hombre, la persona. Eso no tiene fin. Quizá ni con la propia muerte. Y el hombre es sus convicciones, sus sueños y anhelos. Y eso tampoco conoce final. Por lo demás, yo sólo perdí una elección...

Sí, pero muy importante...

Perdí sólo una elección. No la vida. Y, como decíamos al principio de esta conversación, hay un mundo más allá de la política. Sólo hay que descubrirlo. Es política más allá de la política.

¿Y ese mundo existe realmente, es posible para Roberto Madrazo?

Claro que es real y posible. Es el mundo de la justicia más allá de las burocracias y los nudos de interés. El mundo de las comunidades y sus territorios sociales más allá de los caciques y el centralismo. Es el mundo de las personas, las familias y la sociedad civil, más allá de los partidos políticos y los grupos de intereses. Ahí quiero estar. Con la gente.

Parado en 2007 y de frente ante el país, ¿cómo ve Roberto Madrazo a México en el inicio del siglo XXI?

Para mí, hay una palabra que describe perfectamente a nuestro país en la hora actual: crisis. Veo a México como una larga crisis. Y a tal punto que me atrevería a decir que la crisis de hoy es la crisis de ayer.

No sé si alguien de la clase política compartiría un diagnóstico tan radical o pesimista. Me refiero a la clase política porque ahí están tus pares.

Pero no se trata de ser optimistas o pesimistas. Creo que hoy en México han de ser muy pocos quienes no compartan la idea de que traemos una acumulación histórica impresionante de problemas, cuya solución hemos encubierto o hemos postergado o de plano ignorado. Y esos problemas están ahí, no han desaparecido. Al contrario, se han agravado. Pero ahí están, y los políticos y los gobiernos los llamamos "rezagos".

Los "rezagos" no son más que un cúmulo de demandas de todo tipo, sobre todo sociales.

Me detengo en la palabra "crisis". ¿Podrías ser más específico? ¿A qué te refieres, por ejemplo, con "crisis de ayer" y "crisis de hoy"?

Para mí es una sola crisis la que padece México. Una crisis histórica muy profunda, que se hizo crónica en los últimos cincuenta años. Y en mi opinión, tal como lo exponía en algunos eventos de campaña, los "rezagos" del pasado son los que alimentan la crisis actual.

La crisis de ayer es la que dio origen a ese gran estallido social que fue nuestra Revolución de 1910, cuyos logros se agotaron hacia fines de los sesenta. Y la crisis de hoy se incuba en 1968 y se ha extendido hasta lo que llevamos del siglo XXI.

¿Dos momentos de una misma crisis?

No sé si dos o tres momentos. Lo que yo veo, y estoy seguro de que lo ven también los historiadores y muchos mexicanos, es que no hemos salido del problema.

¿Qué del pasado sobrevive en la crisis de hoy?

No todo, por supuesto. Hemos avanzado. Sin embargo, sobreviven dos grandes problemas, cuya falta de solución definitiva, por error o por intereses, ha paralizado el progreso de la mayoría de los mexicanos. Uno es el agotamiento del Estado como base única del desarrollo. Y el otro, el fracaso del régimen de libre mercado. Y entonces, ve cómo sobreviven el caciquismo, la pobreza, la falta de competitividad económica, la corrupción, la impunidad del poder. Son problemas viejos, pero viven en el México de hoy sus mejores tiempos. Son problemas que hemos ido rezagando en el tiempo y de ese modo persisten hasta hoy sin una solución adecuada.

Lo que llamamos "rezagos" son viejos asuntos que por intereses políticos, por incompetencia gubernamental, por indiferencia, por lo que sea, persisten hasta afectar, como ocurre ahora, la potencialidad interna y global de México.

Y en términos de soluciones, a juicio de Roberto Madrazo, ¿por dónde pasan los desafíos para generar o recuperar la potencialidad que México necesita?

Lo decíamos durante la campaña presidencial: México requiere con urgencia poner en orden los ejes de su desarrollo. ¿A qué me refiero? Se lo exponía yo a los empresarios. Les decía: "Necesitamos poner en orden tres cosas: el Estado, los mercados y la democracia electoral". ¿Por qué? Porque en México es indispensable recuperar nuestras capacidades institucionales gubernamentales, y apoyar y encauzar nuestras capacidades institucionales no gubernamentales, de lo contrario no lograremos nunca ser más efectivos en el combate a la pobreza. Son dos capacidades indispensables para crecer con competitividad, con una mejor distribución del ingreso, y con sustentabilidad ambiental. No lo digo ahora. Lo expuse con estas palabras a todo lo ancho de la república. Mira, si no le entramos a estos asuntos, no lograremos enderezar desde la raíz el desarrollo mexicano. Es verdaderamente urgente hacerlo. No podemos seguir perdiendo el tiempo con ocurrencias, sin un proyecto de Estado que le dé rumbo al país.

Sí, pero, ¿cuál sería la "raíz" en la visión de Roberto Madrazo?

La raíz es histórica. Por un lado, el agotamiento de la participación del Estado en la economía, que la hemos entendido simplemente como "desregulación" y hasta hoy sigue sin una solución correcta. En los setenta más bien salimos por la puerta falsa del populismo durante doce años, y después, en los ochenta, por la puerta falsa del neoliberalismo durante otros veinte. Por el otro, porque en materia de políticas de crecimiento económico, hemos abusado del dilema *proteccionismo o liberalización* y hemos caído en extremos. Ese abuso nos ha impedido cumplir las aspiraciones sociales y productivas de los mexicanos.

Por último, como ha quedado demostrado con la elección del 2000, el gobierno de Vicente Fox y las elecciones presidenciales de 2006, la alternancia electoral existente no se ha traducido en progreso para México, transición y cambio. La alternancia se ha reducido a relevar un partido por otro, sin mejora ni beneficio alguno para la mayoría. De seguir así, la alternancia va a seguir sin traducirse en transición.

Son raíces históricas, asignaturas pendientes en espera de una mejor solución.

¿Por qué dices "pendientes de una mejor solución"? ¿Hubo acaso en el pasado algún tipo de solución? ¿O a qué te refieres?

A que estos grandes problemas ya han sido abordados por diferentes gobiernos. Entonces, lo "pendiente" consiste en corregir errores en el diseño y la instrumentación de políticas, subsanar problemáticas agravadas debido al aplazamiento de soluciones y, sobre todo, restituirle al Estado su carácter social regulador y su capacidad institucional de arbitraje y apoyo a la distribución del ingreso, a la competencia de los mercados, a la política y a la justicia.

Entre una y otra cosa la visión de Madrazo se lleva casi los últimos cincuenta años de evolución del país...

Es correcto. Porque abarca desde el agotamiento del papel del Estado, a fines de los años sesenta, después de un periodo exitoso conocido como *desarrollo estabilizador,* y la ineficacia de las políticas de mercado aplicadas en los últimos veinticinco años, hasta el tramo más reciente de la crisis, que es el de la ficción electoral.

En estos años, algunas de las verdaderas soluciones económicas y sociales fueron postergadas mediante dos desviaciones en la estrategia gubernamental: primero, una de tipo populista entre 1970 y 1982, y después, una de corte neoliberal desde 1982 hasta el día de hoy. Otras soluciones, de tipo político-electoral, por ejemplo, han avanzado, pero se han topado con un gran problema: el PAN y el PRD se han convertido ya en partidos de Estado, con todo lo que esto significa y más.

A lo largo de ese medio siglo, ¿Madrazo no rescata nada? Te recuerdo que hablamos de gobiernos del PRI.

No lo olvido. Han sido gobiernos priistas. Y ambos modelos han hecho contribuciones. ¡El país no se ha paralizado! Y aunque han sido soluciones parciales, han sido importantes para el desarrollo del país. Sin embargo, cuando se atiende al tema de fondo, crecimiento productivo con equilibrios y diferenciaciones sociales, es evidente que el Estado, en tanto eje del desarrollo, esquivó las soluciones de fondo. Y falló. Tanto con el populismo a ultranza, como con el radicalismo de los mercados.

Así las cosas, cuando el Estado debió adelantarse a reparar su propio agotamiento como rector del desarrollo, sin casarse con *ismo* alguno, a fin de neutralizar la crisis que amenazaba el porvenir del desarrollo, se equivocó. Yo diría que en ese momento el Estado no actuó apegado a su condición de Estado.

Entonces, sin llegar a condenar de una manera absoluta los dos regímenes, pienso que en ambos casos la cuestión de fondo es la misma: la desatención del Estado a las demandas de la sociedad. En un caso, para afianzar el poder de un Estado al servicio de un partido. Y en otro, para fortalecer el poder del Estado, pero al servicio de los mercados. Entonces, no hemos tenido un "Estado de Estado", por así llamarlo. Hemos tenido, primero un "Estado de Partido". Y después un "Estado de Mercado".

¿Y cuál es aquí la responsabilidad del PRI?

Muy amplia. Fundamental. Por eso también la crisis del PRI como partido, que se origina en el abuso de su lógica revolucionaria y estatista. Pasa después por el partido de Estado y el populismo de los setenta, hasta convertirse en los ochenta en un nuevo conservadurismo político, colgado en el cabús del presidencialismo. La del PRI es una crisis también profunda.

Con la mirada puesta en el futuro, ¿qué balance haría Roberto Madrazo después de más de cuatro décadas de desarrollo, dirigidas primero por gobiernos subordinados al partido de Estado, y después por gobiernos subordinados a los mercados?

Me parece que lo central ha sido la postergación de las soluciones reales que el país ha necesitado para transitar con éxito hacia un crecimiento con equidad y un desarrollo sostenido. El común denominador de las gestiones de ambos tipos de gobierno ha sido dejar pasar algunos de los problemas reales del país, demandas muy sentidas de la gente, y posponer sus soluciones.

En el caso de la rectoría estatal agotada, hablo de proble-

mas como el proteccionismo, la estatización y el endeuda-
miento externo. O el colapso de la agricultura ejidal y su in-
capacidad productiva para generar ingreso, empleo y progreso para las familias y las empresas del campo. O el de la
migración a la ciudad y la falta de soluciones de desarrollo regional en las localidades de origen. O la creciente demanda
de servicios sociales y su déficit de cobertura y calidad.

Más allá de logros sexenales, esto fue lo que nos dejó la
salida populista al agotamiento del papel rector del Estado
para promover desarrollo. Políticas económicas de sobre-
protección, de gasto deficitario, de subsidio indiscriminado
y político, que impactaron gravemente, en círculo vicioso, la
productividad, ahondando la propia crisis de funcionalidad
del Estado.

En el caso de la etapa neoliberal, me parece que el error
cardinal fue imponer de golpe a las instituciones y políticas
preexistentes, situadas comoquiera que sea en la escala estatista, un modelo de mercado que le ha afectado terriblemen-
te a la mayoría de los mexicanos. Fue como un salto al vacío
o en el vacío de un extremo a otro: de una gestión estatal radical a una gestión radical de mercado. En mi opinión, la
aplicación del régimen de libre mercado, tal como se ha hecho en México en los últimos veinticinco años, retrata fiel-
mente un exceso de ortodoxia, un caso de apego ciego al
recetario, un desprecio absoluto del contexto nacional. Fue
un golpe brutal, ¡porque se aplicaron políticas de mercado a
una sociedad que carecía de mercados!, sin cultura de competencia, de arraigado proteccionismo económico y fuerte
nacionalismo, en un contexto de atraso y subdesarrollo.

A veinticinco años de emprendido el reordenamiento
neoliberal de la economía, reconozco avances en la modernización económica, en el saneamiento macroeconómico y las
finanzas públicas, en las exportaciones e inversiones, en la
generación de empleos, de maquila principalmente. Pero estos avances los veo muy lejos de las soluciones integrales que
el país necesita para abatir el desempleo, la pobreza, la falta

de competitividad económica, la inseguridad y el deterioro ecológico.

Mencionaste al principio una tercera asignatura pendiente: la alternancia electoral. ¿Cuál es tu visión presente y de futuro en esta materia?

La alternancia electoral tomó treinta años construirla, desde 1977. Y aun así nuestro sistema de gobernabilidad electoral es todavía muy perfectible, por decirlo de una manera elegante. Lo cierto es que se trata de una materia pendiente de destrabar. No camina, pues. Al grado de que la alternancia no se ha traducido en transición efectiva, sino en más de lo mismo. Vamos, la alternancia no ha sido cambio. Y en ese sentido se suma a los grandes temas del Estado y el mercado.

Pero, ¿por qué sitúas la alternancia política como una asignatura pendiente de solución, si a diferencia de las otras dos es reconocida como el primer gran fruto de la democratización mexicana?

Porque a pesar de los avances, ha dejado huecos, rendijas, inconsistencias y espacios abiertos a la discrecionalidad y la manipulación. Mira, uno de los problemas más serios y graves en el México de hoy es la discrecionalidad desde el poder. Un problema que ha permeado todo, de arriba abajo, en la sociedad, en el comportamiento social, político, profesional, en la vida cotidiana. Esta llave la tenemos que cerrar. Es un imperativo cerrarla, si es que realmente queremos inversiones, crecimiento, desarrollo. Si es que queremos realmente civilizar nuestras elecciones y transitar de veras a la democracia.

Me quedan cuatro preguntas para cerrar esta conversación. Voy a la primera. En la visión de Roberto Madrazo, ¿cuál sería la brecha por abrir para reencauzar el desarrollo de México?

Te diría con pocas palabras lo que exponía en la campaña ante los sectores sociales y productivos: 1] Poner en la canasta de la solución un conjunto de políticas estratégicas de balance, que permitan remontar nuestros desequilibrios económicos y sociales. 2] Recuperar el carácter social perdido en la rectoría del Estado, y modernizarlo para que sea capaz de asistir —al mismo tiempo— el desarrollo de los mercados, la productividad y la distribución del ingreso. 3] Complementar las vocaciones y capacidades de desarrollo de nuestras regiones. 4] Conciliar la fuerza de nuestras culturas con el impulso de lo moderno y lo global.

En suma, darle al proceso de desarrollo lo que le ha faltado: una cadencia necesariamente diversa, pero de conjunto, de modo que incluya a todos los Méxicos que constituyen nuestro amplio mosaico nacional. Claro, con un eje de liderazgo que jale parejo a todos los sectores y territorios del país y con un acompañamiento más profesional de la política y los políticos. Esto último es indispensable.

En esta dirección, recupero el Proyecto de Gran Visión que traíamos en campaña, los Cuatro Motores que planteamos para el desarrollo nacional, principalmente los de la Competitividad y el Desarrollo regional, sin perder de vista la importancia de reconstruir nuestras instituciones, generar los empleos necesarios, y ser eficaces a toda costa en la seguridad pública.

Creo que para que la economía sea capaz de ayudarnos a satisfacer nuestras aspiraciones sociales y familiares, es un imperativo avanzar en la productividad sectorial y regional, en nuestra educación, en promover adecuadamente la investigación científica y la innovación tecnológica. Hoy en día vemos que los países desarrollados o en franco ascenso son aquellos que han apostado a la investigación en ciencia y tecnología. Ahí ves a Japón, China, India. ¿Y nosotros qué? Ni siquiera el uno por ciento del PIB.

¿No es demasiado ambicioso el planteamiento, considerando las condiciones políticas actuales en el país?

Es ambicioso. Pero es lo que tenemos que hacer. Y por las condiciones políticas del México de hoy, se requiere una gran ingeniería política, cuya pieza clave no pasa por contar con una visión, que hay muchas. El asunto para México es contar con la visión correcta, y esta, según creo yo, es sólo una: la visión de Estado.

Cuando digo visión de Estado pongo el acento en que debemos solucionar los rezagos sociales históricos que se nos han acumulado: los de tipo rural que han trascendido desde la Revolución; los que se han sumado en voz de las clases medias urbanas que paradójicamente creó el desarrollo posrevolucionario, y los que viene arrastrando nuestro proceso de democratización política. Y hasta aquí es un asunto de rezagos económicos, sociales y políticos.

Junto a ellos hay que considerar los asuntos y retos que nos han agregado las políticas de libre mercado, como el de la productividad, el ahorro interno y la competitividad, más el de la globalización y nuestro desarrollo regional, que van de la mano, también el de la reforma fiscal y hacendaria, más el del federalismo integral y no sólo político, además del de la seguridad social, el de la reforma electoral y el de la reforma del Estado en sí mismo.

¿Y por dónde empezar?

Como estoy convencido de que se trata de una obra de ingeniería política, el comienzo es lo que decíamos: poner en orden la relación que guardan el Estado, los mercados, la ciudadanía y los partidos en la vida nacional. Tenemos que ponerlos en orden a cada uno y entre ellos, pero sin apego a *ismo* alguno. Ni estatismo, ni populismo, ni internacionalismo, ni neoliberalismo. Ni politiquería. Con la brújula de nuestra visión de Estado y echando mano de toda la concertación política que sea necesaria.

Última pregunta. Y en todos estos procesos, ¿dónde está o dónde se ve Roberto Madrazo?

En el análisis propositivo y la reflexión constructiva. En la discusión pública de los asuntos de interés común. En la articulación de esfuerzos sociales e institucionales. En el mundo no gubernamental, que no por ello es antigubernamental. En las propuestas de políticas de desarrollo nacionales, sectoriales, regionales, metropolitanas, locales y comunitarias. En la gestión política y social. En las luchas pequeñas y grandes de la gente. Sobre todo de los jóvenes, que hoy ven cerrado su porvenir de trabajo y de progreso. Con los jóvenes y con las mujeres tengo un compromiso que dejé sellado en la campaña. México necesita mucho de ellas y de ellos.

Me veo en la lucha por la educación en general, particularmente en la pública. En la lucha contra el abuso del poder. En la resistencia contra la injusticia. En la batalla diaria por mejores condiciones de vida para la población. En la gran lucha común por la preservación ecológica.

Como estoy convencido de que la competitividad es un tema sobre todo social, me veo aportando, abriendo puertas y abriendo mundos para la formación de recursos humanos de alta calidad. De ello depende el crecimiento con equidad en México, y también el futuro de la transición, la democracia y el cambio en el país.